优势谈判

SECRETS OF POWER NEGOTIATING

[英] **罗杰·道森** _著
ROGER DAWSON
迩东晨 _ 译

北京联合出版公司
Beijing United Publishing Co.,Ltd.

图书在版编目（CIP）数据

优势谈判 /（英）罗杰·道森著；迮东晨译 . —北京：北京联合出版公司 , 2022.1（2025.9 重印）

ISBN 978-7-5596-5709-1

Ⅰ . ①优… Ⅱ . ①罗… ②迮… Ⅲ . ①商务谈判 Ⅳ . ① F715.4

中国版本图书馆 CIP 数据核字（2021）第 225187 号

北京市版权局著作权合同登记 图字：01-2021-6482 号

优势谈判

作　　者：[英]罗杰·道森

译　　者：迮东晨

出 品 人：赵红仕

责任编辑：龚　将

产品经理：苏　格

特约编辑：孙雨晗

北京联合出版公司出版

（北京市西城区德外大街 83 号楼 9 层　100088）

三河市中晟雅豪印务有限公司印刷　新华书店经销

字数 327 千字　700 毫米 × 980 毫米　1/16　印张 22.25

2022 年 1 月第 1 版　2025 年 9 月第 15 次印刷

ISBN 978-7-5596-5709-1

定价：68.00 元

献给：

我美丽的妻子，吉塞拉，
她让我的生活重新充满了爱。

以及所有我的研讨会的参加者、
我的作品的读者，
以及我的音频节目的听众，
他们给我分享了许多谈判逸事。

以及我了不起的三个儿女：
朱莉娅、德怀特和约翰。

以及我的孙辈：
漂亮的阿斯特丽德和托马斯。

目　　录

第2部分　妙解谈判难点 137

第 **3** 部分　掌控谈判压力点 ₁₆₇

第 **4** 部分　跨文化谈判准则 ₂₀₉

何谓优势谈判？

自 15 年前职业出版社推出本书第 1 版以来，世事变迁，不一而足。世界发生了巨变，我本人也经历了许多。当然，影响我们所有人的最大变化是互联网的普及。现在彼此之间的交流比以前容易多了。如今，我每天早上起来，回复来自世界各地的电子邮件，因为就在我置身梦乡时他们正好在工作。如今，我可以在任意地点传授优势谈判技能，无论是在上海还是在西雅图，并无多大区别。

此次推出的第 3 版基本上如实体现了我们置身其间的美丽新世界 [1]。该版新增了一些章节，涉及如何与来自其他文化背景的人展开谈判。这些内容全是我在世界各地主持"优势谈判研讨会"时学到的，从科威特到尼日利亚到中国，再从新西兰到冰岛，尽管我们各有不同，但我发现大多数人都期待从谈判中获得相同的东西：他们希望达成对双方来说都很公平的交易。他们想借助新的谈判技巧来提高自己的地位。他们希望掌握足够的技能，阻止对方占自己的便宜。

第 3 版增添了涉及两个主题的章节，在我的研讨会上，与会者对此表现出了浓厚的兴趣：肢体语言和对话中的潜台词。还记得高科技 / 高触感 [2] 理论吗？

1　*Brave New World*：《美丽新世界》是英国作家奥尔德斯·赫胥黎（Aldous Huxley）创作的长篇小说，是"反乌托邦三部曲"之一。书中引用了广博的生物学、心理学知识，为我们描绘了虚构的福特纪元 632 年即公元 2532 年的社会。——译者注

2　High-tech/high-touch：美国著名的未来学家约翰·奈斯比特（John Naisbitt）在其出版于 1982年的《大趋势》（*Megatrends*）一书中首先提出"high touch"概念，并于 1999 年推出"High Tech High Touch Technology and Our Search for Meaning"专著予以详细阐述。——译者注

按照这个理论，我们借助机器联系的次数越多，那些罕见的面对面会谈就变得越重要。我们越是被日益简短的电子邮件和短信孤立，我们就越渴望更多地了解别人。

你还会发现新版中有关调解和仲裁的章节得到了扩充。这是我们这个新世界的一个重大转变，也是一个深得人心的转变。把对方告上法庭以解决纠纷的方式不仅代价高昂而且旷日持久。用调解（在训练有素的调解员的引导下，心怀诚意的人探寻双方都能接受的解决方案）取而代之的趋势更具积极意义。

在这个版本中，你会发现新增的要点备忘内容极具参考价值。如果你在iPad（平板电脑）或Kindle（电子阅读器）上阅读这本书，你会发现在谈判开始前复习一下这些要点很有价值。在你乘飞机前去谈判的途中，输入"要点"搜出相关内容并复习。如果你读的是更符合你阅读习惯的传统纸质书，你会在几乎每一节的结尾处看到列出的要点备忘。

过去15年，世界有了巨大变化，但也有许多事是一成不变的。谈判目标依旧是寻求一个双赢的解决方案，这是一种创造性的方式，使你和对方在离开谈判桌时都感觉自己赢了。

双赢谈判者总是说两个人在争同一只橙子。他们最终商定最好的办法就是把橙子均分为两半，然后每个人都得到他们真心想要的一半。为了确保公平，他们决定一个人负责切，另一个人优先选。

然而，当双方在谈判中讨论各自根本的需求时，他们发现一个人只想用果肉榨汁，另一个人只想用果皮烤蛋糕。于是他们神奇地找到了一种双方都能赢、各取所需的方法。

哦，当然！这在现实世界中是可能发生的，但还不足以让这个概念具有普遍意义。我们还是得直面现实：当你坐下来开始谈判时，你们双方想要的东西大概率是一样的。不要指望会有一个双赢的解决方案从天而降。如果对方是买家，他们想要最低价，而你想争取卖出最高价。如果对方是卖家，他们要卖出最高价，而你要争取得到最低价。他们想掏出你口袋里的钱，然后放进他们的口袋里。

优势谈判采取了不同的立场。它教会你如何在谈判桌上取胜，却让对方觉得自己赢了。我会教你怎么做，并且以一种让对方永远觉得自己赢了的方式去做。他们不会在第二天早上醒来时想："我总算弄明白那个人对我做了什么。别让我再见到他。"不！他们会想，与你打交道是多么令人愉快的经历，并且迫不及待地想再次见到你。

让别人觉得自己赢了的能力是如此重要，我几乎要把它视为优势谈判者的定义了。假设两个人在谈判，谈判的场景完全相同，谈判内容是房地产或某种设备的买卖，而且双方以完全相同的价格和条款结束谈判。但双方在完成这次交易后的感觉并不一样。优势谈判者离开谈判桌时，会让对方感觉自己是这次交易的赢家。表现较差的谈判者则会让对方感觉若有所失。

如果你学习并运用我将在本书中教给你的优势谈判的秘密武器，你就再也不会觉得自己输给了对方。你总是会满怀胜利者的喜悦离开谈判桌，并且知道自己已经改善了与对方的关系。

第 1 部分

巧用谈判策略

在进行优势谈判时，你要遵循一套规则，就如同下国际象棋那样。谈判与下棋存在很大不同。在谈判中，你的对手不需要事先知晓规则。你可以预判出对方针对你走出的每一步所做出的反应——这并非因为冥冥中有魔法相助，而是因为多年以来我的数千名学生一直在分享给我他们的谈判经验，我们就是从这些反馈中得知了另一方会对你采取的任何优势谈判举动做出怎样的反应。当然不是每次都这样，但它实现的可能性如此之大，以至于我们现在知道与其说谈判是一门艺术，不如说它是一门科学。

如果你下国际象棋，你会知道在这个游戏中存在特殊的策略和方法。当我告诉你的谈判策略时，我指的是一种附带某种风险的策略举措。我将教你如何选择恰当的策略。当你具备了适当的时机和适当的策略时，相关风险即可降到最低。开局策略是确保让游戏朝着你期望的方向进军的方法。中场策略可以确保谈判的方向不发生变化。当你准备结束谈判或决意成交（用销售用语来说）的时候，你便采用终局策略。

在本书的第一部分，我将教你如何运用优势谈判的策略。你将学习开局策略：在你与他人接触的早期阶段该做的一些事，这些确保你为一个成功的结局打下良好的基础。随着谈判的进行，你会发现每一步进展都有赖于你在最初阶段创造的气氛。你怀揣一份包含所有谈判要素、精心制订的计划，同时你应该想清楚你到底要什么，以及采取何等姿态向对方提出要求。

你的开局策略会导致你赢得或输掉比赛。你必须在仔细评估对手、市场和对方公司的基础上使用它们。

接下来，我将教你如何使用中场策略以保持有利于你的势头。在这个阶段，不同的事情开始发挥作用。博弈双方的所有举措均会产生激流，形成围绕着参与者的旋涡，将他们推向不同的方向。你将学习如何应对这些压力，并持续掌控游戏进程。

最后，我会教你一些终局策略、兵不厌诈的不正当谈判策略以及谈判原则，确保你最终达成交易并如愿以偿，而对方仍然觉得自己赢了。谈判结束前的最后几分钟也会让一切变得不同。就像赛马一样，比赛中只有一点最重要，那就是终点线。作为一名优势谈判者，你将学习如何平稳地控制整个过程直到最后关头。让我们开始学习优势谈判策略吧！

开局谈判策略

第 **1** 节

狮子大开口

优势谈判的一条基本准则是，你向对方索取的应远多于你所期望得到的。亨利·基辛格甚至说："谈判的成效取决于对自己要求的夸大程度。"你应该这样做的一些理由如下：

- 你认为商店根本不可能答应给你更大的折扣，但你为什么仍然要提出要求呢？
- 你心里想着能得到一间私人办公室就不错了，但你为什么还是要求老板给你一间行政套房呢？
- 在申请一个新工作时，你为什么明知对方不会答应却依然提出更高的薪水和待遇的要求呢？
- 在餐厅就餐时，如果你对某道菜的质量不满，你为什么明知对方最多免除那道菜的费用，仍提出此次饭钱全免的要求？

如果你考虑过这个问题，你可能会想出好几个支持你提出不切实际的要求的理由。最明显的答案是，这样做会提供给你一些谈判空间。如果你是卖家，你总是能在漫天要价之后再往下降；如果你是买家，你总是能在就地还钱之后再往上加价。（等到第 14 节时，我将向你们展示怎样像挤牙膏一样，使得对方让更多利。有些东西在谈判将要结束时比开始时更容易得到。）你所要求的应该是看似合理的极限要价（MPP[1]）。也就是说，你的报价要尽可能地高，同时又

1　Maximum Plausible Position.——译者注

要让对方觉得你的要求有合理之处。

你越不熟悉谈判对手，越要抬高要价，理由有二。

- 1. 你的设想可能严重偏离实际。你既不熟知对方也不了解他的需求，或许他愿意为自己想要的东西付出比你设想中高得多的代价。如果他是卖方，他愿意接受的价格可能比你设想的低得多。
- 2. 假如这是你们首次打交道，你能作出的让步越大，就越显得你有合作精神。你越了解对方和他的需求，你就越能游刃有余，顺势调整你的谈判条件。如果对方不了解你，他们最初的要求可能会更离谱。

假如你的要价超出了合理要求的最大限度，你就要暗示一些灵活性。如果你的开价在对方看来很离谱，而你又表现出一副"接受或放弃"的傲慢态度，你甚至都没有展开谈判的机会。对方的反应可能是："那我们就没什么可说的了。"假如你在漫天要价的同时暗示了一些灵活性，对方大概率不会断然拒绝你。

假如你直接从房主那里购买房产，你可能会说："我知道你的要价是 20 万美元，而且你认为按照你对市场行情的了解，这个要价比较合理。也许你知道一些情况，而我恰好不知道，不过根据我调研的结果，我认为这栋房子的价格最多不超过 16 万美元。"这时卖家可能会想："真荒唐。我永远不会卖这个价钱，不过他看起来挺实诚的，干脆花些时间跟他谈谈，看他究竟能出到多高的价，反正谈不成也无所谓。"

假如你是一个销售人员，你可能会对买家说："在详细了解你们的需求后，我们可以适当修改当前的报价，但按照我们目前已知的一些情况，综合考虑了你们将要订购的数量、包装质量的标准，以及不需要满足零库存要求等条件之后，我们能给出的最低价是每件 2.25 美元。"对方可能会想："这太离谱了，不过听上去似乎还有回旋余地，我不妨花点时间和他商量一下，看看我能把价格压多低。"

除非你已经是一个老练的谈判专家，否则你一定会遭遇如下问题。你真实的看似合理的极限要价的标杆可能比你主观认定的要高很多。我们都害怕被别人嘲笑（我在第 55 节探讨强制力时，会进一步予以阐述）。我们都不愿意因开价太离谱而招致别人的嘲笑或羞辱。由于这种恐惧，你很可能想要下调你的看似合理的极限要价，由此导致你的开价低于对方认为合情合理的最大值。

如果你是个乐天派，提出超预期要求的另一个理由对你来说就很显而易见了：或许你吉星高照，真能如愿以偿。你不知道那天宇宙中的星辰是怎样排列的。也许你的守护圣人[1]正在云端俯视着你，心想："哇，看看这位佳人，她劳心费力这么久了，就放她一马吧。"你可能会得到你想要的东西，而你确认能否得到的唯一途径就是提出要求。

另外，如果你的要价高于你的预期的话，就会增加你所提供的服务或产品的感知价值。如果你在申请一份工作，要求的薪水明显高出你预期能得到的，你就会在人事主管的头脑中植入你值那么多钱的想法。如果你在卖一辆车，要价比你预期的要高，这会让买家相信车的实际价值更高。

我知道你在想什么。因为另有所图，我们故意制造了谈判僵局。我担心的是，当你参与谈判时，你会因为缺乏狮子大开口的勇气，而在不经意间制造了僵局。优势谈判者告诉你尽管你明知得不到，仍应大胆提出要求的最后一个理由：只有这样你才能创造一种让对方觉得自己赢了的氛围。

如果你一开始就和盘托出最低价，你就不可能和对方谈判，并在成交后让他们觉得自己赢了。那些初出茅庐的谈判者，总是想从他们的最低价开场。这类求职者心想："现在的工作机会太少了，如果我要价太高，他们根本不会考虑我。"

这位在卖房子或汽车的人心想："如果我要价太高，他们会嘲笑我。"这名销售人员对她的销售经理说："我今天要在这个报价方案上加把劲，我知道竞争

---

1 Patron Saint：守护圣人。天主教会所立定，为个人、国家、教区、堂区、职业等在天主前代祷的圣人或圣女。——译者注

会很激烈，他们在全城搜罗报价。让我先把价格降下来吧，不然我们就真没机会拿到订单了。"谈判者深知漫天要价的价值。

让我们简要回顾一下漫天要价的理由：

- 你或许会如愿以偿。
- 它让你在谈判时具备回旋余地。
- 它抬高了你所提供的服务或产品的感知价值。
- 它可以防止谈判陷入僵局。
- 它创造了一种氛围，使得对方感觉自己赢了。

在曝光度极高的谈判中，比如涉及足球运动员或飞行员罢工时，双方最初都漫天要价。我记得参加过一次工会谈判，工会最初的要求之高，实在令人难以置信。工会的要求是把雇员的工资提高 3 倍。资方一上来就主张让它成为自由雇佣企业[1]——换句话说，一个自愿工会将有效地摧毁工会在该企业的权威。

当年苏丹叛乱分子绑架了 3 名红十字会工作人员作人质，他们开口就要 1 亿美元赎金。不过，没人把他们的要求当真，于是他们很快改口，将金额降至 250 万美元。国会议员比尔·理查森坐在一棵树下，毫不理会那些对着他挥舞着枪的叛乱分子。他后来凭借自己的三寸不烂之舌扶摇直上，最终出任美国驻联合国大使。一番讨价还价之后，他终于以 5 吨大米、4 辆破旧的吉普车以及红十字会救援物资中的一些收音机换取了人质获释。

优势谈判者都知道，在这种类型的谈判中，最初的要求总是走极端，因此他们不会因此而徒生烦恼。他们知道，随着谈判展开，双方会不断朝着中间地带靠拢，并商定一个双方都能接受的折中方案。然后他们双方都可以召开新闻发布会，宣布他们在谈判中获胜。

---

1 An Open Shop：雇主可以雇用任何人，无须考虑所雇人员是否为工会会员。——译者注

律师是怎样提出更多要求的

我的一位律师朋友约翰·布罗德富特，来自得克萨斯州阿马里洛市，亲自为我验证了这个理论。他当时代理了一块地产的买卖，尽管他已经替买主争取到了不错的条款，但他想："我要看看罗杰的狮子大开口准则是否真的管用。"于是他绞尽脑汁，编造出了 23 段对卖家的要求，其中有些明显很可笑。他信心满满地认为其中至少有一半要求会当场被对方拒绝。令他惊讶的是，那块地产的卖主只对其中一段中的一句话表示强烈反对。即使是这样，正如我教他的那样，约翰也没有立刻让步。他坚持了几天，最后极不情愿地表示退让。虽然他在全部 23 段的要求中只同意修改其中的一句话，但卖方仍然觉得他在谈判中取得了胜利。

夹叉法 [1]

接下来人们一定会问：如果你要狮子大开口的话，那该开多大的口合适呢？答案是，你应该夹中你的目标。也就是说，你应以自己的目标价为中点，报出与对方开价相反但幅度相同的初始价。

简单举例说明如下。

- 汽车经销商为一辆车要价 1.5 万美元。你想以 1.3 万美元拿到手。你可以还价 1.1 万美元。
- 你的一个员工问她能否花 400 美元买一张新桌子。你认为 325 美元比较合理。你应该告诉她，你不希望她的花费超过 250 美元。
- 你是销售人员，买家出价 1.6 美元 / 件买你的小商品。你其实可以接受 1.7 美元。依照"夹叉法"，你应该报出 1.8 美元 / 件的初始价。经过折中之后，你仍然可以实现你的目标价。

---

1 Bracket：或"夹叉射击"，军事术语，指通过向目标试射远弹和近弹测距的方法；夹中目标（Bracket objective）即夹叉射击时远近两弹落点之间的距离。

当然，在现实生活中，你未必总能在中间价成交，但在你缺乏可靠开价依据的情况下，这种假想具有一定的参考价值。假设你们各自开价后，最终会以折中价成交。如果你留意一段时间，就会发现一个令人惊讶的现象，它发生的频率居然如此之高。

这可以体现在一些小事上。比如你儿子来找你，说他这个周末要出去钓鱼，需要 20 美元。你回答说："不行。我是不会给你 20 美元的。你难道不知道我在跟你一样大的时候，每周只能得到 50 美分零花钱，而且还得干些活儿才能拿到？我将给你 10 美元，一分钱都不会多。"

你儿子说："爸，10 美元肯定不够用的。"

至此，你已经圈定了谈判范围。他要 20 美元。你愿意给 10 美元。看看你们最后是否常常谈定 15 美元。在我们的文化中，双方各让一步似乎很公平。

用于大型国际谈判中的夹叉法

1982 年，我们（美国）与墨西哥的政府公司就偿还一笔巨额国际贷款展开谈判。他们即将拖欠 820 亿美元的贷款。他们的首席谈判代表是财政部长赫苏斯·埃尔索格。我方谈判代表是财政部长唐纳德·里根和联邦储备委员会主席保罗·沃尔克。在一个创造性的解决方案中，我们要求墨西哥向我们的战略石油储备注入大量石油，埃尔索格接受了这项提议。然而，问题并没有得到解决。我们建议墨西哥人支付给我方 1 亿美元谈判费，对他们来说以这种方式支付给我们应计利息在政治上是可以接受的。当墨西哥总统洛佩斯·波蒂略听说了我们的要求后，他勃然大怒。他当时说了一段话，大意是："你告诉唐纳德·里根，让他去死吧。我们绝不付谈判费给美国。一比索都不会给。"如此一来，我们心里就有了数，知道接下来该怎么谈了。我们索要 1 亿美元，他们一分钱都不给。猜一猜他们最终给了我们多少钱？没错！5000 万美元。

无论大事小事，我们都会各让一步，折中成交。有了夹叉法，优势谈判人员就有了主心骨，大致知道即便折中，他们仍能如愿以偿。在利用夹叉法时，你要让对方先开价。假如对方设法让你先开价，那么他们就可以"夹叉射击"你。如果你们最终折中成交的话，这也很常见，也就意味着对方如愿以偿了。这是谈判的基本原则，我稍后会讲到（见第 26 节）。尽可能让对方先表明立场。它可能没有你担心的那么糟糕，而且这是你能夹叉一个提议的唯一方法。

无论如何，不要让另一方诱导你首先做出承诺。如果你满足于现状，而且并未承受采取行动的压力，你就要鼓足勇气告诉对方："是你主动来找我的。实际上我对当前的状况没什么不满。如果你真想做这件事，你得提出具体要求。"

夹叉法的另一个好处是，它能告诉你在谈判过程中你可以作出多大的让步。让我们看看这种方法在我前面描述的三种情况下是怎样应用的。汽车经销商给那辆车开价 1.5 万美元。你想以 1.3 万美元买下它。你出价 1.1 万美元。接下来如果经销商降至 1.45 万美元，你可以上调至 1.15 万美元，此时，你的目标价仍然处在圈定范围内。假如经销商进一步降价至 1.42 万美元，你可以相应地提高 300 美元至 1.18 万美元。

你的一个员工问她能否花 400 美元买一张新桌子。你认为 325 美元比较合理，于是你提议买标价 250 美元的。假如这位员工回应称，她或许可以把价格压低到 350 美元，你就可以对她说你会在预算里拨出 300 美元。因为你们双方各让了 50 美元，最后谈成的目标价仍然是预期的中间价。

还记得买主出价 1.6 美元 / 件买你的小商品吗？你告诉买家每件低于 1.8 美元，公司就会赔钱。你的目标价是 1.7 美元 / 件。买家把价格调高至 1.63 美元 / 件。你现在可以将价格调至 1.77 美元 / 件，而且此时你的目标价仍然处于双方报价的中间位置。在这种情况下，你可以逐级下调至你的目标价，同时你知道如果对方也做出相应幅度的调价，你最终仍能实现预期的目标。

然而，夹叉法也存在一种风险。你不应该让自己的反应变得如此可预测，以至于对方能察觉到你的让步模式。我用精确计算出来的让步来说明我的观点，但你在运用时要稍微改变你的行动，这会让人难以捉摸你每一步行动的理由。稍后，我将更详细地谈谈让步的模式。

有关漫天要价的一则寓言

很久以前，在遥远的太平洋岛屿上，有一对年迈的夫妇住在一间破旧的茅草屋里。一天，一场飓风横扫这个村子，并摧毁了他们的家。因为他们太老了，也太穷了，无力重建茅草屋，夫妇二人只好搬到他们的女儿家住。这突如其来的事件导致一家人生活得很不愉快。女儿家的小屋本来就小，她和丈夫再加上他们的4个孩子住在里面已经够拥挤了，如今又要挤进两位老人。

女儿去找村里的智者求助，她说明了家中的困境，问道："我们可怎么办呢？"

智者吸着烟斗，缓缓吐出一口烟，然后回应说："你家养鸡了，对吧？"

"对，"她答道，"我们有10只鸡。"

"那就把那些鸡放进屋里，与你们同住。"

女儿觉得这太滑稽了，但她还是听从了智者的建议。这一做法自然是雪上加霜，大家感到越来越难以忍受了，小屋里到处都是鸡毛，家人之间的言语也充满了恶意。女儿找到智者，再次向他求教。

"你家养猪了，对吧？"

"对，我们养了3头猪。"

"那就把猪放进屋里与你们同住。"

这听上去太可笑了，但智者不容置疑，于是她只好把猪带进了小屋。8个人、10只鸡和3头猪住在一间又小又吵的茅屋里，这种生活真的是苦不堪言。她丈夫抱怨说家里太吵了，他没法听收音机。

第二天，因实在担心家人会因此精神崩溃，女儿又去找智者，向他发出近乎绝望的恳求。"求求你啦，"她哭着说，"我们不能再这样下去了。告诉我该怎么做，我一定会照做，但请你帮助我们。"

这一次，智者的回答令人费解，但比较容易做。智者说："把鸡和猪清理出去。"她迫不及待地把这些动物赶出了小屋，从此一家人其乐融融地生活在一起。这则故事的寓意就是，要想愉快地达成一笔交易，交易双方就一定要学会放弃。

你的要求应高于你预期能得到的。这似乎是十分显而易见的原则，但它真的是你在谈判过程中的可靠帮手。在成千上万的研讨会以及可追溯的现实场景中，这条原则都得到了所有参与者的反复验证。你开价越高，你得到的也将越多。

你努力的目标应该是推进看似合理的极限要价。假如你的最初要价显得实在太过分了，那就在表明立场的同时暗示还有商量的余地。这会鼓励对方与你开始商谈。你越不了解对方，就越要抬高要价。一个陌生人更有可能出乎你的预料，你可以通过作出显著让步与对方建立起友好关系。设法夹叉对方的报价，这样做的好处是，如果你们各自作出相应让步，你仍然可以如愿以偿。只有让对方率先亮出立场，你才能有机会应用"夹叉法"。在你让步并向目标价靠拢的过程中，设法持续运用"夹叉法"。

要点备忘

漫天要价的 5 个理由：

- 1. 你或许会如愿以偿。
- 2. 它让你在谈判时具备回旋余地。
- 3. 它抬高了你所提供的服务或产品的感知价值。
- 4. 它可以防止谈判陷入僵局。
- 5. 它创造了一种氛围，使对方感觉自己赢了。

第 **2** 节
永远不要接受首次报价

你不应答应首次报价（或还价）的理由是，它会自动在对方的脑海中触发两个想法。

比如说你正打算买辆二手车，你所在的街上正好有人在出售一辆车，要价1万美元。那辆车对你来说再合适不过了，价格也很诱人，你恨不得立刻冲过去，趁着别人还没出手把它据为己有。就在你奔向卖家的路上，你觉得自己似乎不该这么爽快地接受对方的报价，因此你决定大砍价，报价8000美元，就为了看看他们的反应。你来到卖主的家里，先是仔细查看了这辆车，然后又上路试驾了一小段，最后才对卖主说："它不是我想要的车，不过我可以付给你8000美元。"

你心里想的是，听到这么低的还价，对方一定会暴跳如雷，但事实并非如此，这家的男主人看了看妻子，说道："你觉得如何，亲爱的？"

妻子回答说："就这么办吧，赶紧把它处理掉。"

他们的这种反应让你高兴得跳起来了吗？还是让你不由得心想："哇哦，我简直不敢相信竟有这等好事落在我头上。我肯定拿不到更低的价了？"

可实际上并非如此——你更可能在想："我原本可以做得更好。一定是出了什么错。"现在我们可以考虑一个更复杂的例子，并让你站在另一方的立场想想这件事。假设你是一家飞机发动机制造商的采购员，你正要面见一家发动机轴承制造商的销售人员。这是你们公司需要的关键部件。

你们原有的供应商爽约，你们需要从这家新公司采购一批货应急。它是唯一能在30天内供应你们这种部件从而确保公司生产线持续运转的生产商。如果你的公司不能按时提供发动机，你们和飞机制造商的合同就会失效，而后者在你们的主营业务中占有 85% 的份额。

在这种情况下，你所需要的轴承的价格绝对不是要优先考虑的问题。然而，当你的秘书通报对方销售人员已到达时，你心里在想："我会是一个谈判高手。等着瞧吧，我会给他一个超低的报价。"

这个销售人员做了演示，并向你保证他们能按时、按要求的规格发货。他给出的报价是每个轴承 250 美元。这让你大吃一惊，因为你们一直在以 275 美元的价格购买这种轴承。你极力掩饰自己的惊讶，不动声色地回答说："我们的采购价一直只有 175 美元。"在商界，我们把这称为谎言，而且大家一直都在这样做。而那位销售人员却回应道："好的。我们可以按这个价格供货。"

此刻，你一般会有两种反应。（1）我原本可以做得更好。（2）一定是出了什么错。在我多年来主持过的数千场研讨会上，我都将这一案例呈现给与会者。如果我没记错的话，还没有收到过除此以外的其他反应。有时人们会颠倒顺序，但通常他们都会自动反应为"我原本可以做得更好"以及"一定是出了什么错"。我们来分别探讨一下这两种反应。

第一反应：我原本可以做得更好。有趣的是，这和价格毫无关系。它仅与另一方针对你的报价做出的反应有关。假如你出价 7000 美元买那辆车，或者 6000 美元买那辆车，他们马上告诉你可以接受，你会怎么想？难道你不觉得你原本可以做得更好吗？假如轴承销售人员接受 150 美元或 125 美元的报价呢？难道你就不再觉得你原本可以做得更好吗？

一宗土地买卖中的"我原本可以做得更好"

很多年前，我在华盛顿州伊顿维尔买了 100 公顷土地，这是个很漂亮的小镇，就在雷尼尔山西侧。当时卖主要价 18.5 万美元。我对这处房产进行了一番分析之后认定，如果我能以 15 万美元买下，那将是一桩超值的买卖。我以夹叉法瞄准了那个价格并让房地产经纪人向卖主出价 11.505 万美元（有零有整的数字可以建立可信度，所以你更有可能让他们接受这个报价，而不是还价。关于这一点，后面会有更多的介绍）。

我把报价的事托付给经纪人后就回了我在加州拉哈布拉海茨的家。坦率地说，我当时觉得对于如此低的报价，如果卖方还愿意还价，只能说我撞大运了。令我惊讶的是，几天后我收到了回信，对方接受了我提出的价格和相关条件。我确信我买的这块地太值了。一年之内，我卖出了其中的 60 公顷，卖地所得比我当初买 100 公顷地花的钱还多。后来，我又卖了 20 公顷，卖地所得同样超过了我买 100 公顷地的支出。当卖家接受了我的报价后，我本应这样想："哇哦，太棒了，我不可能拿到更低的价格了。"那是我原本应该有的想法，但事实并非如此。我当时想的是："我原本可以做得更好。"

第二反应：一定是出了什么错。当我得知那块土地的出价被接受时，我的第二反应是："一定是出了什么错。"我要仔细研读一下产权认证初步报告。如果卖主愿意接受一个我认为他们会拒绝的报价，这其中一定隐藏着我不了解的情况。"

当那辆车的车主接受了你的首次报价时，你当时的第二反应是："一定是出了什么错。"轴承买主的第二反应是："一定是出了什么错。也许自从我上次谈完轴承采购合同之后市场发生了某种变化。我想我将告诉这位销售人员，我要和一个委员会进行核实，然后再同其他供应商谈谈。"

如果你答应了首次报价，每个人都会有这两种反应。比如，你儿子来找你说："今晚我能借用一下这辆车吗？"你说："当然，儿子，去开吧。祝你玩得开心。"难道他不会自然而然地想"我本可以做得更好。我还可以要到 10 美元电影票钱"？难道他脑子里不会自动冒出"这是怎么回事？他们为什么要把我打发出去？到底发生了什么我不明白的事"之类的念头？

这条谈判原则并不难理解，但当你置身于紧张的谈判中时就未必能想起来了。你的头脑中可能已经浮现出了一幅画面，是对方按照你的期望做出回应的样子，这是一件危险的事情。拿破仑·波拿巴曾说过："一名指挥官所犯下的不可饶恕的罪过是'形成预设情境'——假定敌人在特定情况下会以某种特定方式行动，而实际上他的反应可能完全不同。"你期望他们会以低得可笑的价格进行反击，但你没想到对方的报价比你预期的要合理得多。

试举一例：你终于鼓足勇气向老板要求加薪了。你要求加薪 15%，但你认为最终能加 10% 就很幸运了。令你惊讶的是，你的老板告诉你，他认为你做得很好，很乐意给你加薪。你当时是否会觉得自己所在的公司是多么慷慨？我觉得你不会。你只恨自己一开始没有提出加薪 25% 的要求。

再比如，你儿子因为周末要去徒步旅行，便来找你要 100 美元。你说："那不行！我只能给你 50 美元，一分钱也不能多。"实际上，你已经用夹叉法限定了他的开价，并期望以 75 美元成交。让你吃惊的是，你儿子却说："那会比较紧，爸爸，但是没关系。能有 50 美元也很好。"你是否在想自己多么机智，用 50 美元就打发了他？我觉得不是。那时你更可能想知道他能接受的底线是多少。

你打算出售一块自有地产。你开价 10 万美元，有人出价 8 万美元，你还价 9 万美元。此时你想的是最终将以 8.5 万美元成交，不料这位买家毫不犹豫地接受了你的还价。老实承认吧 —— 你难道没想假如是买家先跳涨至 9 万美元，你岂不是能把价格再往上抬？

优势谈判者都非常小心，尽量避免陷入急于说"是"的陷阱，因为那样会自动在对方的脑海中触发这个想法："我本可以做得更好，等下次吧。"一位老于世故的人不会对你说他感觉自己是这次谈判的输家，但他将把这种感受深藏于心，想着："等我下次和这个人打交道时，我一定会表现强硬。下次我绝不会让他占一分钱便宜。"

一定是出了什么错

拒绝他人的首次报价可能很难，尤其是过去几个月你一直在联系这个人，而就在你心灰意冷并准备放弃的时候，对方终于松了口。你就像发现了一根救命稻草那样急于抓住它。当这种情况发生时，要做一个优势谈判者 —— 记住不要急于同意。

许多年前，我是南加州一家房地产公司的总裁，这家公司有 28 个办事处和 540 名销售助理。有一天，一位杂志推销员来访，想说服我在他们的杂志上登广告。我很熟悉这个杂志，深知这是一个绝佳的机会，于是我暗自决定用它给我的公司打广告。他提出的方案很合理，费用不算高，只需 2000 美元。

因为我喜欢讨价还价，便利用这个机会在他身上应用一些谈判技巧，并在几轮你来我往之后，以 800 美元成交，这简直不可思议。你可以想象我当时在想什么。没错，我在想：天哪！我只用了几分钟就把他的价格从 2000 美元压低到了 800 美元，我想知道假如我接着往下谈，还能把价格压多低？我采用了一个叫作"更高权威法"的中场谈判策略来对付他。我说："这看着挺好。不过我还得拿到董事会上商议一下。也是巧了，他们正好今晚要开会。这事就交给我吧，我会征求一下他们的意见，然后告诉你最终方案通过的消息。"

过了几天，我给他回电话，说："你无法想象这事让我感觉多尴尬。是这样，我真的以为董事会在看到你提供的这个报价 800 美元的方案后，会毫不犹豫地开绿灯，但我想错了，他们现在太难对付了。最近预算的问题让每个人都感到很头疼。他们确实还了价，但实在太低了，我都不好意思告诉你具体数额。"

他沉默了很久，然后问道："他们愿意出多少？"

"500 美元。"

"那好吧。我可以接受。"他说。我感觉被骗了。尽管我已经把他的报价从 2000 美元一路杀到了 500 美元，但我仍然觉得自己可以做得更好。

这则故事还有一段后记。在我的研讨会上，我总是不愿意讲这样的故事，因为担心它会传到正与我进行谈判的那个人的耳朵里。然而，几年后，加州房地产经纪人协会在圣地亚哥召开大会。我在会上演讲时讲了这个故事，当时根本没想到那个杂志推销员就站在会议室的后面。当我讲完后，我看见他在人群中朝着我挤过来。我做好了他会对我破口大骂的心理准备。然而，他在走近后只是握住我的手，微笑着说："我真不知道该怎么感谢你才好，你的这番解释令我茅塞顿开，在此之前我根本就不知道，我这种快速交易的倾向会给人带来这么大的影响。我今后再也不会那样做了。"

有些时候你应该接受首次报价

我曾一直以为不接受首次报价是铁律——直到我听到了蒂姆·拉什的故事。蒂姆在洛杉矶工作，是一家房地产公司的主管，他告诉我："我昨晚开车经过好莱坞大道，边开车边听你的磁带。我在一个加油站停下车，打算去卫生间。等我返回车里时，有人用枪顶着我的肋骨说：'好吧，伙计。把你的钱包给我。'哦，我刚才在听你的磁带，所以我说：'我会给你现金，但钱包和信用卡我留着。这总可以吧？他说：'哥们儿，你聋了吗？快把钱包给我！'"在这个好打官司的年代，我要发个免责声明：有些时候你应该接受首次报价，但大多数时候，你不应该欣然接受首次报价。

要点备忘

- 1. 永远不要当即接受对方的首次报价或还价。它会自动触发两种想法："我原本可以做得更好"以及"一定是出了什么错"。
- 2. 最大的危险在于，你的头脑中已形成了一幅画面，显示出对方会如何回应你的提议，而他们还价的幅度却远超你的预期。要为这种可能性做好准备，免得到时候措手不及。

第**3**节

做出退缩的样子

优势谈判者知道，你应该毫无例外地退缩一下 ——好像自己被吓了一跳的样子，以此回应对方的报价。假设你在一个度假胜地，停下来看一位炭笔素描艺术家。他的画上没有标价，于是你问他一幅画要多少钱，他回答说 15 美元。如果这没有让你感到惊异的话，他就会接着说："彩色的加收 5 美元。"如果你仍然没有表现出吃惊的样子，他会说："我们这里还有托运用的纸箱。你也需要一个。"

也许你认识这样的人，他们不会佯装吃惊而缩一下，因为那样做有失尊严，这种人会走进商店，问售货员："这件外套多少钱？"

售货员回应道："2000 美元。"

这个人可能嘴上说着"还可以"，但心里已经被惊到了，只是装出若无其事的样子。我知道这听起来很傻很可笑，但事实是，当人们向你报价时，他们会观察你的反应。他们可能没想过你会同意他们的要求。他们只是想探探虚实，看看你会有什么反应。

比如说：

· 你是卖电脑的，有位顾客要求你延长保修期。

· 你想买一辆车，卖车的只给你打了数百美元的折扣。

· 你向建筑承包商出售建材，买方要求你负责免费运到工地。

· 你打算卖掉自己的住房，买家想要在正式完成交易前先住两周。

在上述每一种情形中，对方可能都没想到你会答应他们的要求，但如果你没有露出因惊讶而退缩一下的迹象，他们自然会想："也许我真能让他们照我想的办。我没想到他们会这样做，不过我该采取更强硬的立场，看看他们能作出多大让步。"

假如你了解谈判双方的想法，你会发现旁观一场谈判多么有趣。这难道不是你特别向往的吗？当你谈判时，你难道不会渴望琢磨透对方的意图吗？当我主持为时一到两天的"优势谈判的奥秘"研讨会时，我通常会将与会者分组并做一些谈判演练，以践行我传授的谈判原则。我创建了一个培训班，根据参与者所在的行业定制。如果他们是医疗设备销售人员，我可能会让他们设法把激光手术设备卖给医院。如果他们是印刷厂的老板，我可能会让他们为收购一个偏远的小印刷厂而展开谈判。

我把与会者分成买家、卖家和裁判员。裁判员的角色非常有意思，他们参加了买卖双方在谈判之前举行的计划会。他们知道双方的谈判范围。他们知道开价是多少，也知道双方准备作出多大让步。这家小印刷厂的卖家可以接受的最低价是 70 万美元，但他们的开价可能高达 200 万美元。买家的起步价可能是 40 万美元，但实在不行，也可以接受最高价 150 万美元。谈判范围为 40 万至 200 万美元，但双方可接受的范围是 70 万至 150 万美元。

可接受的范围也就是买卖双方谈判价格区间重叠的部分。如果双方主张的价格区间确实有重叠，并且存在一个可接受的范围，几乎可以肯定，他们最终的成交价将落在这个范围内。如果买方可接受的最高价低于卖方要价的底线，那么谈判的一方或双方将不得不妥协，调整自己设定的目标价。

谈判开始时，双方都试图让对方先开价。由于总得有人打破僵局，卖家可能先要价 200 万美元（这是他们谈判范围的上限）。他们认为 200 万美元高得离谱，几乎没有勇气开口说出这个价，觉得一旦说出口，就会被人嘲笑并被轰出会议室。出乎他们意料的是，买家并没有表现出很震惊的样子。卖家本想着买家会说："你想让我们做什么？你们一定是疯了。"他们实际的反应要温和得多，大概说的是："我们没想过要出那么高的价。"顷刻之间，谈判的基调改变了。就在刚才，200 万美元似乎还是一个遥不可及的目标。此刻卖家心想，也许他们的要价并不像之前想象的那么离谱。他们现在开始蠢蠢欲动了："我们要坚持下去，立场要强硬。说不定我们真能得到这么多。"

退缩一下的表现是至关重要的，因为大多数人更相信眼见为实、耳听为虚。对大多数人来说，视觉优于听觉。你可以放心大胆地假设，与你谈判的人中至少有 70% 是注重视觉形象的。他们认为看到的比听到的更重要。我敢肯定你们都听说过神经语言编程。你知道，人被分为视觉型、听觉型以及动觉型（他们的感觉居于主导地位）。此外，还有一些味觉和嗅觉占优的人，但为数不多，他们通常是厨师或香水调配师。

如果你想知道你属于哪个类型，闭上眼睛 10 秒钟，回想你 10 岁时住过的房子。你脑海中可能浮现出了那栋房子，这说明你是视觉型的。如果你头脑中出现的不是视觉图像，而是仿佛听到了一些声音，也许是火车驶过的噪声或者孩子们玩耍时的吵闹声，这意味着你属于听觉型。尼尔·伯曼是我在新墨西哥州圣达菲的一位心理医生朋友。他能记住他和病人的每一次谈话，但如果他在超市遇到他们，他却认不出。当他们对他说早上好时，他会想起："哦，对，这人是双相人格，有反社会倾向。"

还有一种可能是，你既没看到清晰的影像，也没听到具体的声音，而是感受到了你 10 岁时的心境。这说明你是动觉型的。大多数人都更相信看到的东西，这就是为什么对另一方的提议做出退缩的回应是重要的。在你有机会见识了它的效果之前，不要急于把它视为幼稚或者夸张的举动。当我的学生第一次使用它时，他们通常会因为它的效力显著而深感惊讶。一位女士告诉我，她在波士顿一家高档餐厅挑选葡萄酒时退缩了一下，餐厅酒水员当场把价格降低了 5 美元。一个男士告诉我，他简单的一个故作惊讶的动作，就让销售人员把一辆雪佛兰科尔维特超跑的价格降低了 2000 美元。我的一位演讲人朋友参加了我在加州奥兰治县举办的研讨会，他灵机一动，想试试能不能用这招抬高他的演讲费。当时，他刚入这行，收费标准是 1500 美元。他去了一家公司，建议他们雇他举办一些内部培训。培训主管说："请你为我们做事值得考虑，不过我们最多只能给你 1500 美元。"

要是以前，他会说："这正是我的收费标准。"但现在的他吃惊地吸了一口冷气，说："1500美元？只用1500美元办这事肯定不行，我会赔本的。"

培训主管若有所思地皱起眉头。"嗯，"他说，"我们给过所有演讲人的最高价是2500美元，我们只能给这么多了。"这意味着我的朋友每举办一场演讲就能多赚1000美元，而他只花了15秒。这是很可观的收益。

要点备忘

- 1. 听到另一方的建议后要表现出因惊讶而缩一下的反应。他们未必期望得到他们想要的东西，然而，如果你没有惊讶的表现，你就在暗示这是有可能实现的。
- 2. 让步往往随退缩而来。如果你没有表现出退缩的样子，对方就会采取更强硬的谈判立场。
- 3. 假定对方属于视觉型。
- 4. 即使你没有与对方面对面交谈，你也应通过某种方式表达你的震惊。在打电话时发出惊叹声也是一种极其有效的方式。

第**4**节
避免对抗性谈判

你在谈判开始的几分钟所说的话通常会决定谈判的气氛。这就是为什么我觉得律师们主导的谈判存在一个严重问题——他们是非常好斗的谈判者。另一方很快就能觉察出你属于哪类谈判者：真心寻求双赢方案的，还是态度强硬、竭尽所能要通吃的。你收到一封信——白色的信封，左上角有黑色凸起的印字，你心想："哦，不！这次又要出什么问题？"你拆开信，想知道他们与你初次联系时是怎么说的。结果发现就是赤裸裸的威胁——如果你不答应他们的要求，他们将针对你采取什么行动。

律师是对抗型的谈判者

我曾为 50 名律师举办过一个有关谈判的研讨会，他们都专门打医疗事故方面的官司，或者用他们喜欢的说法，医师责任诉讼。虽然律师的主要工作就是谈判，但几乎没有一位律师喜欢参加培训课程——这些人也不例外。这些律师所在的律师事务所告诉他们，如果他们想接到更多案子，就应该参加我的研讨会。

律师们让步了，但对于不得不把周六的时间花在我的研讨会上憋着一口气。然而，我的培训一开始，他们就变得兴趣十足，并度过了很开心的一天。我让他们专注于研习一桩诉讼案——有个修女以医疗事故为由状告一名外科医生。我简直不敢相信他们在研习过程中表现得多么咄咄逼人。他们中的大多数都是从恶意威胁开始的，此后便一发不可收拾，变得越来越残忍。我不得不中止这个练习，并告诉他们，如果他们真的想以较低的成本解决问题（但我怀疑他们不想这么做），他们就不应该在谈判初期便表现出对抗的态度。

在谈判之初，你一定要谨言慎行。如果对方的立场与你完全相左，不要争论。争论总是会加剧对方证明自己正确的愿望。你最好一开始先认可对方的观点，随后再设法运用"感觉，感受，发现（Feel，Felt，Found）"公式扭转对抗局面。

你可以这样回应："我完全理解你对这件事的感觉。许多人都有过和你现在完全一样的感受（现在你已经化解了对方的好胜心。你不是在和他们争论，而是在赞许他们）。但你知道我们一直以来都发现了什么吗？当我们仔细观察它时，我们总是发现……"我们还是看一些例子吧。

比如说你在卖东西，另一个人说："你要价太高啦。"如果你和他争辩，他就会在这件事上有了对抗情绪，因此全力以赴，设法证明你是错的，而他自己是对的。相反，你可以说："我完全理解你此时的感觉。很多人第一次听到这个价格的时候也都和你有过一模一样的感受。然而，当他们在进一步了解之后，他们总会发现我们提供的产品是市面上最好的。"

假设你正在进行求职面试，人力资源总监说："我认为你在这个领域没有足够的经验。"如果你回以"我过去做过比这个难度大得多的工作"，它恐怕会被人理解为"我是对的，你是错的"。这样一来，总监就得千方百计地自辩。相反，你可以说："我完全理解你在这件事上的感觉，许多人都和你一样，有过完全一样的感受。然而，我以前的工作和这个职位在技能上的要求大同小异，只是从表面上看并不那么明显。请让我解释一下它们的相似之处。"

或者你作为销售人员听到买家说："我听说你们的运输部门出了问题。"这时如果你急于辩白会让对方怀疑你的客观性。相反，你可以说："我知道你听说了什么传言，因为我也听说了。我想，这种传言可能在几年前我们搬迁仓库时就开始了，但现在像通用汽车和通用电气这样的大公司都把他们的库存托付给我们，我们从来没有出过问题。"

对方还可能说："我不赞同从海外供应商那里采购。我认为我们应该把工作机会留在本国。"你争辩得越多，他就越固执己见。你不如这样说："我完全了解你对这事的感觉，因为如今许多人都和你一样，有过同样的感受。但你知道我们发现了什么吗？最初组装是在泰国完成的，所以我们在美国的劳动力实际上增长了42%，而且这也是为什么……"不要一上来就争辩，那样会导致对抗性谈判，要养成先认同对方观点，再设法扭转对方认知的习惯。

在我的研讨会上，我有时会让一个坐在前排的人站起来。我伸出双手，掌心朝向我要求站起来的那个人，并让他把手放在我的手上。随后，我不再说话，而是轻轻地开始推他。在没有任何指示的情况下，他总是自动地开始回推。当你推别人时，别人也推你。同样地，当你和某人争论时，对方就会自然而然地反驳你。

"感觉，感受，发现"公式还有个好处，它给了你思考的时间。同样，你有时会撞到别人情绪不佳的枪口上。你可能为了推销产品给买家打电话预约面谈，结果买家突然发作，说："我没时间跟一派胡言、卑鄙下流的推销员废话。"你从未听人说过这么难听的话，当场僵住了，不知说什么好；但你要是记得"感觉，感受，发现"公式，你可以说："我完全理解你此刻的感觉。许多人都有过一模一样的感受。然而，我总是发现……"等你默念了一遍之后，你已经想好该怎么说了。你平静地说："我完全理解你此刻的感觉。许多人都有过一模一样的感受。然而……""感觉，感受，发现"让你有时间镇静下来，随后也就知道究竟该说什么了。

要点备忘

- 1. 不要在谈判之初就与人争吵，因为这会导致对抗。
- 2. 运用"感觉，感受，发现"公式消除敌意。
- 3. 当别人对你表现出十足的敌意时，记住"感觉，感受，发现"公式会让你有思考的时间。

第 **5** 节
不情愿的卖家和不情愿的买家

想象一下，你拥有一条帆船，迫不及待地要卖掉它。你当初入手时，它给你带来了无穷乐趣，但如今你很少乘船出海，维护费和码头停泊费的支出就像钝刀子割肉一般让你难受。现在是周日清晨，你放弃了和好朋友打高尔夫球的机会，因为你要去码头清洗你的船。你一边擦洗船，一边痛骂自己当初犯傻买了这条船。你心里正想着"我要把这个倒霉玩意送给下一个走过来的人"的时候，你偶尔抬了下头，就看见一个衣着华贵的男子挽着一个年轻女子沿着栈道走来。他穿的是古驰乐福鞋、白色宽松裤和蓝色博柏利轻便短上衣，脖子上围着一条丝质领巾。他年轻的女友脚蹬高跟鞋，一身丝质紧身裙，戴着大太阳镜和一对硕大的钻石耳环。

他们在你的船边停下，男人说："年轻人，这船很漂亮。愿意把它卖给我吗？"

他女朋友依偎着他说："噢，宝贝，我们买下它吧。我们肯定会很开心的。"

你欣喜若狂，真想放声高唱："主啊，感谢你！主啊，感谢你！"

假如你真的喜形于色，你不太可能让你的这条船卖出好价钱，对吧？那么为了抬高要价，你该怎么做呢？假装很不情愿出售它。你若无其事地继续擦洗，说："欢迎你们上船看看，尽管我从没想过要卖掉它。"你带他们里里外外看了一遍，边走边说你是多么喜爱这条船，扬帆出游多么令人开心。最后你告诉他们："我知道这条船对你来说会有多完美，你们会有多开心，但说到卖掉它，我还真有些舍不得。不过，我也想成人之美，你们打算出多少钱？"

优势谈判者知道，通过运用"不情愿的卖家法"，你在谈判开始前就扩大了谈判范围。如果你成功挑起了另一方对拥有这条船的热情，他大概已经想好了可接受的价格范围。他可能在想："我愿意最高出到3万美元，2.5万美元也不错，要是能以2万美元成交就太值了。"因此，他心目中的价格区间是2万至3万美元。仅仅通过装扮成不情愿的卖家，你就可以把他的价格提高一些。他现在甚至可能愿意给你4万美元。如果你表现出急于脱手的样子，他可能只会出价2万美元。通过扮演不情愿的卖方，你可以在谈判开始之前，就把价格定位到区间的中间部分，甚至会突破他愿意出价的上限。

我有一位十分富有的同事，他是优势谈判者，也具备非凡的商业头脑。他名下的房地产遍布全市，经营得有声有色——称他为大亨都不为过。他这人就很享受讨价还价的过程。

他与众多投资者一样，采取了很简单的投资策略：以适当的价格和条件买入一处房地产，持有一段时间等它升值，然后高价卖出。有一次，许多小投资者渴望买入他名下一处远近知名的房产，纷纷向他发出收购要约。这位经验丰富的投资者灵机一动，想趁机运用一下"不情愿的卖家法"。

他在接待一位潜在买主时，默默地阅读报价书，然后将它推到办公桌的另一边，用手挠着一只耳朵的上方，说出如下一番话："我不知道该怎么说。在我持有的所有房产中，我对它特别有感情。我一直想留着它，等将来我女儿大学毕业时，当作礼物送给她。有一点我可以肯定，哪怕价格有一点不合适我都不会出手。请你理解，这处房产比较特殊，对我来说价值连城。不过呢，你来找我报价也是件好事，平心而论，我也不想让你白费工夫，就直说吧，你觉得你最高能给我多少？"有很多次，我眼看着他利用不情愿卖家哲学在几秒钟内就多赚了几千美元。优势谈判者总是在真正的谈判开始之前，就设法把对方的报价空间向上调整了。

当你孤注一掷时，扮演不情愿的卖主

几年前，唐纳德·特朗普遇到了麻烦。他的钱在房地产上的杠杆非常高，而纽约房地产市场眼看要崩溃。他需要迅速筹集现金，以便在即将到来的危机中生存下来。他最好的机会是卖掉圣莫里茨酒店。三年前，他以 7900 万美元从赫尔姆斯利家族手中买下了它。这家酒店就位于他最近收购的广场酒店的拐角处，因此他不再需要它。急性子的澳大利亚亿万富翁艾伦·邦德有意购买这家酒店。尽管特朗普迫切需要将它出售，但他仍然摆出不情愿卖家的姿态。

"哦，艾伦，圣莫里茨可不行。那可是我十分珍爱的房产。我永远不会卖掉它。我要用它给我的孙辈设立一个信托。我名下的其余房产都是可以出售的；你可以给我一个报价，但不是圣莫里茨。不过，艾伦，公平地说——你能给我的最高价是多少？"

除非你看穿了对方对你玩的把戏，否则在谈判开始之前，你就会将价格先调整一番。艾伦·邦德最终支付给特朗普 1.6 亿美元，买下了圣莫里茨。这让特朗普在随后袭来的房地产衰退中获得了生存所需的宝贵现金。

我记得我曾投资购买了一套海滨公寓。卖主的要价很合理。当时的房地产市场热火朝天，我不知道房主有多想出手，也不知道她是否还拿到了其他人的报价。我写了 3 个报价，分别圈定了我愿意支付的高、中、低档价位。我约了卖家见面，她已经搬出了这套位于长滩市的公寓，目前住在帕萨迪纳市。

和她谈了一会儿后，我确定她手头没有其他人的报价，而且急于出售。我把手伸进公文包，从里面的 3 份报价方案中，拿出了最低档的那份，她接受了。当我一年后卖掉这套公寓时，它的售价是我当初支付价钱的两倍多。请注意，你只能通过"由所有者出售"来实现这一点。如果一个房地产经纪人录入房源，这个经纪人是为卖方工作的，而且在得知买方有可能支付更多之后，他必须告诉卖方。这就是你在卖房时总是要找房产代理挂出房源的另一个原因。

优势谈判者在销售时扮演不情愿的卖家。这种做法甚至在谈判开始之前，就挤压了对方的谈判范围。我们还可以反过来，考虑一下"不情愿的买家法"。你可以设想一下自己坐在谈判桌的另一边。假设你在替公司采购新的计算机设备。你该怎样让销售人员给你一个尽可能低的价格？我会让销售人员进来，让她做完全部产品介绍。我会没完没了地提问，直到我再也想不出还有什么可问的，然后我会说："我真的很感谢你花了这么多时间。很显然，你精心准备了这些演示材料，但可惜的是，这不是我们想要做这事的方式；不过，我还是祝你好运。"

我会停下来察看销售人员脸上沮丧的表情。我会看着她无精打采地收拾起那些演示材料。然后，就在她手碰到门把手、刚要出门的那一刻，我会话锋突变。在谈判过程中的确会出现一些话锋突变的场景。如果你运用得当，你会发现对方反应的可预测性是惊人的。

我会说："你要知道，我真的很感谢你花时间来我这里做介绍。平心而论，你能给我的最低价是多少？"

我敢打赌，此时销售人员的开价不是真正的底价，你同意我的想法吗？当然，这很值得一赌。销售人员的首次报价就是我所说的"期望价"——也就是她想要对方当场就接受的。如果对方真的同意了，她很可能会脚不沾地、火速赶回她的销售办公室，然后不等停下脚步，就尖叫着："你无法想象我刚才遇到了什么事。我去了 XYZ 公司，他们的新总部需要采购一批计算机设备，我去投标。我介绍完我们的报价提案，他们问我：'你的底线价格是多少？'我感觉很好，于是我说：'我们从来不降低标价，除了数量折扣，所以底线是 22.5 万美元。'然后屏住呼吸。公司总裁说：'这个价好像有点高，但既然是你们能做到的最低价，那就这么办，准备送货吧。'我真不敢相信。我们现在就下班去外面庆祝吧。"

在销售上，总是存在一个"离场"价，即销售人员绝不可能答应的价格。另一方并不知道"离场"价是多少，所以他们必须设法探出，搜寻更多信息。买家必须采用一些谈判招数，试探出销售人员的离场价。

当你装作"不情愿的买家"时，销售人员一般不会直接从期望价下调至离场价。情况是这样的：当你装作"不情愿的买家"时，销售人员通常的典型做法是让出他的谈判空间的一半。如果那个计算机销售人员知道底线是 17.5 万美元，比标价低 5 万美元，她会这样回应你："嗯，我实话告诉你吧。我们这个销售季度要结束了，我们正在进行销售赛。如果你今天就下订单，我会以 20 万美元的最低价给你。"她之所以会放弃一半价格谈判空间，就因为你运用了"不情愿的买家法"。

当人们这样对付你的时候，他们只不过在玩一个游戏。优势谈判者对此不会感到不安。他们只是力求在谈判游戏中玩得比对方更好。当别人用这招对付你时，你的正确反应是按如下顺序运用多个招法：我不认为这个价格还有多少调整空间，但如果你能告诉我怎样做才能得到你的生意（让对方先报价），我会向公司上层汇报（"更高权威"——我稍后会谈到的中场谈判招数），我会试试看能帮你们多大忙（好人／坏人谈判招数）。

要点备忘

- 1. 总是装作不情愿的卖家。
- 2. 留心别人在针对你使用"不情愿的买家法"。
- 3. 玩这个招数的最大益处是在谈判开始之前，就能十分有效地挤压对方在价格上的回旋余地。
- 4. 由于你运用了这招，另一方的典型反应就是把价格的谈判范围减半。
- 5. 当它被用在你身上时，想办法让另一个人先承诺，诉诸"更高权威"，并用"好人／坏人法"达成交易。

第**6**节
钳子策略

钳子策略是另一个非常有效的谈判策略，它发挥的作用会让你瞠目结舌。它其实就是非常简单的一句话："你必须做得更好。"优势谈判者是这样使用它的：假设你拥有一家小钢铁公司，主营钢材制品的批发业务。你拜访了一家金属加工厂去推销产品，对方听取了你的提议和价格结构。虽然对方一再表示他们和现在的供应商相处得很好，可你并不在意，后来，对方表示或许可以考虑你的产品。你成功了！

最后，另一个人对你说："我真的对我们现在的供应商很满意，不过有个后备供应商也没什么坏处，正好可以督促他们别松懈。你要是能把价格降到每磅1.22美元，我就买一批。"

这时，你什么都不用做，只要冷静地告诉对方："十分抱歉，我想你应该给个更好的价格。"

经验丰富的谈判者连想都不用想，直接回应道："我到底要给多好的价格？"谈判者试图用这种问法迫使你说出具体数字。然而，你一定想不到，一旦听到这个问题，一个谈判新手往往会立刻作出很大让步。

那么，当你说了"十分抱歉，我想你应该给个更好的价格"之后，接下来该怎么做？你猜对了。缄口不言！别再多说一句话。对方可能会就此对你作出让步。销售人员称之为无声成交，他们都是在进入公司的第一周就了解了这一点。你提出你的建议，然后闭嘴。对方可能当场就认可了，所以你在还未确认对方会怎样反应之前就多嘴多舌是愚蠢的行为。

我曾看着两个销售人员在彼此身上练习无声成交。我们三人坐在一张圆形

33

会议桌旁。我右边的业务员想从我左边的业务员那里买一处房产。他照着销售培训班教他的那样，报完价就再也不说话了。我左边那位资深销售人员心里一定在想："傻小子。我真不敢相信，他竟然要在我老人家身上尝试无声成交？我要让他长长见识。我也不说话。"

我坐在这两个固执的人中间，看着他们默默地较劲，看谁忍不住先开口。房间里一片死寂，只有后面一座老爷钟嘀嗒作响。我看着这两个人，很显然他们都知道发生了什么。两个人都不愿意向对方让步。我不知道这个僵局将如何打破。当时我感觉似乎熬了半个小时，其实可能也就过了5分钟，因为在我们的文化中，沉默似乎让人感觉十分漫长。

最后，更有经验的销售员打破僵局，在一张纸上潦草地写下"决定？"并把它滑向桌子的另一边。他故意拼错了"决定"这个词的一个字母。年轻销售员看了一眼，脱口而出："你拼错了'决定'。"一旦他张开口，他就再也停不下来了。（你认识这种销售人员吗？一旦开始说话，就滔滔不绝？）他接着说："如果你不愿意接受我刚才的报价，我或许可以额外再加2000美元，但此后再也不会多出一分钱。"在尚未弄清对方是否会接受自己的报价之前，他就主动调整了自己的出价。

在运用钳子策略时，优势谈判者只是简单地用"十分抱歉，我想你应该给个更好的价格"来回应对方的开价，然后闭嘴。

一位客户在我给他们的经理举办的"优势谈判的秘密"研讨会后打电话给我，他告诉我："罗杰，我觉得你可能想知道，我们刚刚怎么用你教的一招赚了1.4万美元。是这样的，我们在迈阿密的办公室要采购新设备。我们的标准程序是让3家合格供应商投标，然后选定报价最低的那家。我审核了标书，并选定了一家供应商，但就在我准备在标书上签字批准的那一刻，忽然想起你教给我们的钳子技巧。我边想着'能有什么损失呢'，边在上面潦草地写下'你必须做得更好'，然后寄回给他们。他们的还价比我准备接受的降低了1.4万美元。"

你可能会想："罗杰，你并没有说明这个订单有多大，假如它价值5万美元，降幅可以说是巨大的；假如这是一个价值数百万美元的业务，减少 1.4 万美元就不值一提啦。"当你应该关注金额时，不要陷入谈百分比的陷阱。关键是，他仅用两分钟在标书上潦草地写下了建议，就赚了 1.4 万美元，这意味着当他这么做的时候，他每小时挣到了 42 万美元净利润。那可是一大笔钱，对吧？

这是律师们常掉入的另一个陷阱。当我和律师一起做事时，可以明显看出，他们在协商 5 万美元的诉讼时，双方会为了 5000 美元反反复复相互致函。而当涉案金额达到百万美元级别时，他们根本不把 5 万美元放在眼里，因为此刻他们关注的是百分比，而不是金额。

如果你向买家让利 2000 美元，不管你做成的是多少万美元的生意，你给出的是实实在在的 2000 美元。因此，你向自己的销售经理汇报时说"我不得不向买主让利 2000 美元，可我做成了价值 10 万美元的生意"是没有任何意义的，你本该想："谈判桌上摆着 2000 美元，我愿意多花多长时间继续谈判，来看看我能争取到多少？"

你要大致了解自己的时间值多少钱。不要为 10 美元的物品商谈半个小时（除非你只是为了练习谈判技能）。即使你把 10 美元全拿到手，根据投入与产出比来看，你也只能以每小时 20 美元的速度赚钱。从长远来看，如果你每年能挣 10 万美元，即相当于你每小时能挣 50 美元。你应该盘算一下："我现在做的事所产生的收入能超过每小时 50 美元吗？"如果答案是肯定的，那说明你是在做该做的事。但如果你在饮水机旁与人闲聊，或者谈论昨晚在电视上看过的电影，或者每小时不会产生 50 美元的任何事，那你就是在做无用功。

重点来了。当你和某人谈判时——当你面对一笔你可以接受的交易——而你在反复权衡是否能再坚持一会儿，争取做得更好一点，你不是在做每小时挣 50 美元的事。不是，先生。不是，女士。你是在每分钟赚 50 美元，甚至可能每秒就能挣 50 美元。

如果这还不够，请记住通过谈判获得的收入都是净利，与毛利不是一个概念。这意味着，你为了促成一笔生意在几秒钟内让出的 2000 美元（你认为只有这一条路可走）是净利，如果折算成总销售额的话，数额会高出很多倍。我培训过折扣零售商和保健组织的高管，他们那里的利润率只有 2%。他们每年的交易额高达 10 亿美元，但他们实现的纯利润仅有 2%。在他们公司，从谈判桌上争取到的 2000 美元折让在净利润上的影响，与获得 10 万美元的销售额相当。

你所在的行业的利润率很可能高得多。在我举办过培训项目的一些公司，利润率能达到 25%，令人难以置信，但这属于例外情况。在这个国家，平均利润率约为 5%，意味着你让利 2000 美元，可能相当于丢掉了 4 万美元的销售额。我想问你，为了做成 4 万美元的生意，你愿意工作多久？一小时？两小时？一整天？许多销售经理告诉我："为了实现 4 万美元的销售额，多久都可以。"

不管你的生意节奏有多快，你都可能愿意花几个小时来完成一笔 4 万美元的交易。既然如此，你为什么会轻易在谈判桌上让给对方 2000 美元呢？如果你所在的行业通常只能实现 5% 的净利率，那么它对净利润的影响就相当于你丢掉了一笔 4 万美元的生意。

在谈判桌上争取到的收益是净利。你只有在谈判时挣钱的速度才是最快的！优势谈判者应该用"你要做得比这更好"来回应一项提议。当另一个人用这招对付他们时，他们会不假思索地用"反弃兵"招数回应："我到底要多好呢？"

要点备忘

- 1. 以钳子策略应对提议："你要做得比这更好。"
- 2. 假如他人以此对付你，可用"反弃兵"招数回应："我到底要多好呢？"这将把对方锁定在某个细节上。
- 3. 专注于重点要谈的金额。不要被销售总额分散注意力，转而考虑百分比。
- 4. 谈成的每一美元都是净利润。要时刻牢记你的每小时值多少钱。
- 5. 你只有在进行优势谈判时才能更快地赚钱，其他情况下都不行。

中场谈判策略

第 **7** 节
如何对付无决策权的人

在你所有的谈判经历中，最令人沮丧的情形之一就是，你得与声称自己无权拍板的人谈判。除非你意识到这只是对方采用的谈判计策，否则你会觉得你永远无法与真正的决策者对话。

当我在加州担任房地产公司总裁时，我会把董事会当作我的上级。总会有些推销员来我的办公室，他们想卖给我的东西五花八门，涉及广告、复印机、计算机设备等。我会用这些招数，尽可能争取到最低价，然后我会对他们说："这个看起来不错，但我需要向我的董事会通报并商议一下。我会在明天告诉你得到批准的好消息。"

第二天，我会给他们打电话说："小伙子，我的董事们现在是真难对付。我本来觉得有十足把握说服他们接受这个报价，但他们就是不同意，坚持要你再降几百美元。"毫无悬念，我总是能心想事成。本来就没有需要董事会批准这回事，我也从来不觉得这是一种欺骗。你的谈判对象非常清楚，你的这种做法只不过是一种谈判技巧而已。

当另一个人对你说必须请示某个委员会、主管或法律部门时，那可能只是虚晃一枪。但无论如何，这是他们用来对付你的非常有效的谈判计策。我们先来看看为什么这是一个如此有效的战术，然后我会告诉你，当对方决定将它用在你身上时，该如何处理。

当谈判对手喜欢拿上级当挡箭牌

出去谈判的时候，你往往希望自己拥有谈判的最终决定权。乍一看，当你对另一个人说出"这笔交易的最终决定权在我"这句话时，你似乎显得大权在握。

你总是希望能够对你的经理说："让我处理这件事，授权给我去达成最好的交易。"可这在优势谈判高手看来，你这样做实际上是削弱了自己的谈判地位。事实上，你一定要为自己找到一个"更高权威"，用于审核你要修改的提议或做出的决定。任何以决策者自居的谈判者都使自己处于严重的谈判劣势。为此，你必须把你的自我抛在一边，这样做虽然可能会让你感到不舒服，但非常有效。

这个做法如此有效，原因很简单。当对方知道你拥有决策权时，他就知道只需说服你就够了。如果你是最高权威，他就不必再卖力地进一步讨好你。他很清楚只要过了你这一关，就算大功告成了。假如你告诉他，你必须向上级汇报，情况就不是这样了。无论你的上级是分公司、总部、管理层、合伙人还是董事会，对方都必须做更多努力来说服你。他必须提出一个你可以向上级提出并得到批准的方案。他知道他必须把你完全争取到他那一边，这样你才会愿意说服你的上级接受他的方案。

当上级是一个模糊的实体时，比如委员会或董事会，它能发挥的效力最大。例如，你何时见过银行里的贷款委员会？反正我从来没有。在我的研讨会上，银行家们一直告诉我，对于 50 万美元或更少的贷款，银行里的某个主管可以自主决定，而不必去找贷款委员会审批。然而，信贷员明白，如果他对你说"你的贷款申请文件已呈交给行长了"，你就会说："好吧，我们现在就去找行长谈谈。咱们一起去把这事解决掉。"如果面对的是模糊的实体，你就没法这么做了。

如果你使用"更高权威法"，一定要确保你的"更高权威"是一个模糊的实体，比如定价委员会、总部的人，或者营销委员会。如果你告诉对方你需要自己的经理批准，他们会首先想到什么？很可能是"那我为什么还要浪费时间跟你闲扯？如果你的经理是唯一能做决定的人，那就让你的经理过来"。当你的上级是一个模糊的实体时，它就似乎成了无法接近的。多年来，我不知道告诉过多少销售人员我必须提交给我的董事会审议，其中只有一位销售人员问我："你的董事会什么时候开会？我什么时候能给他们做个演示？"使用"更高权威法"向人们施压，不会激发对抗。

房地产投资者应用"更高权威法"

在我还在从事不动产行业的时候，曾投资过公寓楼和独栋住宅。当我最初买下这些建筑时，我告诉房客我拥有此处房产，那种感觉很棒。这对我来说是一种自我炫耀。然而，当我的投资达到一定规模后，我发现这事不再那么好玩了，因为租客们都认为房东手里有大把的钱，那么更换他们那套公寓被烟头烧出一个洞的地毯，或者有个小裂口的窗帘怎么就成了问题呢？为什么晚交了那个月房租也会是个问题呢？在他们眼里，我很有钱。我肯定是个大富翁，因为我买得起这栋楼。那我为什么还要在这些小事上斤斤计较呢？

当我了解到"更高权威"这个概念的威力并创办了一家名为广场房产的公司时，上述所有问题都烟消云散了。我成了那家公司的总裁，对租户来说，那是一家物业管理公司，主要负责为一群投资者管理他们的大楼。

此后，当他们说"我们的地毯被烟头烫出了一个洞，需要更换"的时候，我会答复说："我还没办法让房东为你做这件事。不过，我要告诉你的是：你保证每月第一天交房租，连续交大约 6 个月后，我会帮你找房东争取一下。到时候再看我能帮多少吧。"假如他们对我说"罗杰，我们要到这个月的 15 日才能付房租"，我会回应说："啊，我完全清楚这是怎么回事。有时人会有难处，但是在这个地方，我没有任何回旋的余地。房东告诉我，如果每个月 5 日之前租金没到位的话，我就要提交逐客通知。我们能做些什么才能保证你们按时交房租？"

"更高权威法"是一种非常有效的施压方式，不会招致任意一方的对抗。我敢肯定你能明白为什么对方喜欢在你身上使用它。我们先看看为什么对方会告诉你，他们要让某个委员会、董事或老板审批你提出的方案。这对他们有什么好处？答案是，他们既可以向你施加压力，又不会招致你的对抗。"我们把这么高的报价提交给委员会简直是在做无用功。"这句话会让你这个谈判者心烦意乱，因为你无法向真正的决策者展示自己，这让你很沮丧。

通过创造一个他们必须首先寻求批准的"更高权威"，他们就可以不再顾及做决定的压力，从容不迫地审议相关的业务谈判。在做房地产经纪人期间，我会告诫我们的代理人，在他们开车带买家去看待售房产之前，要先问清楚："我就想确认一下，如果我们今天为你找到了合适的房子，你有什么理由今天不做决定吗？"

买方可能将这一行为解释为向他们施加压力，要求他们迅速做出决定。其实不是，它的真正作用是解除了他们在面对成交压力时为拖延时间而诉诸"更高权威"的权利。如果代理人没有这样做，他们通常会推迟决定，说："我们今天不能决定，因为哈里叔叔负责我们的首付，我们必须先跟他商量一下。"

这时他们所使用的就是我们刚刚讲过的钳子策略："如果你想得到哈里叔叔的同意，你得做得比这更好。"毫无疑问，在这种情况下，你就会觉得自己必须说服眼前的客户。你的客户会假借"更高权威"之口提出自己的要求："如果你能再降10%，你或许有机会得到委员会的批准。"

你的谈判对手常常使用"更高权威法"来迫使你打一场竞标战。"委员会要求我拿到5份标书，他们会选定报价最低的。"此外，对方可以在不透露你的对手是谁的情况下压低你的价格："委员会明天将开会做出最终决定。我知道他们已经得到了一些非常低的报价，所以你参与竞标的意义不大，但你要是能提交超低报价的方案，总会有机会的。"

它让对方使用"好人/坏人法"做铺垫："如果由我决定，我很乐意继续与你做生意，但委员会里那些锱铢必较的委员只关心谁的价格最低。"

此时，你可能会反驳我说："罗杰，我不能用这个。我拥有一家制造家具的小公司，每个人都知道我是老板。他们知道我没有上司，我就是最终决定者。"

事实并非如此。我也拥有自己的公司，但在做出一些决定之前，我首先要与我授权负责相关业务的人进行核实。如果有人要求我为他们公司做一个研讨会，我会说："我觉得挺好，但是我必须先和我的营销部门核实一下。这没错吧？"如果你拥有自己的公司，你的组织中那些需要得到你授权的人就成了你的"更高权威"。

在国际谈判中，总统都会使用"更高权威法"来保护自己，为防陷入窘境会申明自己的立场，即在做出任何决定之前，他必须首先征求谈判专家或参议员的批准。

反制"更高权威法"的方法

我相信你能明白为什么人们喜欢在你身上使用"更高权威法"。幸运的是，你可以学会如何顺利且有效地应对这一挑战。首先，你应该在谈判开始之前，让对方承认，如果对报价十分满意的话，他当场可以做出决定，从而消除对方诉诸"更高权威"的可能性。

这和汽车经销商在让你试驾之前对你做的事情一模一样，他会说："我要问清楚，如果你真的很喜欢这辆车，我确信你一定会的，你有什么理由不在今天签购车合同呢？"因为他们知道，如果不事先断掉你诉诸"更高权威"的后路，就有可能竹篮打水一场空，即客户在面临当场做决定的压力时，会编造出"更高权威"以拖延时间，比如："哦，我很想今天给你个准信，可我做不到，因为我岳父必须先看一眼要买的房子（或汽车），或者乔叔叔要帮我们付首付，我们得先和他谈谈。"

有一种遭遇让你特别有挫败感，你向对方提交了报价方案，结果她对你说："噢，不错。谢谢你给我的这个提议。我会向我们的委员会（我们的律师或业主）汇报，如果我们对此感兴趣，就会与你联系。"然后你怎么办？如果你足够聪明的话，就会有备而来，在报价之前先清除对方应用"更高权威法"的可能性，从而避免这种尴尬。

在你向对方展示你的报价方案之前，甚至在你把它从公文包里拿出来之前，你都可以装作漫不经心地说："我要问清楚一件事，假如这个方案能满足你们的所有要求，是否还有其他理由让你无法在今天给我一个确切答复？"

对方同意也没什么害处，因为对方在想："如果它能满足我的全部要求？没问题，这里有很大的回旋余地。"然而，如果你能让对方说出"嗯，如果能满足我的全部要求，我当场就给你一个肯定的答复"，你可以看看自己的收获有多么可观。

- 你消除了他们告诉你他们需要时间考虑一下的权利。如果他们这么说，你就能这样回应："好吧，我再检查一遍。一定有什么我没有说得足够清楚，因为你之前确实向我表示过，你愿意今天做出决定。"
- 你取消了他们诉诸"更高权威"的权利，使得他们不能再说："我想让我们的法律部门审核一下，或者让采购委员会看看。"

假如他们坚持要求助于"更高权威"呢？我相信这话你说过很多次："如果这个报价方案满足了你的全部要求，你有什么理由不在今天做决定？"而对方回应道："对不起，但是按照这种规模的项目来说，一切都要得到指导委员会的批准。我必须把方案提交给他们审批。"当优势谈判者无法消除对方对"更高权威"的依赖时，他们会采取以下 3 个步骤。

第一步 ——迎合他们的自尊心。

你要微笑着说："他们总是听从你的建议，对吧？"有些人一听这话就会感到飘飘然，他会说："嗯，我想你是对的。如果我觉得不错，你就放宽心等好消息吧。"但在大多数情况下，他们往往还会说："是的，他们通常会听从我的建议，但在我把它提交给委员会之前，我不能给你一个肯定答复。"如果你意识到你在和非常自负的人打交道，试着在刚开始介绍方案时先发制人，断绝他们将来诉诸"更高权威"的后路："如果你把这个方案交给你的主管，你认为他会同意吗？"一个自视甚高的人经常犯的错误就是骄傲地告诉你他不需要得到任何人的认可。

第二步 ——让他们承诺会积极地向委员会推荐你的方案。

你可以这样说："你会向他们推荐它 ——对不对？"希望你得到的回答大意如此："是的，我觉得这个方案挺好。我会在他们面前替你说话。"争取对方承诺向"更高权威"推荐你的方案非常重要，因为走到这一步，他们可能会透露，其实所谓的委员会纯属子虚乌有。事实上他们完全有权做决定，他们声称需要与别人商议不过是他们用来对付你的谈判计策。

"更高权威法"是怎样被用来对付我的

我还记得 1962 年初次踏入这个国家的情形。我去了加州门洛帕克市的美国银行工作。我工作了 9 个月后，发现金融圈里的工作让人精神太紧张，我有些受不了，于是我四处寻找别的工作。后来我申请了百货连锁店蒙哥马利·沃德的管理培训生。

在我开始工作之前，需要得到公司指派来培训我的经理的批准。他们便把我送到加州的纳帕，让当地商店经理卢·约翰逊面试我。不知何故，面试并不顺利。我当时知道我得不到这份工作了 ——可能是因为我初来乍到，卢不相信我会长期留在这里。我没打算回英格兰，但我能理解他的担心。最后，他对我说："罗杰，谢谢你来面试。我会向总部的委员会汇报，你会收到他们的来信。"

我对他说："你会把我推荐给他们，是吗？"这是第二步，要求他们做出积极推荐的承诺。说到这个，他有些闪烁其词，我能看出他显然不想向委员会推荐我。另外，他不想和我对抗，告诉我他不会推荐我。他支支吾吾了几分钟之后，终于对我说："嗯，好吧，我可以给你一个机会试试。"这话一出口，他便表明了其实不存在"更高权威"。没有负责审批的委员会，他就是决策者。

在第二步中，优势谈判者争取到了对方的承诺，即对方将向"更高权威"积极推荐自己的方案。现在只能发生两件事：要么对方说可以，会推荐给"更高权威"；要么对方说不行。不管是哪种，你都赢了。得到对方的支持当然是好事，但是即便是你听到别人的反对意见，你也可以告诉自己"这太好了"，因为拒绝本身就是购买的信号。人们只有在想从你这里买东西时才会质疑你报出的价格。如果他们对你的产品没兴趣，根本不会在意你的产品或服务定价有多高。

当你不在乎他们收费多少时

有一段时间，我在和一个非常喜欢室内装饰的女士约会。一天，她兴奋地把我拖到奥兰治县设计中心，给我看一张小山羊皮沙发。这种皮柔软顺滑。当我坐在上面时，她说："这个沙发是不是非常棒？"

我说："毫无疑问。这沙发棒极了。"

她说："而且只卖 1.2 万美元。"

我说："太不可思议啦。这么好的东西他们怎么才要 1.2 万美元？"

她说："看来你对价格没意见了？"

"我对价格一点意见都没有。"为什么我对价格没意见？因为我根本没有打算花 1.2 万美元买一张沙发，不管他们用了什么面料。如果这沙发勾起了我的购买欲，我会对价格有意见吗？哦，你最好相信我对价格有很大意见！

质疑其实是有意购买的信号。我们做房地产这行的人都知道，当我们带客户看房时，如果人们走到哪都会发出"噢噢噢"和"啊啊啊"的赞叹声，好像他们喜欢它的一切，他们是不会想买的。真有兴趣购买的客户会说："嗯，厨房没有我们喜欢的那么大……那种壁纸太难看……我们可能最终会把那堵墙打掉……"这种人才是真心想买的。

如果你是做销售的，想想看，在你的生活中，你有没有做过一笔大买卖，对方从一开始就看中了你的价格？当然没有。所有认真的买家都抱怨价格不合适。你最大的问题不是别人的异议，而是别人的漠不关心。我宁愿他们对你说："哪怕这世界上只剩下你们一家这种部件的供应商，我也不会买你们公司的，因为……"而不是让他们对你说："我们在过去 10 年一直从一家供应商进货，他们做得很好。我不想花时间和任何人谈论更改供应商的事情。"冷漠是你要解决的问题，而不是反对意见，因为反对意见总是有原因的，而人们可能会改变主意。

我可以证明给你看。想出一个爱的反义词。如果你说恨，那就再想想。只要他们不停地反对你，你就一直拥有继续努力的机会。冷漠才是爱的对立面。当他们像《乱世佳人》中的瑞德·巴特勒一样对你说："坦白说，亲爱的，我一点也不在乎。"这时你就知道电影要结束了。漠不关心是你要解决的问题，不是反对意见。反对意见是购买信号。

当你对他们说："你会把我推荐给他们，对不对？"他们可以说对，也可以说不对。不管怎样，你都赢了。然后就可以进行下一步了。

第三步——"取决于"成交法。

当你的人寿保险代理人对你说出如下这番话时，他就在把"取决于"成交法用在你身上。"坦率地说，我不知道我们能否为你这个年龄的人承保。不管怎样，这都'取决于'你的体检结果，所以我们何不把这一条先写上呢？"保险代理人很清楚，只要你在体检时还能有一口气，他就能给你办下那份保险。这样一来，对你来说原本很重大的决定听上去也没什么了。

在这个案例中，有条件的"取决于"成交法是这样的："我们先把文件准备好，条件是你们公司的委员会有权在 24 小时内以任何细节问题否决该提案。"或者说："我们先把文件准备好吧，条件是你们的法律部门有权在 24 小时内以任何法律原因拒绝该提案。"注意，此时你表述的不是劝他们接受，而是说这能保障他们出于某种特定原因而拒绝的权利。

总之，假如你无法让对方放弃诉诸"更高权威"，可采取如下 3 个步骤。

- 1. 迎合对方的自尊心。
- 2. 让他们承诺会积极地向"更高权威"推荐你的方案。
- 3. 使用"取决于"成交法。

如果有人也在试图阻断你诉诸"更高权威"的选项，你该怎么办呢？如果对方对你说:"你确实有权做决定,对吗?"你应该直截了当地说:"这取决于你要的是什么。如果超出了我的权限,我必须获得我的营销委员会的认可。"

假设你在向一家连锁仓储式五金中心出售铝制花园棚子,他们邀请你参加他们的假日周末邮寄广告活动。你的销售经理为此预留了 3 万美元,但连锁店的买家要求你承诺 3.5 万美元。你应该摇着头说:"啊!这远远超出了我的预期。我必须得到广告委员会的批准。我现在可以给你 2.5 万美元,毫无问题,但我不得不暂缓任何超出这个金额的活动,我要先听听委员会怎么说。"

在不引起冲突的情况下,你将对方置于这样一个境地:他宁愿接受 2.5 万美元的提案,也不想让整个项目都搁置,直到你给出明确的答复。请注意,你也在"夹叉"他的提议。假设你们最终各让了一步,那么成交价格仍然在你的预算之内。

关于"更高权威",还有一件事值得一提。假如有人在你还没想好的时候就试图迫使你做决定,你该怎么办?假设你是一个电力承包商,你正在谈一个购物中心的投标。总承包商向你施压,要求你承诺报价和开工日期,并让你立刻就做决定。他说:"哈里,我像兄弟一样对待你,但我是生意人,不是搞慈善的。现在就把我需要的东西给我,否则我就不得不去找你的竞争对手。"

你该怎么处理?很简单。你就对他说:"乔,我很乐意给你一个答复。事实上,如果你想要的话,我现在就能给你一个答复。但我必须告诉你 —— 如果你现在强迫我做出决定,答案肯定是不行。明天,在我有机会和我的评估人员商议之后,答案或许是可以。你为什么不等到明天,那时候我可以给你一个比较明确的回复。这样岂不是更好吗?"

你还可能发现自己落入了被人用不断升级的权威对付的境地。你以为自己已经达成了一项交易,却发现它还要过一关,而把守这个关口的首席采购员却推三阻四,不愿批准。你在交易中附加了一些诱人的条件之后,却发现副总裁又不同意。在我看来,不断升级权威的做法极其不道德,但你在现实中确实会遇到。我确信你在买车的时候就有过这种经历。在初步交涉之后,销售人员很干脆地接受了你的低报价。在让你承诺一个具体价格(这让你在心理上接受了你会买那辆车的想法）后，销售人员会说："嗯，这看起来不错。我只需要让我的主管核实一下，这辆车就是你的了。"

此时，你感到心满意足，仿佛已经拿到了车钥匙和所有权证书，你坐在会谈室里，开始暗自庆幸自己争取到了如此超值的交易。就在这时，销售人员带着销售经理回来了。经理坐下来和你一起核实价格。他说："你知道，弗雷德在这事上有点过分了。"弗雷德不失时机地表示出了尴尬："这个价格几乎比我们拿到的出厂价还低 500 美元。"他出示了一张似乎很正规的厂家开具的发票，"当然，你也不愿意让我们赔本卖车，是这样吧？"

现在轮到你感到尴尬了。你不知道如何回应。你以为你买得很值，而弗雷德的上级刚刚否决了它。你并不知道经销商原本可按低于票面价值 5% 的价格把车卖给你，但由于工厂的激励措施，经销商有盈利，于是销售经理一边强调你是一个讲道理的人，一边顺理成章地把你的报价提高了 200 美元。

你再次以为这买卖已经板上钉钉了，结果销售经理接着解释说，这个价格太低了，他做不了主，需要得到他的上级批准。就这样，你发现自己要对付一个又一个经理，每个经理都能让你提高一点点报价。

如果你发现对方在你身上使用不断升级权威的招数，记住你也可以使用"以其人之道还治其人之身"这招。你也可以玩这个游戏，提升你背后权威的等级。对方会很快识破你在做什么，并要求休战。在每一个不断上升的权威级别上，你都应该回到你最初的谈判立场。不要让对方在拉锯战中不知不觉地提高价格。

还有一点需要记住的是，只要合同没有签，交易就没有结束。如果你开始做白日梦，想象着怎样花掉那笔利润或者开上了一辆新车，你就对这笔交易寄予了过多情感，以至于在该放弃时难以割舍。千万不要因为沮丧而大发脾气，并放弃可能对大家都有利可图的交易。当然，这种策略是不公平和不道德的，但这纯粹是一笔生意，而不是一种宗教。你是来给商业车轮涂抹润滑油的，不是来让罪人改邪归正的。在你进行优势谈判时，能够使用和操控诉诸"更高权威"的手段对你来说至关重要。永远保持自己向"更高权威"求助的可能性，同时记得阻止对方向"更高权威"求助。

要点备忘

- 1. 别让对方知道你有权拍板。

- 2. 你的上级不是具体的个人，而是一个模糊的实体。

- 3. 即使你拥有自己的公司，你仍然可以把你的组织当作上级。

- 4. 你在谈判时要忘掉自尊。不要中了别人的圈套，坦承自己拥有决策权。

- 5. 力争让对方承认，一旦你的提议符合他的全部需求，他有权批准。不然的话，接连运用三种策略：迎合他的自尊心、获得他向上级推荐的承诺、努力达成有资格应用"取决于"条款的交易。

- 6. 如果他们迫使你在尚未准备好的情况下做决定，明确告知对方你会做决定，但要让对方明白，除非你有足够的时间进行内部协商，否则答案就是无法交易。假如他们层层加码，用一级又一级的上级对付你，那就采取同样的做法，坚持最初的价格，再引入你的"更高权威"。

第**8**节
持续衰减的服务价值

当你和另一个人打交道时，你该想到会发生如下这些事情：对方很快会忘记你所作的让步。你所买的物品可能会在很多年后升值，但在讨价还价的过程中，你所作出的任何让步都会很快贬值。优势谈判者知道，在谈判中你每次向对方作出让步，都应该立即要求对方作出相应让步。你送给对方的人情会迅速贬值。两小时后，它的价值将会衰减到微不足道。

房地产销售人员非常熟悉服务价值递减的原理。如卖主自行出售房产时遇到麻烦，房地产销售人员提出按房价的 6% 收取房源发布费的方式即可解决这个问题，这听起来并不像是一大笔钱。

然而，当房产中介真的提供了这项服务，并找到了潜在买家的那一刻起，这个 6% 的收费标准突然就显得像一笔巨款了。"百分之六，那可是 1.2 万美元啊，"卖家说，"凭什么呀？他们做了什么？他们只不过是把它录入了一个列表中。"其实房地产经纪人所做的不仅仅是推销这个房产并商定合约，但是记住这条原则：在你提供了一项服务之后，它的价值总是会迅速消失。

我敢说你有过这种经历，对不对？一个和你不怎么做生意的人打电话给你，告诉你他遇到麻烦了，因为支撑他大部分业务的供应商爽约，没有及时供上货。情况紧急，他希望你能创造奇迹，明天一大早设法送一批货给他们，不然的话，他明天就要关停整条生产线。听起来有些耳熟？你忙不迭地日夜赶工，调整各地的送货安排。你克服了重重困难，及时将所需货物运到那里，确保了生产线继续运转。你甚至亲赴现场，指挥工人卸载货物，此情此景让买家爱死你了。他来到装卸台，看着你得意地擦去手上的灰尘，说道："我真不敢相信你能为我这么做。你提供的服务简直令人难以置信。你简直不可思议。爱你，爱你，爱你。"

你回应道："很高兴为你做这件事，乔。这是我们可以提供的应急服务。你是不是该考虑一下，选我们公司充当你们的主要供应商？"

他回答说："听起来不错，可我现在没时间讨论这件事，我得去看看生产线，确保它平稳运行。星期一上午 10 点来我办公室，我们聊聊这事。中午过来更好，我请你吃午饭。我真的很感激你为我做的一切。你太棒了。爱你，爱你，爱你。"整个周末，你都在想："哎呀。我真的办成了这件事吗？他真的欠我一个人情吗？"星期一如期而至，然而和他的谈判与以往一样艰难。出了什么问题？其实是服务价值衰减开始发挥作用。在你提供了服务之后，它的价值总是会迅速递减。

如果你在谈判中让步，那就当即要求对方作出对等让步。刻不容缓。不要坐在那里想，因为你帮了他们一个忙，他们欠你的，他们事后会补偿你。你可以心存美好的愿望，但必须面对现实，无论你所做的事有多好，它的价值会在他们的心目中迅速贬值。

出于同样的原因，咨询师都知道，你应该事先商定收费标准，而不是事后。水管工也都知道这个吧？他们知道要在开始干活之前跟你谈好收多少钱，而不是干完活儿才说。我家里的水管出了问题，我叫来了一个水管工。他查看了一下，缓缓摇着头说："道森先生，我知道哪里出了问题，我能为你解决。费用是 150 美元。"

你知道他做这项工作花了多长时间吗？也就 5 分钟。我说："先等等。你只干 5 分钟的活儿就要收我 150 美元？我是全国知名的演说家，我都挣不到这么多钱。"

他回答说："当年我是全国知名的演说家时，也没赚到过这么多钱。"

要点备忘

- 1. 实物有可能增值，但服务永远会贬值。
- 2. 不要在作出让步后还惦记着对方今后会还你的人情。
- 3. 干活儿前先谈好费用。

第 **9** 节
永远不要主动提议分摊差额

在美国，我们有极强的公平竞争意识。这告诉我们，如果双方都平等地付出，那就是公平的。如果弗雷德开价 20 万美元出售他的房子，苏珊出价 19 万美元，弗雷德和苏珊都急于妥协，两人都倾向于认为："如果我们以 19.5 万美元成交，那就公平了，因为这是平等的。"公平与否取决于弗雷德和苏珊采取的最初谈判立场。如果房子本身价值 19 万美元，而弗雷德利用苏珊十分喜欢他的房子这一点，坚持维持较高价格，那就不公平了。如果房子价值 20 万美元，而苏珊也愿意支付这笔钱，但却利用弗雷德急需用钱这一点拼命压价，那就不公平了。

所以你可能会想，当双方之间无法解决价格问题时，折中不也是一个很好的解决方案吗？我还想指出，优势谈判者知道，分担差价并不意味着一定是均分。只需将差额平分两次，双方分割的份额就变成了 75%/25%，而你可以劝对方将差额分 3 次或更多次，以得到更多利益。

分割并不总意味着均分

我曾与一家银行谈判，这家银行对我名下的多处房产拥有一揽子财产委托。我卖掉了这项协议下的一处房产，按合同规定他们有权立刻要我偿还 3.2 万美元的贷款。我向银行提出支付 2.8 万美元。我最终说服他们接受了折中的 3 万美元。过了几周，对方同意我可以偿还 2.9 万美元，然后又表示我可以先偿还 2.85 万美元，最后我们达成的金额是 28250 美元。

这个招数的作用原理是这样的：首先要牢记，你不应该主动提出自己承担一部分差额，而是始终鼓励对方先提。假设你是建筑承包商。你一直在争取拿到一个改建项目，你为此出价 8.6 万美元，而业主出价是 7.5 万美元。你们已经谈了一段时间，在此期间，你已经成功让业主将改建造价提高到了 8 万美元，而你的要价已经降到了 8.4 万美元。你接下来该怎么做呢？你有一种强烈的感觉，如果你提出以折中的 8.2 万美元成交，他们很可能会同意。

与其提出各让一步的折中方案，不如另辟蹊径。你应该告诉对方说："嗯，我想这恐怕行不通。唉，想想就令人感到惋惜，我们双方都花了这么多时间在这个提案上，结果成了这样。只差一点点就可以达成交易了，这时候停止合作，真是让人感到难为情，要知道，我们之间的分歧只是区区 4000 美元。"

如果你一再强调你们在这件事上耗费了多长时间，以及你们对于价格的分歧多么小，对方迟早会说："好吧，我们均分差额如何？"

你不妨愣一下，然后说："让我们看看，均分差额，结果会怎样？我要的是 8.4 万美元，你坚持给 8 万美元。如果一人让一步的话，你可以调高到 8.2 万美元吗？我没听错吧？"

"嗯，是的，"他们说，"如果你能降到 8.2 万美元，那我们就可以成交了。"就这样，你当即将价格谈判范围从 8 万上调至 8.4 万。现在的谈判范围是 8.2 万至 8.4 万美元，而你还没有让出一毛钱。

你说："8.2 万听起来比 8 万好多了。我实话实说吧：容我去和我的合伙人商量一下，看看他们对此有什么意见。我会说你们把报价调高到了 8.2 万美元，看看我们是否可以接受。我明天给你们确切答复。"

第二天，你与他们联系说："唉，我的合伙人现在真难对付。我原以为肯定能说服他们接受 8.2 万美元的报价，但我们昨晚花了两个小时又过了一遍数字，他们坚持说如果报价低于 8.4 万美元，我们就会赔本赚吆喝。不过谢天谢地，我们现在就只差 2000 美元啦。当然，我们不可能在只差 2000 美元时，无所作为，任由其前功尽弃吧？"只要你能坚持足够长的时间，最终他们会再次提出平分差额。

如果你能让他们再次平分差额，这个招数本身就已经让你额外净赚了 1000

美元。然而，即使你不能让他们再次平分差额，而你最终得到了8.2万美元，这与你起初就主动提出平分所得到的结果是一样的，但就在这里出现了特别的情况。什么特别的情况？是这样的。他们认为他们赢了，因为你让他们提议以8.2万美元为基点平分差额。然后你让你的合伙人表现出很不情愿地同意了对方的提议。如果换作你提出平分差额，那就变成你把报价方案摆在桌面上，迫使他们接受你提出的提议。

对你来说，这似乎是一件非常微妙的事情，但就谁觉得赢了、谁觉得输了而言，这是非常重要的。请记住，优势谈判的本质是永远让对方以为自己赢了。规则是这样的：永远不要提议平分差额，但总是鼓励对方提议平分差额。

要点备忘

- 1. 不要落入这样一种陷阱，即认为分摊差额是公平的做法。
- 2. 平分差额并不意味着平分秋色，因为你可以做不止一次。
- 3. 永远不要主动提出分担差额，而是鼓励对方主动提出。
- 4. 让对方提出平分差额，实际上你是在鼓励对方作出妥协，然后你可以假装不情愿地同意他们的提议，让他们觉得自己赢了。

第 **10** 节
遇到僵局时怎么办

在持续时间较长的谈判中，你们常常会遭遇僵局、困境或死胡同的局面。我给上述 3 个词的定义如下。

- 僵局：你们关于同一议题的立场产生巨大分歧，而且分歧已经影响谈判的进展。
- 困境：双方各说各的理，但在解决问题方面似乎无法取得丝毫进展。
- 死胡同：谈判缺乏进展使双方都有挫败感，并由此产生无须再谈的念头。

谈判新手很容易把陷入僵局和走入死胡同混为一谈。打个比方，你是一家汽车零部件的生产商，底特律汽车制造商的采购代理说："在接下来的 5 年里，你必须每年降价 5%，否则我们将不得不另想办法。"你心里很清楚，照这种做法不可能有盈利，因此你很容易误以为自己走入了死胡同，但其实是陷入了僵局。

你是建筑工程承包商，有个业主对你说："我很想和你做生意，但是你要价太高了。另外 3 家投标的报价比你们的低多了。"你的公司明文规定不参加竞标，因此你很容易误以为自己走入了死胡同，但其实是遇到了一个僵局。

比如你拥有一家零售店，一位顾客对你大喊大叫："我不想谈这件事。我要退货，你把钱还给我，否则下一个找你们谈的人就是我的律师！"你知道，如果这位顾客能够听你解释如何使用这件物品，它就能正常工作。然而，他正在气头上，让你误以为自己走入了死胡同。

假设你是家卫浴产品的生产商，新泽西一家管道供应公司的总裁手拿雪茄指点着你，咆哮道："让我告诉你生活的真相，老弟。你的竞争对手会让我赊账90天，所以如果你不这样做，我们就没什么可谈的了。"你知道，你的公司在长达72年的经营史上从未打破过赊账30天的惯例，因此你很容易误以为双方的谈判已经进入了死胡同，但实际上这只是一个僵局。

所有这些情形在谈判新手看来都属于死胡同，但对谈判高手来说，这些都只是僵局。陷入僵局后，你可以利用非常简单的招数——"搁置术"脱身。

当你向一位买家推销自家产品时，买家对你说："我们或许会有兴趣继续谈这件事，不过，下个月我们要在新奥尔良召开年度销售会议，你们最好能在1号之前为我们准备好一个原型样品。如果你们来不及做，那我们就不要浪费时间继续谈了。"在这种情况下，你就应该动用"搁置术"了。

即使你真的来不及做，你仍然可以使用"搁置术"："我完全理解这对你们有多重要，不过咱们可以先把它放一边，谈谈别的事情。告诉我你们在具体规格上的要求。你们需要我们使用工会员工吗？又有哪些付款条件？"

当你使用"搁置术"时，你首先解决了谈判外围的许多小问题，从而积蓄谈判动力，再设法解决大问题。正如我在后文所要教你的，不要把整件事局限在一个问题上（假如谈判桌子上只有一个问题待解决，结果必然是有个赢家，也有个输家）。

先解决小问题，为谈判制造一些动力，这使得大问题更容易得以解决。谈判新手似乎总觉得应先解决大问题。"如果我们不能在价格和条款等重大问题上达成一致，为什么还要浪费大量时间在鸡毛蒜皮的小事上？"优势谈判者明白，当双方就一些小问题达成共识后，对方就更容易被说服。

要点备忘

- 1. 不要把死胡同和僵局混为一谈。真正走进死胡同的情形很罕见，因此你遇到的很可能只是僵局。

- 2. 遇到僵局时，运用"搁置术"："咱们先把这事放一边，谈谈其他问题，好吗？"

- 3. 通过先解决小问题，为谈判积蓄动力。但不要将谈判局限于单一议题。

第**11**节
遇到困境时怎么办

你有时会陷入困境，它介于僵局和死胡同之间，表现为双方依旧各说各的理，但在解决问题上似乎无法取得丝毫进展。如果借用航海专业词来表述的话，陷入困境类似于一条帆船处于"稳态"的境况。帆船无法逆风行驶，它必须采取"迎风换舵"的方式，与风向形成一定夹角迂回前进。逆风而行时，你必须转向右舷大约 30 度，然后转舵向左 30 度。以这种方式不停地调整风帆前行，虽然极其费工夫，但可确保你最终到达你想去的地方。

在迎风换舵时，你必须确保船在逆风航行时保持一定的航行速度。如果你犹豫不决，帆船就有可能停滞不前。如果你在迎风换舵的过程中失去动力，就没有足够的风力来推动船转向。当一个舵手陷入"稳态"的困境时，他就得采取行动予以纠正。摆脱困境的方式可能包括重置船帆、收回三角帆来拉动船首、摇动舵柄或操纵杆，或者操作任何能够重获动力的东西。同样的道理，当谈判进程停滞不前时，你必须通过各种方式来重新积聚动力。除了调整具体的金额，你还可以做以下一些事。

- 更换谈判小组成员。律师们最喜欢用的一句话是"我今天下午必须出庭，所以我的合伙人查理将接替我"。实际上他下午去的可能是网球场，但这是改变谈判小组人员构成的一种巧妙方式。

- 调整谈判氛围。可以建议在共进午餐或晚餐时继续商谈。

- 调走可能引起对方不快的某个小组成员。一个资深谈判员不会因为被要求离开而生气，因为他可能已成功发挥了"扮演坏人"的重要作用。现在是时候作出让步，通过让他离开谈判团队的方式，将压力转换至对方一边。

- 缓解紧张气氛。谈谈大家的业余爱好、街谈巷议的"八卦"，或讲一个滑稽可笑的故事。

- 探寻在财务安排上融通的可能性。如延长信贷期限、减少订金金额或调整付款方式。上述做法的任何一项的实施都可能足以改变谈判动态，让你脱离困境。请记住，对方可能不愿意提出这些问题，担心这样会让人觉得己方财务状况不佳。

- 讨论与对方分担风险的方法。对方可能担心会出现对自己不利的情况。试着建议从现在起一年内，你将回收状况良好且原封未动的库存，而只收取20%的重新上架费。或许，合同中的一个含糊条款会减轻他们的担忧，该条款适用于市场变化的情况。还可以考虑在合同中加入"逃生条款"（俗称"黄鼠狼条款"），允许对方在市场形势发生变化时逃避特定责任，从而消除其顾虑。

- 试着改变谈判室的氛围。如果谈判双方一直温文尔雅，力求双赢，试着变得咄咄逼人。如果双方一直谈得很艰难，试着缓和一下，转向双赢模式。

- 谈一些细节问题。比如建议改变规格、包装或交货方式，看看这种转变是否会让对方的态度更积极。

倘若你同意在将来双方出现争议时，可以采取特定的仲裁方式解决问题，对方或许就不再纠结当前的任何意见分歧。

当一条帆船陷入"稳态"的困境时，船长或许清楚地知道如何调整风帆的位置脱困，但有时他也要尝试不同的做法，看看怎么做有效。假如谈判陷入困境，你必须尝试不同的事情，看看什么事会为你们的谈判提供前进的动力。这让我想起了很多年前有人告诉我的一件事，印度的一个筑路工程队正忙着开凿穿山隧道。他们的工作方式似乎非常原始，数千名工人拿着镐和铲干活儿。这实在令人惊讶，他们竟然只利用劳工们的体力，而不用其他机械化工具实施这项工程。

一个游客走到工头面前，问他："你们到底是怎么做到的？"

"这很简单，真的，"他回答，"我吹一声口哨，这边所有的工人都开始往山里挖掘。在山的另一边，我们有另一组工人，我们只是告诉他们朝着我们这边开始挖掘。如果这两队工人在中间会合，那么我们就有了一条隧道。如果他们没会合，那我们就有了两条隧道。"

处理困境也像这样。当你试图改变动力来创造前进的势头时，会发生一些事情，但你永远不知道会发生什么。

要点备忘

- 1. 要分清僵局、困境和死胡同的区别。僵局的情况是：双方仍然想要寻求解决问题的方案，但任何一方都不知道该如何向前推进。
- 2. 当谈判陷入困境时，通过调整与谈判相关的一个要素，来为改变谈判提供动力。

第**12**节
遇到死胡同时怎么办

在前两节中，我已经向你们展示了如何处理可能出现的前两个层次的问题：僵局和困境。如果情况继续恶化，你可能会陷入死胡同，按照我的定义，这意味着谈判缺乏进展使双方都有挫败感，双方也由此产生无须再谈的念头。

陷入死胡同的局面很少出现，但如果你真的深陷其中，唯一的解决办法是引入第三方——可以起到调解或仲裁作用的人。你将在后文读到，仲裁员和调解员之间有很大的不同。就仲裁员而言，在仲裁程序开始之前，双方都同意遵守仲裁员的裁决。如果一个对公众福利至关重要的行业工会组织罢工，比如交通或环卫工人工会，联邦政府最终会坚持任命一名仲裁员，双方都必须接受仲裁员认为公平的解决方案。调解员没有那种权力。调解员只是被请来敦促双方寻求解决方案的人。调解员起着催化剂的作用，用自己的方法寻求让双方都认为合情合理的解决方案。

谈判新手往往不愿意请调解员，因为他们认为自己不能解决问题是一种失败。他们心里想的是"我不愿向我的销售主管经理求助，因为他将认为我缺乏谈判能力"。优势谈判者知道，第三方能够解决问题的原因有很多，而不是他们拥有更高明的谈判技能。

只有双方都认为仲裁员或调解员的立场是足够中立的，他们才能起到应有的作用。有时你必须竭尽全力才能让人认同这一点。如果你请你的经理来解决与客户的纠纷，你的客户认为你的经理是中立的可能性有多大？非常接近或者纯粹是零。你的经理必须做一些事情，才能让别人认识到他确实是中立的。做到这一点的方法是，你的经理在刚开始调解时就向对方作出一些小让步。

你的经理来到现场，心里很清楚问题的症结所在，但他说："我还没来得及了解这件事的来龙去脉。不如你们两个都说明一下各自的看法，然后我看看能不能想出一个两全其美的解决方案。"这里的措辞很重要。通过要求双方解释他们的立场，他在特意强调自己是不带任何偏见地参与进来的。此外，请注意，当他提到你时，他要避免使用"我们"这个称谓。

在耐心听完双方的诉说后，他应该转向你说："你坚持认为要这么多公平吗？也许你可以放宽一点要求？你能接受 60 天的期限吗？"不要觉得你的经理不支持你。他只不过是在你的客户眼前刻意打造一个中立形象。

还有一点需要注意，不要为了逃离僵局、困境或者死胡同而不惜一切代价，谈判老手恰恰可以把它们当作向对方施压的工具。一旦你思维固化，确信双方都没有可能走出死胡同，就意味着你可能会放弃自己的利益，甚至屈服于对方的压力了。

要点备忘

- 1. 走出死胡同的唯一途径是引入第三方。
- 2. 第三方起着调解或仲裁作用。调解员只能敦促双方寻求解决方案，但仲裁员却可以强制双方接受裁决。
- 3. 不要认为引入第三方意味着你的失败。有很多理由可以解释第三方为什么能解决谈判双方无法解决的很多问题。
- 4. 第三方被双方视为中立的一方。倘若第三方并非独立的第三方，那么第三方应该在介入谈判初期即向对方作出一些让步来确立自己的中立立场。
- 5. 对陷入死胡同局面出现的可能性保持开放心态。只有当你愿意离开时，你才能充分发挥你作为优势谈判者的威力。否则，你最终可能会被迫放弃一些自己本来可以得到的东西。

第**13**节
一定要索取回报

"取舍法"告诉你，在谈判中任何时候对方要求你让步，你都应该要求回报。你只要用一次这个招数，就可以把买这本书的钱成倍地挣回来。从那以后，使用它每年会给你赚几千美元。接下来我们看看使用"取舍法"的几种方式。

假设你已经卖掉了自家的房子，买家问你是否可以在正式办完交易前三天先把他们的一些家具搬进车库。尽管你不想让他们在交易完成之前就搬进房子，但你看到了让他们使用车库的好处。这会让他们在感情上就认为这已是他们的家了，因此也就不会在签订交易合同时再节外生枝，制造麻烦。考虑到这种好处，你几乎按捺不住地要满口应承，但我希望你记住这条规则：无论他们要求你作出多么小的让步，都要当场提出回报要求。你可以对他们说："让我和我的家人（模糊的上级）商量一下，看看他们对此有什么意见，不过我想先问个问题，如果我们同意你们这样做，你们会为我们做什么？"

也许你是叉车经销商，你已经与一家仓储式五金连锁店签了一笔订单。他们要求在 8 月 15 日交货 —— 在他们举行盛大开业典礼之前 30 天。然后连锁店的运营经理打电话给你说："我们店的施工工期提前了。我们正在考虑把开业时间提前。你能想办法把叉车交货时间提前到下周三吗？"你可能想说："太好了。那些叉车已经存放在了我们当地的仓库里，随时可以运走，我巴不得能提前装运，这样就能早点拿到货款。如果你们需要的话，我们明天就能运过去。"尽管你最初倾向于说"这样挺好"，但我仍然希望你使用交换招数。我想让你说："说实话，我不知道我们能不能这么快就把货运过去。我必须和我的调度人员（注意使用模糊的上级）核实一下，看看他们怎么说。但我想顺便问一下，假如我们能办成这事，你们能为我们做什么呢？"

当你要求回报时，会发生以下情况：你可能会有所收获。你房子的买家可能愿意增加定金、买下你家的户外家具，或者送给你家的狗一个好窝。五金店老板或许只是在想："这算什么问题呢？我们能给他们什么激励，让他们把这批货提前送过来？"他们可能会给你一些好处。他们可能会说"我会通知会计今天就开具支票给你们"或者"这次你帮我个忙，我们在芝加哥的店12月开业时还会从你那里进货"。

通过要求回报，你提升了自己所作的让步的价值。当你在谈判时，为什么要放弃本可以得到的东西？一定要小题大做。你可能需要它。稍后，你可能会和买主一起进屋察看一遍，他们发现一个电灯开关坏了。你可以说："你知道让你把家具搬进车库给我们带来了多大的不便吗？我们这样做是为了你，现在我希望你忽略这个小问题。"日后，你可能有事去找五金店的人，你说："你还记得去年8月，你要求我帮你把货物提前运过来的事吗？你知道为了调整送货安排，我费了多少口舌才调度成功吗？我们为你们办成了事，所以就别再让我们等货款啦。今天就把支票开给我，好吗？"当你提升了己方让步的价值，你就为以后的交换做好了铺垫。

它将阻止对方零敲碎打的做法。这就是你应该使用交换招数的重要原因。如果他们知道每次向你要东西，你都会要求回报，那么他们就不会再三天两头地来找你提出更多要求。我实在记不清我的一个学员在研讨会上找过我多少次，或者打电话到我的办公室多少次，他每次都对我说："罗杰，你能帮我看看这个吗？我原以为我达成了一笔相当不错的私下交易。我根本没想到会出什么问题。但从一开始，他们就要求我作出一个小小的让步。我因为同他们做成了生意，心情不错，就对他们说'当然，我们可以做到'。一周后，他们打电话给我，要求我再作一点让步，我说'好吧，我想我能做到'。从那以后，这就成了接连不断发生的事。如今看来，整件事都要变得无法收拾了。"他起初就应该清楚，当对方要求他作出第一个小让步时，他本应要求一些回报。"如果我们能为你做那件事，你能为我们做点什么呢？"

一家《财富》50 强公司吸取了这个教训

我曾经在一家《财富》50 强公司为业绩排名前 50 的销售人员举办过培训项目。这家公司有个大客户部门，专门与他们的大客户谈判大订单。研讨会上的一名销售人员刚刚与一家飞机制造商签了一笔大单，销售金额高达 4300 万美元。

公司一位副总裁专门负责这个大客户部门，他后来走过来对我说："罗杰，你告诉我们的有关交换的招数是我在其他研讨会上从未听说过的，这是我上的最有价值的一课。多年来我参加过无数研讨会，自以为该听过的都听过了，但我从来没有听人说过不求回报就作出让步是多么大的一个错误。这个教训将在未来为我们节省数十万美元。"

用我教你的方式使用这些招数。哪怕你在应用时改变一个词，它所产生的效果也会发生重大变化。例如，倘若你把这个从"如果我们能为你做那件事，你能为我们做点什么呢"变成"如果我们为你做那件事，你也必须为我们做这件事"，你就变得咄咄逼人了。当谈判正处在一个极为敏感的节点上，对方迫于压力请你帮个忙时，你却表现出咄咄逼人的态势。别这么干，这可能导致谈判彻底破裂。你可能会忍不住想提出一个具体要求，因为你认为这样你会得到更多。我不同意，我认为让对方主动提建议，你才能得到更多。

千万别提具体要求

负责制作我的培训录像带的杰克·威尔逊告诉我，在我教给他这招后，他曾活学活用，因此节省了几千美元。一家电视演播室打电话给他，说他们的一名摄像师生病了。他们打算联系杰克签约的一个摄像师，看他是否愿意补缺，但要事先打个招呼，想知道杰克是否介意他们这么做。这只是一个礼节性通告，要是以前杰克就会满口应承"没问题"。然而，这一次他说："如果我能为你做这件事，你能为我做点什么呢？"出乎他意料的是，对方说："我告诉你啊，下次你如果使用我们的工作室超时的话，我们将免收超时费。"就这样杰克得到了几千美元的让利，假如他不知道这个招数，他做梦也想不到可以提出这种要求。

当你问他们会给你什么回报时，他们或许会说"没什么可给的"或者"你可以保住我们的生意，这就是你能得到的"。这也无所谓，因为你只要开口就能获得一些回报，而且什么损失都没有。如果有必要，你可以随时回到坚持要交换的立场，可以说"假如你们不支付加急运输费的话，我恐怕无法说服我的同事接受这种做法"或者"除非你愿意提前付款，否则我不同意"。

要点备忘

- 1. 当对方要求你作出一点小让步时，一定要索取回报。
- 2. 使用这个表达方式："如果我能为你做那件事，你能为我做点什么呢？"你可能会得到一些回报。它提高了你的让步的价值，所以你以后可以用它来交换你想要的。最重要的是，它将阻止对方提出得寸进尺的要求。
- 3. 不要改变措辞或要一些具体的回报，因为这太有对抗性了。

终局谈判策略

第 **14** 节

好人 / 坏人法

　　"好人 / 坏人法"是最著名的谈判策略之一。查尔斯·狄更斯在他的小说《远大前程》中曾提到它。在故事开头的场景中，年轻的主人公皮普正在墓地里，突然有人从雾中蹿出，这个人身形庞大，面目狰狞。他是个犯人，双脚套着脚镣。他让皮普进村去拿些食物和一把锉刀回来，这样他就可以把锁链解开。然而，这个罪犯陷入了进退维谷的境地。一方面他想唬住这孩子，按他的要求去做，另一方面他又不能对皮普施加太大的压力，免得皮普被吓得不敢动弹，或是逃到城里去报警。

　　这个罪犯的出路就是运用"好人 / 坏人"的策略。根据原著中的情节，我斗胆对罪犯的原话稍加改动，大意就成了这样的："哎，皮普，我喜欢你，而且我绝不会做任何伤害你的事。但我必须告诉你，我有个朋友就藏在雾里，他心狠手辣，只有我才能降服他。如果我不打开脚镣或者如果你不帮我把脚镣打开，那我的朋友可能就会找你算账。你必须帮助我。你明白吗？""好人 / 坏人法"是一种非常有效的方式，既向人们施加了压力，又不会招致对抗。

　　我相信你肯定在一些老警匪片里看到过这种方法。警察把一个犯罪嫌疑人带到警察局审讯，第一位出面审问他的警察显得粗暴、蛮横、一脸凶相。他威胁犯罪嫌疑人，如果他不与警方合作，他们就会使出种种手段对付他。然后，他被神秘地叫去接电话，而接替他来看守犯罪嫌疑人的第二位警察表现得大相径庭，好像是世界上最热情、最有人情味的人。他坐下来和犯罪嫌疑人攀谈，就像好朋友一样。他递给他一支烟，说："哎，哥们儿，这事并没有那么严重。我都有些喜欢你了。我熟悉这里的门道。你不妨看看我能怎么帮你？"认为

"好人"站在你这一边的想法真的很诱人，可惜事实并非如此。

随后，这位"好人"会趁热打铁，开始运用销售人员能一眼就识破的小碎步成交法（或次要问题成交法）。"我认为警察们真正需要知道的，"他告诉犯罪嫌疑人，"是你在哪里买的枪？"他真正想知道的却是："你把尸体藏在哪儿了？"

从这样一个小问题起步，然后逐步升级，这样做的效果会非常好，对吧？汽车销售人员对你说："如果你真的买了这辆车，你会买蓝色的还是灰色的？内饰要塑料的还是皮革的？"小决定导致大决定。房地产经纪人说："如果你的确投资买入了这座房子，你打算怎样布置客厅里的家具？"或者说："哪间卧室会成为你们的婴儿房？"小决定会慢慢变成大决定。

一位独裁者尝试"好人 / 坏人法"

美国驻联合国大使比尔·理查森在《财富》杂志（1996 年 5 月 26 日）上，讲述了海地独裁者塞德拉斯将军运用"好人 / 坏人法"的故事："在与海地的塞德拉斯将军打交道时，我得知他在扮'好人'，而他手下的一位高级将领，菲利佩·比安贝，扮的是'坏人'，所以我做好了准备。在我们会谈期间，比安贝跳上桌子，开始大喊大叫：'我讨厌美国政府说我是恶棍……Je ne suis pas un thug（法语：我不是恶棍）。'我记得就在比安贝这么做的时候，我转向塞德拉斯，对他说：'我觉得他也很讨厌我。'塞德拉斯听罢止不住笑起来。随后，他说：'好啦，比安贝，坐下吧。'"

人们在你身上使用"好人 / 坏人法"的次数比你想象的要多。当你发现自己和两个人打交道的时候，一定要小心。你很有可能会看到它被人以某种形式用在你身上。例如，你正在为一家医疗保健组织推销企业健康保险计划，并与一家生产割草机公司的负责人力资源的副总裁约好见面。当秘书带你去见副总裁时，你惊奇地发现公司总裁也要旁听你的介绍。

这就成了二对一的谈判，但你不为所动，继续按计划介绍相关情况，一切似乎都很顺利，你感觉成交的机会很大，但总裁的脸色有些难看。他冲着副总裁说："哎，我怎么觉得这些人缺乏诚意，给我们提的方案都不认真，我还有别的事要做。"然后他气鼓鼓地夺门而出。如果你缺乏谈判经验，这种情况真会把你吓得够呛。这时副总裁开了口："噢，有时他会这样，不过我真的很喜欢你提的计划，我认为我们仍然可以解决这个问题。如果你能在价格上更灵活些，我想我们还是可以办成这事的。实话对你说，我们何不看看我能在他那里怎么帮你？"假如你没有识破他们其实在合伙对付你的话，你恐怕会这样说："你觉得总裁会喜欢什么样的方案？"那么用不了多久，你就会有副总裁替你跟总裁谈判的感觉——而他并不站在你这边。

假如你认为我在这一点上夸大其词，考虑一下这种情况：你是否曾在某个时候对一名汽车销售人员说过"你觉得你能让你的销售经理同意什么"？好像销售人员站在你这边，而不是他们那边？我们是不是都有过购买房产的经历，在找到心仪的房源后，就会恳切地对一直跑前跑后帮我们的中介说"你认为卖主会接受什么价位"？我想问你：你的中介为谁工作？谁付钱给他？不是你吧？他为卖家工作，但他实际上是在和你玩"好人/坏人"的游戏。当心"好人/坏人"的招数，因为你会经常碰到它。

当我在加州担任一家大型房地产公司的总裁时，我们有一家分公司一直亏损。这家分公司大概开业一年了，但我们签了一份为期3年的办公场地租约，这使我们还得努力让它再经营两年。然而，无论我怎么努力都没用，既不能增加收入，又不能减少办公费用。最大的问题是租约。我们每个月要支付1700美元，而那笔费用在蚕食我们的利润。

我打电话给房东，向他解释了我的问题，并试图让他将租金降低到每月1400美元，这就能让我们有一些盈利。他说："租期还有两年，你们将就着吧。"我用尽了所有我知道的策略，但他的立场没有丝毫动摇。种种迹象表明，我不得不接受这种状况。

万般无奈之下，我尝试了"好人/坏人法"，外加大量的时间压力。几周后，我在下午5点50分给他打电话。"关于那个租约，"我说，"这里出现了一个问题。我想让你知道我同意你的立场。我签了三年租约，还剩两年多，我们继续履约也没有什么。但问题是，半小时后我要去参加董事会，他们会询问你是否愿意把租金降到 1400 美元。如果我说你不愿意，他们就会让我停止在这个办公室营业。"

房东不满地叫道："我会起诉你们。"

"我知道。我十分赞同你的想法，"我说道，"我完全站在你这边，但问题是我不能不听董事会的。倘若你威胁要起诉我们，他们就会说：'好吧，让他起诉。这里是洛杉矶，要耗费两年时间才能上法院。'"

他的回答证明了"好人 / 坏人法"的有效性。他说："你能在参加董事会的时候看看能为我做些什么吗？我愿意分摊差额，将租金降至 1550 美元，但如果他们不接受，我可以再降到 1500 美元。"这一策略非常奏效，他竟然让我代表他与我自己的董事会谈判。

看看在不引起对方反抗的情况下，给对方施加压力能产生多大效力。假如我对他说的是"你去告吧，没有什么大不了的。你要熬两年时间才能开庭"，这会让他怒火中烧，在接下来的两年里我们恐怕只能通过律师对话。通过使用一个模糊的上级作为"坏人"，我能够给他施加令人难以置信的压力，而且不会让他产生对我的不满。

如何反制"好人 / 坏人法"

第一条反制策略就是识别它。虽然还有其他方法可以处理这个问题，但是这个方法非常有效，很可能是你唯一需要知道的方法。"好人 / 坏人法"是为人熟知的招数，因此人们被当场揭穿后会感到很尴尬。当你注意到对方在用这招时，你应该微笑着说："得了吧 —— 你不会在和我玩好人 / 坏人的游戏吧？来吧，坐下来，咱们好好谈谈该怎么解决这个问题。"通常情况下，他们的尴尬表明他们会有所收敛。

你还可以创造一个自己这边的"坏人"予以回应，告诉他们你很乐意做他们想做的事情，但是你们总部有人执意要按原计划实施这个项目。你虚构的"坏人"总是可以比来到谈判现场的"坏人"表现出更坚定的立场。

你也可以越级去找他们的主管。如果你在和一个经销商的采购员打交道，你可以打电话给这个经销商的老板说："你的人在和我玩'好人/坏人'的游戏。你不赞成吧？"（永远不要轻易采取越级上告的做法。这种策略很容易适得其反，会让对方感觉很不好。）

有时候只是让"坏人"说话就能解决问题，尤其是当他表现得令人无法忍受的时候。最终，就连他的同伙都听腻了，叫他住嘴。

你可以通过向"好人"喊话的方式应对这个招数："哎，我明白你们两个在对我做什么。从现在起，无论他说什么，我都认定他说出了你要说的。"现在你要对付两个坏人，因此化解了这个策略。有时候，你只要暗自把他们俩都认定为"坏人"就可以应付了，不必再挑明并指责他们。

如果对方带着一个显然是来扮演"坏人"的律师或财务主管出现，立即介入并先发制人，阻止他发挥这种作用。你应对他说："我敢肯定你是来扮演坏人的，不过咱们还是别这么干啦。我和你一样都特别想找到解决问题的方法，所以我们何不采取双赢的做法呢？这样可好？"这番话足以软化对方的强硬态度。

要点备忘

- 1."好人/坏人法"得以应用的场景比你想象的要多。当你和两个或两个以上的人打交道时，要小心对方用这招。这是一种在不招致对抗的情况下向对方施加压力的有效方式。通过识别它来对抗它。这是一个众所周知的方法，当你揭穿他们时，他们会感到尴尬并收手。

- 2.不要担心对方知道你在做什么。即使他们知道，它仍然是一种强有力的招数。当你和一个懂得所有这些招数的人展开优势谈判时，整个过程会变得趣味横生。这就像是棋逢对手，与高手过招总是比与轻易就能被打败的菜鸟对局更有意思。

第 **15** 节
蚕食法

优势谈判者知道，如果利用"蚕食法"，即使你在谈判中已经认可了全部条款，你仍旧可以得到更多。你也可以让对方做他之前拒绝做的事。汽车销售人员明白这一点，不是吗？他们知道，当他们把你带进卖场看车的时候，你就开始对购买产生了某种心理抵触。他们知道首先要设法让你明白你此时该想什么："是的，我想要买辆车。是的，我打算就在这里买。"无论你最终选中了哪个品牌和型号的车，哪怕是对他们来说利润很少的车，只要你在这里买，他们都可以满口应承。接下来，他们可以让你进入谈判室，商议成交合同，这时他们就开始添加杂七杂八额外的东西，由此大幅提高从这辆车上赚取的利润。

蚕食原则告诉你，在谈判的后期，这种蚂蚁啃骨头的做法能让你更容易地说服对方，从而获得你想要的一些东西。孩子们是聪明的蚕食者。如果你家里有十几岁的孩子，你知道他们不必参加任何谈判课程。但你必须参加 —— 只是为了有机会在抚养他们的整个过程中幸存下来 —— 因为他们天生就是出色的谈判者。不是因为他们在学校上过这种课，而是因为他们在小时候就充分利用了自己的谈判技巧，得到了他们想要的一切。

孩子们怎样一点一点得到他们想要的东西

当我的女儿高中毕业时，她想从我这里得到一份很棒的高中毕业礼物。她心里想着三件事：第一，她想去欧洲旅行5周。第二，她想要1200美元的零花钱。第三，她想要一个新行李箱。

她很聪明，不会一上来就提出全部要求。她就像谈判专家一样，先是让我允许她去旅行，几周后又以书面形式告知我这次旅行的推荐支出是1200美元，她让我就此做了承诺。然后就在最后一刻，她来找我说："爸爸，你不会想让我带着那个破行李箱去欧洲吧？大家全都会带着新的去。"她也得到了这一项。假如她事先一股脑儿地提出全部要求，我会把行李箱去掉，然后再降低花销。

这里发生的事情是，一个人的头脑总是在努力强化已然做出的决定。优势谈判者知道这是如何运作的，并利用它让另一方同意一些他们在谈判早期不会同意的事情。

为什么蚕食的技巧会如此有效？为了探究这个奥秘，有几位心理学家在加拿大的一处赛马场做了一项广泛的研究。他们研究了人们在下注前那一刻的态度，以及刚刚下完注时的表现。他们发现，人们在下注之前，会表现得紧张不安，并对他们将要做的事情感到焦虑。想想看，即将与你展开谈判的人会有与此相似的心态，他们未必认识你，可能也不了解你的公司，他们肯定不知道这种关系最终会带来什么结果。他们很可能感到紧张、心神不宁。

在赛马场上，研究人员还发现，一旦人们决定下注并真的这么做了，他们突然对自己刚刚做的事情感到很开心，甚至有一种在比赛开始前想加倍下赌注的倾向。从本质上来说，在决定之前，他们的大脑一直在抵制下赌注的想法；一旦决心已下，他们的大脑又会予以强力支持。

你应该能理解那种刺激的感觉，对吧？你可以在大西洋城或拉斯维加斯的轮盘赌桌上观察他们的表现。赌徒们下注，接着赌台管理员扔出旋转球。在最后一刻，人们纷纷推出额外赌注。人们的头脑总是在努力强化它早先做出的决定。

我在费城的一次会议上发言，当时宾夕法尼亚州的彩票奖池总额是5000万美元，观众中的许多人都拿着彩票。为了说明人们的头脑是如何自我强化其决定的，我试图从观众中的某个人那里买一张彩票。你觉得他会把彩票卖给我吗？不，他不会——即使我的出价是他的购买价的50倍。我敢肯定，在他买那张彩票之前，他对亿分之一的赌注感到紧张和焦虑。然而，在做了决定后，他拒绝改变主意。头脑努力强化它早先做出的决定。优势谈判者要遵循的一条规则是，你不一定要预先提出所有要求。你要等着双方谈判取得一致之后，再回过头来提出一点额外要求。

你可以把优势谈判过程想象成推球上山——那是一个比你大得多的巨型橡皮球。你拼尽全力把它推到山顶，这里说的山顶就是谈判中第一个达成共识的时刻。一旦你到达了那个点，球就会很容易从山的另一边滚下。这是因为人们在达成初步协议后感觉良好。紧张和压力过去了，他们感到如释重负。他们的头脑在努力巩固他们刚刚做出的决定，此时他们更容易接受你可能提出的任何额外建议。在对方同意从你这里订货后，是时候进行"二次努力"了。

文斯·隆巴尔迪和"再试一次"

文斯·隆巴尔迪喜欢谈论他"再试一次"的概念。他会组织他的球员观看视频片段，内容是接球手试图接橄榄球，而球脱了手的场景。但是他们并没有放弃，而是又试了一次。他们飞扑过去，在球落地前及时接住了球。此外，他深感自豪的视频片段还有，带球进攻的跑卫几乎被对方后卫扳倒，但他硬是挣脱出来并触地得分。隆巴尔迪曾经说过，每个人都会再试一次。如果你不知道如何打好比赛，并且不知道如何在场上做教练希望你做的一切，你就不会加入球队。每个人都在这么做。另一队的队员也在做同样的事。想取代你的队员有能力做到这一点。

隆巴尔迪喜欢指出，优秀球员和伟大球员的区别在于，伟大的球员在第一次努力失败后，总是会再试一次。仅仅做教练期望他们做的一切不足以成就伟大的球员；他们必须超越这一点。

我们可以把"再试一次"的理念代入工作场合。如果你是一名接待员，你需要意识到，仅仅知道如何做好你的工作并做好老板让你做的一切是不够的。你的老板期望任何处在你这个职位上的人都能这样做。你必须寻找机会付出额外的努力。也许你学会了如何和一个前来投诉的顾客多聊一会儿，直到她消气，而无须再把她介绍给你的老板去应对。

如果你是建筑师，你必须认识到，仅仅做成一个让你的客户满意的设计是不够的，这个国家的任何建筑师都能做到这一点。你必须加深对这位客户的了解，这样你才能想出一个与众不同、令客户惊叹的设计。

如果你是销售人员，你必须明白，除非你知道如何做好销售，并完成公司期望你做的一切，否则你不会为你的公司做销售。然而，每个人都在这样做。为你的竞争对手做销售的人正在这么做。每天申请你所在职位的人都有能力做到这一点。优秀的销售人员和伟大的销售人员之间的区别在于，后者总是不屈不挠、继续努力。即使他们知道他们的销售经理会拍拍他们的背，告诉他们不要难过，他们已尽了最大努力，但这对优秀的销售人员来说还不够好。他们总是会再加把劲。

总尝试在尘埃落定时进行二次努力。作为接待员，你的职责之一也许是在客户来维修设备时，推销延保合同。你解释了延保计划，但客户拒绝接受。在顾客离开之前，你应鼓起勇气再尝试一次。你可以说："琼斯先生，我们能不能再看一眼那个延期保修？你可能忽略了预防性维护因素。如果你知道修理工作不会花你一分钱，你就会更早打电话给我们，要是需要花钱，你就会往后拖。关键是你送修得越早，设备就越耐用。没错，这对我们来说有好处，但对你的好处更大。"因为有了这次努力，你很可能有机会听到琼斯先生说："好吧，如果你认为这很重要，我就办了吧。"

作为建筑师，你可能很难说服你的客户，让他在新落成酒店大堂里铺上质量上乘的地毯，你不得不先放弃这个话题。在你们就其他议题达成共识后，你可以再次鼓起勇气说："我们能不能再说说提高大堂地毯质量的事？我明白这项支出挺大，可是让客人一踏入酒店就踩在长毛绒地毯上，还有什么比这更能提升酒店品质形象的呢？我不建议每个人都这样做，但是对于这种类型的项目，我真的认为它非常非常重要。"你很可能有机会听到你的客户这样说："好吧，好吧。如果你认为这很重要，那我们就着手办吧。"你就应该在谈判中以这种方式说服客户接受你的思路。

也许你在推销包装设备，你试图说服你的客户购买顶级型号，但他在因这种设备售价高昂而犹豫不决。你先搁下这个话题，但要在你即将离开时再提一次。等你们就所有其余问题达成一致后，你可以说："我们能不能再看看顶级型号？我不建议大家都这样做，但以你们的加工量和增长潜力，我真觉得你们该这么做，其实也只是每个月多出 500 美元的投资。"你很可能会听到他说："好吧，好吧，如果你认为这很重要，那我们就这么做吧。"无论对方是谁，一定要在谈判结束时重拾当初的话题，在你起初无法说服他们的事情上再尝试一次。

留心要蚕食你的人

在谈判过程中，你会一度在精神上有些大意，它就发生在你觉得双方已基本谈成了的时候。我敢打赌，你多多少少都曾是被蚕食的受害者。你一直在推销小汽车或大卡车。有一天你感觉心情很舒畅，因为你终于找到了买家。谈判导致的心理压力和精神紧张已经烟消云散。他坐在你的办公室里，正在开具支票。但就在他要签名的时候，他抬起头说："那辆车应该是加满油的，对吧？"这是你在整个谈判进程中最大意的时刻，原因如下。

- 你做成了一笔买卖，心情无比舒畅。当你心情大好的时候，你最有可能作出你在其他任何情况下都不会作出的让步。

- 你心想："哦，别这样。我以为我们已经谈妥了所有事项。我实在不想推倒重来，再谈一遍。假如我那样做的话，也许就会丢掉这笔生意。或许作出这点让步是更好的选择。"

就在对方决定照你说的办之后，你进入了最大意的时刻。当心那些蚕食你的人。成交了一笔大买卖让你欣喜若狂，你恨不得立刻打电话给你的销售经理，告诉他这个天大的好消息。而就在这时，对方告诉你，他需要打电话给采购部，替你索取一个采购订单号。当他在打电话的时候，他把手放在话筒上说："顺便问一下，你可以给我们 60 天的期限，对不对？你所有的竞争对手都会答应的。"

由于你刚刚做成了一笔大买卖，你害怕失去它而不敢重开谈判，你实在很难抗拒作出让步的愿望。

（对销售经理说一句悄悄话：当你的销售人员遇到这种情况时，他们不会回过头来对你说："我的天啊，那个人可真是个谈判高手。他竟然神不知鬼不觉地咬了我一口，我还没反应过来是怎么回事，就已经答应了他提出的 60 天限期的条件。"不会的！你的销售人员会回来对你说："我拿到了订单，但我必须给他们 60 天的期限才行。"）

防止对方蚕食你

尝试使用以下技巧来杜绝被蚕食的可能性。以书面形式向他们表明，任何额外的让步都要收费。列出你们可以执行的延期选项，但要表明相应的收费标准。列出培训、安装、延长保修以及他们可能会蚕食的任何其他费用。不要授予自己作出任何让步的权利。用"更高权威"策略和"好人 / 坏人"策略保护自己。当对方蚕食你时，你要反击。反击手法是以温文尔雅的态度让对方感到羞愧。你这样做时一定要注意方式，因为你正处于谈判中的敏感点。你可以微笑着说："哦，得了吧，你从我这里拿到了很好的价格，别再让我们等很久才能拿到钱。好不好？"这就是当对方蚕食你的时候，你可以运用的反击策略。一定要嬉笑着说这话，这样他们才不会跟你太较真。

当你准备开始谈判时，考虑以下几点：在达成初步协议后，有没有值得趁机提出并让你可以蚕食对方的小要求？你有没有计划在起初无法让他们允诺的事情上进行二次努力？你准备好面对他们在最后一刻蚕食你的可能性了吗？

防止谈判结束后的蚕食举动

有时候，对方因为没能在谈判期间吃你一口而心有不甘，于是决心算后账。这可能包括一些特定场景。比如对方已经接受 30 天的期限，但故意要拖到 60

天或以上才付款。他按 30 天的期限付了款，但仍要扣除 15% 的净折扣。他要求拿到免费的额外会计明细，有时只是为了拖延付款。他反对收取安装费用，声称你没有和他讨论过这个。他拒绝了培训收费，说你的竞争对手就不收费。他签订了整车货物的合同，但在最后一刻要求减少交货量，但坚持按整车价格支付。他拒绝支付或大幅削减工程费用，尽管在谈判时，他曾表示这无关紧要。他要求额外的认证，但不愿意为此付费。

你只需事先商定所有这些细节，并体现在协议文本中，后来发生的大部分不愉快都可以避免。不要以"我们可以稍后解决"为由留下任何后患。不要偷懒，以为少谈一个问题，你就离成交更近了一步。运用一些策略创造一种氛围，让对方觉得自己赢了。倘若对方认为他们赢了，那么他们蚕食你的可能性就会变小——无论是在谈判期间还是在谈判结束之后。优势谈判者总是考虑蚕食的可能性。时机非常关键——当紧绷的弦松弛下来之后，要及时抓住时机，因为对方此时感觉很好，认为谈判已经结束了。

另外，在你感觉良好的最后时刻，也要当心对方蚕食你。此时此刻，你是大意的，也是容易作出让步的。事后大约半小时，你可能才反应过来："我到底为什么要这么做？我没必要这么做呀。我们本来已经全谈好了。"

要点备忘

- 1. 只要把握好时机，你可以在谈判结束时让对方答应一些他们最初一口回绝的要求。它之所以有效，是因为对方在做了一个决定后，他的大脑会不断强化这个决定。在谈判开始时，他可能会抗拒从你这里采购的想法。然而，等他决定从你那里购买之后，你就可以开始一点一点地得到更大的订单、更高档的产品或额外的服务。
- 2. 是否愿意付出额外努力是区分普通推销员与优秀推销员的重要标杆。
- 3. 以书面方式向对方表明任何附加功能、服务或延长条款的成本，以及不要透露你有权独自作出任何让步，从而阻止对方蚕食你的利益。
- 4. 当对方蚕食你的时候，要以一种善意的方式反击，让对方感觉自惭形秽。
- 5. 通过商定所有细节并运用让对方感觉自己赢了的策略，避免谈判结束后被对方蚕食。

第 **16** 节
如何缩减让步幅度

在耗时较长的涉及价格的谈判中，注意在你作出让步时别建立一种模式。假设你在卖二手车，你在谈判之初开价 1.5 万美元，并可以降至 1.4 万美元。你在价格上的谈判范围是 1000 美元。

你让出 1000 美元的方式至关重要。你应多加注意，别犯以下几种错误：数额相等的让步。这意味着你每次以 250 美元为单位，分 4 次让给买主。想象一下如果你那样做，对方会怎么想。她并不知道她能把你的价格往下压多少；她只知道每次往下压时，她都能得到 250 美元的优惠幅度。她会持续压价。事实上，提供任意两个同等幅度的让利都是错误的。如果你打算买这辆车，车主先给你优惠了 250 美元；你继续压价，他又给了你 250 美元的优惠，你难道不会打赌下一次优惠额度也是 250 美元吗？

另一个错误是在最后一次让利的幅度非常大。假设你的降价幅度是 600 美元，随后又答应降 400 美元。然后你告诉对方："那绝对是我们的底线了。再降一分钱都不行啦。"问题是那 400 美元的金额太大了，让人觉得不可能是你的最后一降。假如你先降 600 美元，接着又降 400 美元，对方很可能会想他肯定能让你至少再降 100 美元。他说："我们已经接近了。如果你能再降 100 美元，我们可以接着往下谈。"你一口回绝，告诉他哪怕再降 10 美元都不行，因为你已经把底价都给他了。到了这一步，对方真的生气了，因为他心想："你刚才优惠了 400 美元，现在竟然连 10 美元这种小钱都死咬着不放。你这人怎么如此难以理喻？"切记最后一次让步幅度不要太大，这会引起敌意。

永远不要提前把让利牌一次性全打光。这种模式的另一种情形是，在一次让步中给出全部1000美元的谈判范围。我曾在一个研讨会上把它作为研习案例，令我惊讶的是，竟然有那么多参与者转向他们的谈判对手，说："好吧，我告诉你他都教了我们什么。"这种天真的做法简直是一种灾难性的谈判方式。我称之为"单边缴械"。

我打赌你在想："一个人究竟会施展什么样的魔法才能让我做那样的蠢事？"其实很简单。昨天有人看过你的车后，打电话给你说："我们已经看过了3辆车，都挺喜欢的，现在就只剩下价格没定了。我们认为最公平的做法是让你们三家给我们报出最低价，以便我们决定。"除非你是一个谈判老手，否则你会沉不住气，吓得把价格压到最低，尽管对方并没有任何承诺，保证随后不会进行新一轮投标。

对方让你提前放弃整个谈判范围的另一种方式是运用"我们不喜欢谈判"这一招。假设你是销售人员，想要把一家公司发展成新客户。这家公司的采购员面有难色，不无真诚地说道："我实话告诉你吧，我们自有一套生意经。早在1926年，公司创始人成立这家公司时，他就说过'我们要善待我们的供应商，我们不要和他们谈价格，让他们报出最低价，然后我们告诉他们是否可以接受'。我们一直都是这样做的。你就把最低价报给我，我会告诉你行不行。因为我们不喜欢谈判。"

买家在说谎！他们喜欢讨价还价。这就是谈判——看能否在谈判开始前就设法让对方作出所有的让步。

另一个错误是用很小的让步进行试探。我们都忍不住要那样做。你最初告诉对方："好吧，我也许能想办法再降100美元，但这差不多就是我们的底线了。"如果他们拒绝，你可能会想："看来这次谈判不会像我之前想的那么容易。"你再给他们优惠200美元。这仍然不能让他们同意买下这辆车，于是你接着又提出让利300美元，然后你的谈判范围就只剩400美元，并最终全部让给了他们。

你看清楚你都做了什么吗？你最初的让利金额很小，接着越来越大。你这样做的后果是永远无法成交，因为对方每次要求你让步后，他们得到的都更多，于是他们会穷追不舍，持续提出让利要求。

这些让利模式都是错误的，因为这使得对方的期望越来越高了。作出让步的最佳方式是先从合理的让步开始，只要足以让最终成交变得有把握即可。或许最初可以提出降 400 美元，这个数额不算离谱。接下来，假如你将来必须让步的话，切记要让得越来越少。你下一次让步的金额可以是 300 美元，然后是 200 美元，接着是 100 美元，以此类推。通过不断降低让利幅度，你使对方确信他已经压价压到了你能接受的极限。

如果你想验证这种做法多么有效，可以在你的孩子身上试试。等到下次他为学校郊游或参加书展来找你要钱的时候吧。他提出需要 100 美元。你回应道："不行。你知道我像你这么大的时候，每周的零花钱只有 50 美分吗？就那点钱，我还得挤出一些自己买鞋，在雪地里走一大段路去学校，中途还要翻过小山丘。为了省钱，我不得不脱下鞋，赤着脚走路（还有世界各地的父母给孩子讲的其他故事）。我不可能给你 100 美元。我会给你 50 美元，其余的你得自己去挣。"

"50 美元我做不到。"你的孩子惊恐地抗议道。

现在你已经和孩子确立了谈判范围。他要价 100 美元，你还价 50 美元。你来我往的谈判进程极快，你已涨到了 60 美元。然后是 65 美元，最后是 67.5 美元。当你涨到 67.5 美元时，你已不必告诉他接下来不会比这更多了；他已经明白了。通过不断缩减让步的幅度，你已经让他明白，你只能给 67.5 美元，不会再多了。

然而，优势谈判者知道如何提出更多要求。优势谈判者知道如何收回他们已经向对方作出的让步，我将在后文告诉你如何做到这一点。

要点备忘

- 1. 你作出让步的方式会在对方心中形成一种期望模式。

- 2. 不要作出均等金额或幅度的让步，对方会因此持续施压。

- 3. 最后一次让步的金额幅度不要太大，这会招致对方的敌意。

- 4. 永远不要仅仅因为对方要求你提出"终极"报价，或声称他"不喜欢讨价还价"就和盘托出你的全部谈判筹码。

- 5. 缩减让步幅度，让对方认为这已经是你能接受的极限了。

第 **17** ^节
撤销提议法

在本节中，我将教你如何非常有效地结束谈判。当对方真诚地与你谈判时，你不必使用它。只有当你觉得对方只是在软磨硬泡，试图不断蚕食你的收益时，你才使用它。或者当你知道对方想和你做生意，对方却在想"如果我多花一点时间和这个人谈谈，相当于我每小时能挣多少钱"的时候，你也可以使用它。

比如说，一群朋友为了方便聚会，一起在山里买了一个小木屋，用来度假。这相当于一群所有者在共享使用权。其中一位合作伙伴退出了这个联合体，你的邻居来找你，告诉你参股这个小屋的机会。你对此的第一反应是："这听起来很棒。我很乐意做这样的事情。"然而，你足够聪明，开始扮演"不情愿的买家"。

你说："谢谢你告诉我这件事，可我目前对此没多大兴趣。我太忙啦，实在抽不出时间去山上休闲。不过呢，我也不想让你白费心思，在这个度假小屋入股的最低价是多少？"

然而，他也一直在学习谈判技巧，他已学到了一条规则——永远不要先报价。他说："我们有个委员会专门管价格的事，我也不知道价格会是多少。我可以给他们一个提议，但我不知道会有什么反应。"

然后他经不住你的追问，终于松了口："我确信他们的报价是 2 万美元。"

这比你所预料的低很多。你本来打算接受最高 3 万美元的报价。你的初始反应是立刻抓住这个好机会，但你足够明智，大叫道："2 万美元！算了吧，我不可能会接受这么高的价格，实在太高了！实话告诉你吧，如果是 1.6 万美元的话，我或许会考虑。如果他们可以接受 1.6 万美元，你通知我，然后咱们可以谈谈。"

第二天他又来找你，决定利用"撤销提议法"把你拉入正轨。他说："不好意思，这事让我感觉有些尴尬。我知道昨天我们说到了要价 2 万美元，但委员会决定股份报价不能低于 2.4 万美元。"

这使得你感觉遭到重创，原因有两个。

- 因为你觉得是你制造了这个问题。你说："天啊，但愿我从来没有见过那个罗杰·道森，也没有学到他的'优势谈判'，因为假如我没有受到他的影响，我昨天就会和他敲定 2 万美元了。"
- 你犯了一个错误，已经把这件事的原委都告诉家人了。他们十分兴奋，已经在憧憬着拥有这个山间小屋了，而你已经越过了在谈判中原本准备起身就走的关键点。

于是你回应道："乔，你在说什么呀？你昨天说的是 2 万美元。怎么今天变成 2.4 万了？！难道说明天又要变成 2.8 万？这究竟是怎么回事？"

他答道："我也觉得挺不好的，可这是他们决定的。"

你说："别这样，乔。"

乔说："唉，我真的感觉这事挺不厚道的。这样吧，我再找他们说说，看看我在他们面前能帮你多大的忙。假如我能帮你争取到 2 万美元，你会感兴趣吗？"

"我当然会有兴趣。我会入股。"他按全价卖给了你，而你当时被蒙在鼓里，等你反应过来之后，生米已经煮成了熟饭。

我再举另一个例子，因为它的确是极其强有力的谈判招数。假设你销售小物品，你向买主开价 1.8 美元一个，买主还价 1.6 美元。经过一番讨价还价，你们最终似乎要以每个 1.72 美元成交。买主此时想的是："我让他从 1.8 美元降到了 1.72 美元。我敢打赌，我还能再降 1 美分。"他说："唉，现在的生意真的是很难做。除非你能以每个 1.71 美元的价格卖给我，否则我没法做这生意。"

他可能只是在试探你，就想看看他是否能让你让步。不要惊慌失措，觉得必须作出让步才有可能最终成交。阻止这种软磨硬泡做法的方式是对他说："我无法确定我们是否能做到，但我可以告诉你，但凡我有可能替你争取到这个价格，我都不会放弃的。我再回去想想办法，看看能不能做到。我明天再给你答复。"

第二天，你又回来，假意要收回你前一天承诺的让步。你说："我真的很难为情，昨晚我们一直在算小物品的价格。不知道什么人在什么地方弄错了。我们的原材料成本增加了，但估算员没把它算进去。我明白昨天我们说到了1.72美元，但我们实在不能按那个价格销售 —— 我们算出的最低价是每件1.73美元。"

买家会有什么反应？他肯定暴跳如雷，说道："嘿，等等，哥们儿。我们昨天说的是1.72美元，我只要1.72美元。"转眼之间，买主就忘了1.71美元的想法。"撤销提议法"是阻止对方软磨硬泡的有效方式。

我们肯定都曾遇到过这种情形，当一名电器或汽车销售人员被我们缠着索要更低一些的价格时，就会说："让我去找我的销售经理，我会看看我能从他那里为你争取到多少优惠。"过了一会儿，他回来说："实在不好意思。你知道我们说的那个广告特惠活动吗？我以为那个活动还有效，但其实上周六就结束了。我真的不能按我们说过的价格卖给你。"你一听这话就急了，全然不顾你本想再争取一些优惠，唯一的念头就是抓住这次机会，赶快以昨天提到的价格成交。

除了提高价格，你还可以通过收回某个交易条件的方式来达到同样的目的。

以下是一些这样做的例子。电器销售人员对你说："我知道我们曾说过免收安装费，可是我的销售经理现在告诉我按这种售价，我们根本赚不到钱，价格太低了。"空调销售人员对你说："我明白我们说过报价包含施工许可证的费用，但空调售价已经很低了，我们的估算师告诉我，我们这样做一定是疯了。"

你是分包商，你对总承包商说："我知道你要求提供60天的期限，可按照现在这个价格，我们需要在30天内付款。"

你是卖计算机的，有一天你对顾客说："对，我告诉过你可以培训你们的员工，但我的同事们说以这种售价，我们必须收培训费。"

千万记住，别用这种方式收回重要的条件，那会真的让对方产生敌意。

"撤销提议法"是一场赌博，但它将迫使你做决定，而且通常结局就是要么成交，要么反目。当对方用这招对付你时，要敢于反击，坚持要求对方先解决自己内部的问题，这样你才能重新开始真正的谈判。

要点备忘

- 1. "撤销提议法"是一场赌博，因此只有在别人缠着你要更多利益时才用。你可以撤销上次的降价提议，也可以撤销包含运费、安装、培训或延期等条款在内的让步。
- 2. 为避免直接对抗，虚构一个模糊的"更高权威"充当坏人，持续将自己定位在对方一边。

第 **18** 节
易于接受处境法

如果你和学过谈判技巧的人打交道，"易于接受处境法"就派上用场了。如果他们为自己的谈判能力感到自豪，你们可能会莫名其妙地达成协议，而整个谈判仍有可能土崩瓦解。当这种事情发生时，问题的根源恐怕不是价格或协议条款上的分歧，而是对方谈判者的自尊心。

假设你在推销广告特制品，比如刻着公司名称的尺子或者定制的棒球帽和T恤衫。你已经约好了与当地一家电器商店经理见面。有件事你可能并不知情，在你进入这个经理的办公室之前，他对商店老板说："你就看着吧，看我怎么跟这个广告特制品销售代表谈判。我知道我在做什么，我会为我们争取到一个好价钱。"

现在他在谈判中做得并不像他之前希望的那样好，他不愿意接受你的提议，因为他不想觉得自己作为谈判者输给了你。这是可能发生的，即使对方知道你的提议是公平的，而且它也满足了他的需求。当这种情况发生时，你必须想办法让对方能够愉快地向你作出让步。你必须采用"易于接受处境法"。优势谈判者知道，应对这种状况的最好办法就是在最后一刻作出小小的让步。这个让步可以微乎其微，但你仍然可以让它奏效，因为重要的不是让步大小，而是让步时机。

你可以说："我们不能在价格上再让一分钱，但我告诉你，如果你接受这个价格，我会亲自监督安装工作，以确保一切顺利。"也许你本来就打算这么做，但关键是你已经表现得如此通情达理，这足以将对方置于不得不有所表示的处境。于是他回答说："好吧，就这样吧。如果你愿意那样做，我们就接受这个价格。"这样一来，他并不觉得自己在谈判中输给了你，而是觉得自己在做交易。"易于接受处境法"可被视为你永远不应提前拿出最佳方案的另一个原因。如果你一开始作出了所有让步，在谈判结束之前，你就没有任何筹码可以用来与对方谈判了。

你可以用以下让步将对方引入易于接受的处境之中。

- 你在卖一条船，于是你主动提出带买家兜一圈，向他们演示如何操控船前行。
- 如果你销售办公设备，为他们提供自动重新订货系统。
- 你在卖一辆车，你就提出附送一套防滑链。
- 为所谈价格保留 90 天有效期，以备对方再次订货。
- 你在招聘员工，你不能按照他的要求支付工资，但你承诺 90 天后再予以评估。
- 将付款时间从 30 天延长到 45 天。
- 以两年的价格提供延长至 3 年的售后服务。

切记，是让步时机而不是让步多少最重要。即使所作的让步极其微小，它依然会有效。在运用这招时，优势谈判者能够让对方愉快地向自己认输。

永远不要自鸣得意。当你完成谈判后，绝对不要向对方夸耀说："哈里，你要知道，假如你稍微再坚持一下，我就准备为你做这个那个啦。"假如你那样做的话，哈里会火冒三丈！

我意识到，在正常的商业过程中，你不会愚蠢到因为你觉得自己在谈判中胜过了对方而幸灾乐祸。然而，当你和你很熟悉的人谈判时，你就很可能犯傻。也许你已经和这个人一起打了好几年高尔夫球了。现在你们在协商一些事情。你很喜欢玩谈判游戏。最后，他对你说："好吧。我们都同意了，我们不会反悔，但为了满足我的好奇心，你能说一下你真正的底线吗？"当然，你很想趁机吹嘘一下，但别这么做。他会为这事记恨你 20 年。

当你谈完后，祝贺对方。无论你认为对方做得多么差劲，祝贺他们。你可以说："哇！你在和我谈判时表现得太出色了。我意识到我没有得到我本可以拿到的好价钱，但坦率地说，这是值得的，因为我学到了很多关于谈判的知识。你真棒！"你要让对方感觉自己在谈判中赢了。

律师不需要更多麻烦

你曾观察过律师们在法庭上的表现吗？双方在法庭里恨不得将对方撕成碎片。然而，出了法庭，你会看到地方检察官走向辩护律师，说道："哇哦，你在里面表现得太精彩了。真的！没错，你代理的那个家伙被判了30年，可我认为没人能做得比你更好。"地区检察官明白，总有一天他会与那个辩护律师同堂对峙，他不想让辩护律师感觉这是一场个人之间的争斗。因为一时的胜利而表现出自鸣得意只会强化这个律师赢得下一宗案子的决心。记住，你将再次与对方打交道。你不要让对方感觉他输给你了，那只会让他下定决心在下一场对决中战胜你。

要点备忘

- 1. 如果对方对自己的谈判能力感到自豪，那么他对胜利的渴望可能会阻碍你们达成协议。
- 2. 在最后一刻作出小小的让步，从而让对方能够心情舒畅地向你认输。
- 3. 让步的时机比让步多少更重要，即使所作的让步微乎其微，也仍会卓有成效。
- 4. 双方谈完后，千万别忘了赞美对方，无论你认为他表现得多么糟糕。

非正当谈判策略

第**19**节
诱饵法

对方可能使用"诱饵法"来转移你对谈判中真正问题的注意力。比如说，你在向休斯敦的一家大型推土机制造商出售定制齿轮。两年来，你一直在联系这家公司，试图将它发展成新客户，但他们始终不愿意放弃现有供应商。然而，今天似乎是你一直以来的锲而不舍终于得到回报的一天。这个买家提出给你一个大订单，前提是你能满足 90 天交货期的要求。你们两个都知道，定制齿轮的构思、设计和制造通常需要 120 天。拿到订单的想法令你兴奋不已，但你意识到 90 天交货是根本不可能实现的。

你和厂里的相关人员核实了一下，他们确认即使是 120 天，时间也很紧张，而且非经常性工程费用就高达 2.2 万美元。尽管你费尽口舌力争加快生产进度，却仍然无法说服他们。这将需要 120 天，一天都不能少，哪怕你不得不因此丢掉订单。

你反过来向对方提出建议。你把价格表展示给他看，齿轮总价是 23 万美元，外加 2.2 万美元的固定成本，即便如此，交货期最短也要 120 天。

买方坚持要他接受 90 天的交货期，因为他的公司需要交付一大批货物给阿根廷布宜诺斯艾利斯市的一个建筑项目。谈判呈现出一种胶着状态，两个人都绞尽脑汁想要解决这个问题，但一时又束手无策。

最后，买家说："也许有个办法可行。我去和我们负责运输的员工核实一下，看看他们怎么说。我马上回来。"他离开办公室的时间是 15 分钟。此时你思绪万千，一心想着如果拿不到这个订单，你将失去的佣金。等买家终于回到办公室的时候，你已经快疯了。

买家面露难色，说："我想我找到了解决办法，但要让它奏效，我还需要你的帮助。我负责运输的同事说，我们可以把齿轮空运到阿根廷，但是我们必须向海关人员支付一笔通关费。为此，我需要你把费用降低一点点，并将齿轮空运到休斯敦交给我们，费用由你们承担。"

除非你能遇事不慌，想问题仔细全面，否则一听到棘手的问题有了解决方案，你肯定会如释重负，想都不想就要满口应承，不仅免掉 2.2 万美元的工程费，还会同意支付 6000 美元的空运费。你可能要几个月之后才能意识到，买家在你身上使用了"诱饵法"。半年后的一天，你坐在达拉斯市一家酒店的咖啡店里，与好友闲聊，他的工作是向推土机制造商销售钢板。他问你是怎么踏进门的，你就讲了这个故事。

你的朋友说："我不相信那个采购员告诉你的是实话。我听着根本不像真的。那些人在制造业内生产计划最完善的工厂工作。他们的生产计划总是要提前 6 个月，不可能订购 90 天交货的定制齿轮。"直到这时你才恍然大悟，原来交货期限根本就不是问题的关键所在。他们完全可以接受 120 天的期限。装运时间不过是个诱饵。买方有意制造了加快装运期的问题，只是为了方便以后用它来换取他们真正想要的：免除工程费和运费。

几年前，一个协会请我去亚特兰大由约翰·波特曼[1]设计并建造的桃树酒店举办一个研讨会。它的全称是威斯汀桃树广场酒店，整个建筑美轮美奂。它有 73 层楼高，是全美最高的酒店之一。这是一个圆形塔楼，每层只有大约 15 个饼图分格状的房间。

当我走进酒店时，我还在琢磨着能借助什么来向第二天的与会者形象地说明"优势谈判"是多么有效。研讨会的组织方提前为我安排好了一个房间，于是我决定看看我能不能想办法把房间价格降下来。当时桃树酒店的一间客房通常报价 135 美元。他们给了我一个非常好的公司合同价，每天 75 美元。尽管如此，我还是决定看看我能做些什么，并在 10 分钟内让他们将房间价格降至 37.5

1　John Portman（1924—2017）：美国著名建筑设计师、开发商。——译者注美元。

我在他们身上用了"诱饵法"。酒店接待员告诉我，他们只有一个单人床房间给我。要明白，假如他们说只有一个双人间客房，我会要单人床房间。不管是什么，我说："请我来的协会提前一个月就订了这个房间。我不接受单人间。"接待员叫经理来处理。他解释说，酒店共有 1074 个房间，其中 1064 间已入住，所以他们只有 10 间空房，我只能住一个单人间。

此时我说："嗯，我可以考虑接受一间单人房，但是如果我为你们这样做了，你们会为我做些什么？"我以为他们会提出给我免费早餐之类的。然而，令我惊讶的是，他说："我们也许可以稍微调整一下房间的价格。你觉得半价怎么样？"

我说："还可以。"随后，就在他们给我房间钥匙的时候，经理说："我再确认一下。或许我们还能为你做更多。"他们开始打电话，结果发现他们确实还空着一间大床房。维修部刚刚重新装修完，还不确定是否已经投入使用。我最后只花了 37.5 美元就得到了一间报价 135 美元的大床房（这事除了让我有机会在研讨会上讲个精彩故事，并没有让我获得其他好处，因为请我来举办研讨会的组织为此支付了房费，他们得到了打折的好处）。

我使用的"诱饵"是他们只有单人间，没有特大房。当然，这根本不是真正的问题。我想要的是降低房价。床的尺寸问题转移了他们的注意力，使得他们不再关注真正的问题。

当心别人用"诱饵法"转移你的注意力，让你忽略了真正的问题。保持专注，挑出对方的反对意见。"这是唯一困扰你的事情吗？"然后应用"更高权威法"和"好人/坏人法"，"咱们还是把这些内容落实到纸上吧，我会拿给我们的人，看看我在他们那里能帮你多大忙。"然后转过脸又说，"我们或许能加快发货速度，但这会增加非经常性工程费用。"

要点备忘

- 1. 留心对方宣称的重要事项。

- 2. 他们或许在制造诱饵，试图留后手，用来交换他们真心想要的东西。

- 3. 当他们表现出被一件小事冒犯时，不要受干扰。

- 4. 保持警惕，有些人试图用"诱饵法"转移你的注意力，让你忽略重要议题。集中注意力，挑出对方的反对意见。

第20节

红鲱鱼法

"红鲱鱼法"比"诱饵法"更进一步。在应用"诱饵法"时，对方有意制造了一个虚假事项，用以换取你在实质问题上的让步。在应用"红鲱鱼法"时，对方先提出一个虚假要求，然后再撤销并以此为由换取让步。假如这一手法成功吸引了你的注意力，你就会误以为那项要求是对方最关心的，但其实并非如此。"红鲱鱼"原本是英语中反对猎捕狐狸时采用的说法。英格兰有许多直言不讳的动物权利活动家，他们抨击的目标主要就是猎狐活动，奥斯卡·王尔德将这项娱乐活动称为"一种可怕的猎杀非食用性动物的活动"。

经烘干和腌制的鲱鱼肉会变成暗红色，就像烟熏鲑鱼一样。英国人称之为为"熏鲱鱼"。反对猎狐的人们发现，如果他们拖着一条熏鲱鱼穿过狩猎路线，它的气味就会掩盖狐狸的踪迹，并使得猎狗失去追踪方向。当这种情况发生时，猎狗的主人就会大喊："那些讨厌的家伙弄得我的猎犬出了错。"随着时间的演变，"红鲱鱼"一词被英语词典收录，意思是提出一个旨在转移和迷惑反对者的问题。

孩子们的"红鲱鱼法"

有一个孩子们都能理解的重复术。

"爸爸，"儿子叫道，"我今晚可以看电影吗？"

父亲摆出一副家长的派头，威严地回答："儿子，不行！不准你今晚看电影。"

儿子恳求道："爸爸，为什么不行？"

"因为你上周已经看过了。"

"我知道上周看过了，可为什么我今晚不能看呢？"

父亲说："我不想让你看太多电影。"

"为什么不能，爸爸？我不明白。"

等到这位父亲说了 10 至 12 次不行之后，他全然忘了起初他为什么会对儿子看电影一事如此大动干戈。他的理由似乎失去了有效性，而他也开始觉得自己在小题大做。

要点备忘

· 1. 当心对方用"红鲱鱼法"对付你。

· 2. 他们或许会制造一个议题，用于今后换取他们真正想要的东西。

· 3. 专注于谈判中的真正问题，不要让他们把凭空制造的议题与你不愿意作出的让步联系起来。

摘樱桃法

"摘樱桃"是一种买家可以用来对付卖家的有效手段，会给卖家带来毁灭性的打击。当然，如果卖家是一名优势谈判高手，他对自己的选项了如指掌，那就另当别论了。假设你正准备翻修自家房屋，打算在车库上加盖一层，打造一间办公室。为此，你同时找了 3 家承包商，让他们报价，同时要求他们在报价单上列出明细。

承包商 A 投标 （单位：美元）	承包商 B 投标 （单位：美元）	承包商 C 投标 （单位：美元）
外墙：19200	外墙：17200	外墙：18400
地板：2400	地板：2900	地板：2800
屋顶：6300	屋顶：6800	屋顶：7300
木工：4300	木工：4100	木工：4100
地毯：1750	地毯：1950	地毯：1950
管道：1800	管道：1600	管道：1600
粉刷：1100	粉刷：1500	粉刷：1300
合计：36850	合计：36050	合计：37450

你会选择哪家？报价 36850 美元的承包商 A、报价 36050 美元的承包商 B，还是报价 37450 美元的承包商 C？如果每家条件都差不多的话，你很可能要选

价格最低的。也就是说，假如你不在乎工艺水平、可靠性、开工日期、竣工日期，以及建材质量和分包商水平，你显然会选择承包商 B。然而，你要考虑的远远不只有价格，还有诸多别的因素，这样一来，最适合你的选择或许就是报价最高的。

精于"摘樱桃"的高手会趁机大显身手。他会直接找到承包商 B，说道："你已接近我的要求了，但你们在地板和木工上的报价分别比 A 高出了 500 美元和 200 美元。如果你们愿意在这两项上向承包商 A 看齐，我就把这活给你们。"这会导致总承包商跑去地板和木工活儿的分包商那里，要求他们重新报价。这下你该明白为什么承包商都不愿意在报价单上列出明细了吧？

你还可以在对方报价条款上挑三拣四。比如你去乡下买块地，卖方要价 10万美元，首付 20%，余款分 10 年付清，年息 10%。你或许会要求对方针对全现金交易报一个最低价。如果一次付清，他可以把价格降到 9 万美元。然后你又问，假如采用首付 50% 的方式，余款年息是多少。对方说 7%。然后你就可以用"摘樱桃"的方式挑出两种交易方式中你最喜欢的部分，提出按全价 9 万美元、首付 20% 支付，余款按年息 7% 支付。

买家酷爱"摘樱桃法"——卖家恨它

毫无疑问，信息是有效运用"摘樱桃法"的关键，而且它需要时间。无论如何，当你准备为公司采购一套新设备时，你总会多方询问，收集尽可能多的信息，然后才做出最终的决定。你会打电话给多家供应商，邀请他们的销售人员来给你做演示。在这个过程中，你会发现每个公司都有各自的优势，一家公司的产品性能有独特之处，一家公司的产品价格最低，而另一家的售后服务比较吸引人。于是在了解过所有相关情况之后，你最终结合各家之长，制订出了一套最为理想的采购方案。

随后你找到最喜欢的那家，说："我想买你们的设备，只是我希望你们提供更长的质量保证期，或者你们能更快交货。"通过这种方式，你就设定了自己最想要的交易类型和合同类型。买方应该全力争取采用列出明细的合同，而卖方应该尽量避免这种模式。在我看来，"摘樱桃法"是一种缺德手法，行凶者不太可能对他认识和信任的人下手，更可能会对一个相对陌生的人下手。卖家可以通过与买家建立良好的个人关系来阻止这种策略的实施。

还有个办法可以对付想"摘樱桃"的人，那就是先发制人。比如你是一个承包商，正与一个房主联系，想揽下房屋装修的活儿。你知道她打算联系镇子里的其他承包商。你该如何先发制人？答案是你要做到比你的客户更了解竞争对手的情况。房主说："我想在最后决定之前再了解一下别人的情况。"

你回答说："我绝对赞同你这样做。"总是先同意再说，对吧？无论你的客户提出怎样的反对意见，甚至是很荒谬的建议，作为一名销售人员，你都应该先顺着客户说，然后再想办法扭转对方的观点，"我绝对赞同你。在决定之前，你确实应该了解一下其他公司的情况。不过呢，我可以帮你节省些时间。你和ABC建筑公司的泰德·史密斯谈过了吗？他采用的XYZ橱柜有这样、这样，还有这样的特点，唯独缺乏那样的特点。还有，如果你和购物中心里面的国家百货公司联系的话，负责接待你的销售人员将是弗雷德·哈里森，他会告诉你这样的产品型号……"

等你介绍完所有情况，她认识到原来你对竞争对手的情况了如指掌，她心想："他居然知道这么多，既然这样，我为什么还要浪费时间去一个一个地谈呢？"

为了防止自己免受"摘樱桃法"的伤害，你始终要在让步之前，考虑对方都有哪些选择。对方的选择余地越小，你的权利就越大。如果你作为卖家，拒绝降价，你就要想办法让买家在你的竞争对手那里得到更多的报价，或者提高买家从多个供应商那里进行采购的难度。在房屋翻修的实例中，这将意味着房主不得不绕过你这个总承包商，寻求与每个分包商分别签订合同。这可能需要对方了解更多的知识或专业技能，产生额外的工作和压力，从而使节省下来的费用显得很不划算。

要点备忘

- 1. 如果你是买主，争取获得附带明细的投标。

- 2. 力求对方在每个细分项目都报出最低价。

- 3. 如果你是卖主，尽可能摸清你竞争对手的情况，让客户认识到没必要再浪费时间去一一商谈。

- 4. 梳理对方究竟有哪些选项。当你比对方有更多选项时，你在谈判中就掌握了更大的主动权。

第 **22** 节
蓄意犯错法

　　"蓄意犯错法"是一种极不道德的手段，可以用它来对付缺乏道德的人。当卖家准备一份报价书时，他就像在钓鱼，故意漏掉一部分成本。这就好像一个汽车销售人员可能在计算汽车价格时故意漏掉 CD 机的价格。如果买家上了钩，他会觉得这是一个千载难逢的好机会，迫不及待地要在卖家发现错误之前完成交易。这种急不可耐的心情使得买家变成了草率的谈判者。他本想钻空子，但与他当场指出错误相比，最终花的钱可能更多。此外，销售人员仍然可以选择在买方付款之前"发现"这个错误，面对销售人员责备的眼神，买家羞愧难当，不得不付出额外的代价。

　　反制这种方法的有效对策听起来好像不着边际，但其道理其实是显而易见的：永远不要贪小便宜。假如你的贪婪没有在当时的那一刻让你付出代价，它迟早会在你人生中的某一天追上来让你还。你的正确做法是当场指出错误，说道："我在想，你急着让我现在就决定买，所以不打算收取 CD 播放机的费用了，是这样吗？"

　　"蓄意犯错法"的一个变体是"错误结论"成交法。使用这种方法的销售人员会问买家一个问题，然后故意得出错误结论。买家在予以纠正时才意识到其实自己已经做出了购买承诺。例如，汽车销售人员问道："如果你真的今天决定了，你并不需要今天就开走吧？"买家回答说："不对，我们当然想今天就开走。"

　　不动产销售代理说："你不会是想让卖方把冰箱也包括在房价里吧？"买方还没想到这一层，但那个冰箱看着比自家的好多了，于是顺口答道："你觉得卖主愿意把冰箱给我们吗？"代理回答说："我们先把它算在内吧，然后看下一步会发生什么。"

帆船销售人员说："你不想让我们附加导航仪，我说的对吗？"买方好像发现了一个白得的机会，赶紧回答："我肯定想这样啊。"

第 **23** 节
先斩后奏法

　　"先斩后奏法"是一种涉及单方面假设的策略，这种假设显然对提议方有利，例如一家公司在向供应商寄出付款支票时先扣除了 2.5%，同时附上留言，上面写着："如果我们在 15 天内付款，我们所有的供应商都会提供一定幅度的折扣优惠，所以我们假设你们也会。"或者销售人员写信给潜在的买家："因为我一直没收到你选择哪款的确切答复，我会装运豪华款给你，除非你在 10 天内来信告知另有选择。"

　　"先斩后奏法"猎取的目标是工作繁忙或懒惰的人；它假定对方不会采取行动，而是敷衍了事，并让你侥幸得手。无论你出于何种理由没有回应，先例法则就开始起作用了。当你终于忍不住提出异议时，如此行事者就会说："可你以前从未反对过啊。"

　　无论遭遇哪种不道德手法，你都可以就此与对方联系，态度温和地解释说，你希望他们将来能更有礼貌、更尊重你。比如，你可以发电子邮件给对方，表示："我很失望你从这张发票上扣除了 2.5%，我们并没有认可过这种做法。请用回邮方式汇出余额。"

第 **24** 节
得寸进尺法

　　我曾经认识一个人，他把自己持有的地区房屋交易连锁公司卖给了一家大公司，从此变得极其富有。这家连锁公司刚刚成立时，我的这位朋友曾以加盟的方式买下这家连锁公司在某个地区的经营权。当时这家公司的创始人正在到处做宣传，寻找相信他这种理念的人并设法与这些人签约。

　　许多年后，一家纽约大公司买下了这家连锁公司的母公司，并开始回购区域加盟商。在参加过我的"优势谈判的奥秘"研讨会之后，他邀请我和他一起喝酒，并问我："罗杰，你在谈判时是否听到过冥冥中有人跟你说话？"就算真听到过，我也不愿承认，我就问他是什么意思。他告诉我，当初经不住那一大笔钱的诱惑，决定将区域特许经营权出售给那家公司，可现在他又有些后悔。

　　因为他加盟的公司是公司回购的第一个，他们派专机接他到纽约去参加签字仪式，随后举行新闻发布会，宣布公司回购所有加盟公司的计划。"举行仪式前的那天夜里，我失眠了，"他告诉我，"我躺在床上，一直想着自己究竟该不该这么做。突然，我听到一个声音在跟我说话。"

　　"它在说什么？"我好奇地问他，同时期待着他能说一句幽默的妙语。

　　"它说的是'乔伊，你要的钱不够'。第二天早上，我去找他们，提出增加50万美元，他们答应了。"

　　乔伊描述了一个典型的"得寸进尺法"案例——在双方达成协议后接着提更高的要求。当然，这种行为令人愤慨，也很缺德，但正如乔伊所想的那样，他听到一些声音告诉他要这样做，责任并不在他，这种出尔反尔的人看不出为自己获得最佳交易而不择手段有何不妥。

为什么有人做出如此无耻的行为却能逍遥法外呢？太多时候，另一方只能打掉牙往肚里咽，就像那家公司一样，毫不犹豫地给出额外的 50 万美元，满足对方的无理要求。在这个实例中，该公司宁愿付出一些代价，也不愿面对被迫取消新闻发布会的屈辱。在其他情况下，另一方只是在购买中投入了太多感情，以至于难以割舍。

大企业的成长史充斥着这样的故事，一些人凭借着自己的影响力，抓住他人不愿放弃交易的弱点，勒索一笔不义之财。老实说，在如何回应这种情形的问题上，我的心情也很复杂。从感情上说，如果有人这样做，你应该针锋相对，接受挑战，原则上退出交易。然而，我也相信人们在谈判时要排除情绪的干扰。如果那家纽约公司有足够的财力支付额外的 50 万美元，然后依然获得了一笔好买卖（它的确是一笔非常好的买卖），那他们不妨屈尊一下并拿出那笔钱。

不计代价的正直

幸运的是，大企业的历史上也充满了绝不将正直待价而沽的人们的故事，例如在奥兰多以握手成交方式出售其名下土地的牧场主。当天晚些时候，《奥兰多哨兵报》爆料称，迪士尼正在秘密收购大片土地，以创建迪士尼世界。牧场主本可以待价而沽，赚更多钱，但他的正直和诚信阻止了他这样做。

当亨利·霍利斯把芝加哥的帕尔默豪斯酒店卖给康拉德·希尔顿时，他在希尔顿第一次出价 1938.5 万美元后便握手成交。在一周之内，他又收到比成交价高出 100 多万美元的报价，但他不为所动，信守诺言。希尔顿在自传中这样写道："在我的一生中，我和很多人做过生意。我与这位无可挑剔的绅士打交道的经历应该是无与伦比的。我从头到尾都觉得我见识了一位秉承美国商业伟大传统的大师。"

在遭遇得寸进尺的事时，除了忍气吞声或放弃交易，还可以尝试如下对策。

- 采用"更高权威法"，告诉对方你并不介意他们的建议，但你的董事会态度很明朗，交易一旦达成，绝对不会重谈，而且他们会强制你放弃交易。随后采用"易于接受处境法"，告诉他们，尽管你不可能在价格上有所让步，但你可以考虑在其他方面提供一些让利。

- 以其人之道还治其人之身。告诉他们，你很高兴他们要重开谈判，因为你也有些后悔。当然，你肯定不会违约，但是因为他们选择违背最初方案，你们也相应地涨价了。

　　与其不得不应付对方得寸进尺的做法，不如一开始就设法避免它。可使用如下技巧来避免它：提前商定所有的细节。不要用"我们可以稍后解决"应付任何事。悬而未决的议题可能会导致对方得寸进尺。与其他各方建立良好的个人关系，这样可使得他们对付你时手下留情。要求大额定金，大幅提高他们退出的难度。建立双赢谈判机制，这样他们就不会轻易退出。

第**25**节
暗布信息法

有一次，我参加完一场演讲活动，在返程中开始与我的邻座讨论总统新闻发布会。"我认为他没说实话，"他告诉我，"我遇到一个人，他认识白宫里的人，他告诉我总统一直都知道这些事。他在掩盖什么。"令我惊讶的是，我居然相信这个人说的，而不是我早些时候听到的美国总统在新闻发布会上说的话。为什么？因为我们倾向于相信我们暗地里获得的信息。

暗中散布的信息可以产生极其强大的影响力。一个推销员正在使出浑身解数向董事会做产品演示。他一会儿用活动挂图，一会儿用视听教具，令人眼花缭乱。他热切地恳请他们同意与他的公司合作，因为市场上没有比它更好的选择了。他相信自家的报价是最具竞争力的，没有任何公司能报出更低的价格，因此他底气十足，相信自己能以 82 万美元的要价成交 —— 但其间发生的一件事让他的信心有些动摇，那就是他看到一名董事递给另一名董事一张字条，后者点点头，把字条放在他面前的桌子上。

这位推销员抑制不住自己的好奇，特别想看看字条上写了什么。他结束了演示后，走向会议桌，做出很夸张的动作，向他们探过身去。"先生们，有什么问题吗？"他现在可以用余光看到那张字条了。即便是倒过来看，他都能辨认出上面的一行字："环球公司的报价是 76.2 万美元。我们跟他们合作吧。"

董事长开口了："我有一个问题。你们的价格似乎很高。我们只能选择符合我们要求的、价格最低的。82 万美元是你们的最低价吗？"随后的几分钟内，这位推销员就把价格降到了 58 万美元。

这张字条的内容是真实的还是暗布的信息？尽管这张字条上的字迹潦草，

内容也未经证实，但销售人员相信它是真的，因为这是他偷偷获得的信息。就算是他们以此故布疑阵，推销员能在识破它后大声喊冤吗？不能，因为他们并没有当面告诉他竞争对手的报价是 76.2 万美元。他暗中获得了这条信息，他必须承担自己想当然的后果。

简单地了解一下"暗布信息法"将有助于你化解这种不道德的手段。无论何时，只要你完全依赖对方选择性告知你的信息进行谈判，你就极易受到对方操纵。当对方可能已经埋下了有意让你发现的信息时，你更应该提高警惕。

谈判原则

第**26**节
让对方先表态

优势谈判者都知道，能让对方先表态，肯定对自己更有利。这样做的理由是显而易见的：

- 他们的开价也许好过你的预期。
- 对方率先表态实际上给了你知己知彼的机会。
- 它给了你应用"夹叉法"的机会。倘若对方先报了价，你就可以将他们的价格圈定在你的谈判范围之内，这样一来，即便最终你们要平分差价，你也能得到你想要的。假如他们让你先表态，他们就能如法炮制。最终结果是平分差价的话，他们就如愿以偿了。

对于一个谈判新手来说，这些听起来好像都不对。假设你有一个邻居，他的车道上停着一台摩托艇。他在那里住了 5 年，你甚至都想不起来他什么时候去湖上玩过。如果价格足够低的话，你会考虑买下它。主动前去问他想要多少钱才会出手似乎是个很糟糕的做法。如果他因此意识到自己手上还有个能派上用场的东西，然后趁机抬高价格怎么办？假设它的合理价格是 1 万美元，而你只想花 5000 美元把它拿到手。

当你找到他提起这事时，他变得有些贪婪，说："这条船跟全新的没两样。我已经有 5 年没打开过它的罩子啦。比 1.5 万美元少一分钱我都不会卖的。"你可能会反驳说，因为让他先报了价，你被迫扩大了谈判范围，这使得你偏离目标价更远了。你甚至不能把它圈定在你的谈判范围里。假如他想要 1.5 万美元，而你只愿意付 5000 美元，你还得设法先让他减去 5000 美元，才能把它纳入你的价格谈判范围。照这个思路看，让他先表态似乎从一开始就是错的。我只能说，其实你不必急着表明期望的价位，而是冷静下来，想想你可以做的几件事，以达到让他修改其开价的目的。你可以选择的方法如下。

- 哭穷。"迈克，我做梦都没想过我能买得起这条船，可我发现你从来也不动它，就觉得也许你会把它卖给我，只是象征性地收点钱罢了。"
- 采用"更高权威法"。"迈克，不说别的，就连我问过你这事，要是让我妻子知道了，她非杀了我不行，可是……"
- 利用竞争对手助力。"迈克，我也看过跟你这台差不多的，价格好像特别合适，可是我没跟那家往下谈，想先看看你打算要多少。"

通过这些手法，你在没有亮明自己立场的情况下，修正了迈克的期望值。你对谈判对象本人了解得越少，就越应该让对方首先报价。

甲壳虫乐队是怎样先行了一步而损失了数百万美元的

如果甲壳虫乐队的经理布莱恩·爱泼斯坦明白这个原则，他就可以帮甲壳虫乐队在他们的第一部电影上多赚 400 万美元。联美电影公司想利用这个乐队红透半边天之际大赚一笔，但又不愿意冒险，因为它对甲壳虫乐队能红多久心里没底。他们担心等到影片上映时，这个乐队早已成明日黄花，销声匿迹了。于是他们决定先尝试一下，所以拍片预算只有 30 万美元。这显然不够支付给甲壳虫乐队高片酬的，因此联美电影公司打算在影片上映后，将不超过 25% 的影片净票房分给甲壳虫乐队作为报酬。1963 年，甲壳虫乐队火遍全球，以至于制片人都不太敢让乐队开价，但他终究还是鼓足了勇气。他预付了 2.5 万美元给乐队经理爱泼斯坦，并问他将利润分成比例定多少才公平。

布莱恩·爱泼斯坦对电影业一无所知，他本应该动动脑子，趁机装作"不情愿的买家"并用"好人 / 坏人法"与制片方周旋。他本应这样说："我认为他们未必会有兴趣花时间拍电影，不过，要是你们的开价很有吸引力的话，我不妨跟他们谈谈，看看我能在他们面前帮你做些什么。"相反，他太自负了，不屑于装傻，所以他果断地声明他们必须得到7.5%的净票房，否则这事免谈。但令所有人大跌眼镜的是，该片导演理查德·莱斯特创造了《一夜狂欢》这部以精彩绝伦又幽默的手法描述甲壳虫乐队一天生活的影片，并大获成功，在全世界热映。而乐队经理在谈判技巧上的小失误则导致乐队少赚了数百万美元。

假如双方都心知肚明自己不该先表态，那你们也不可能一直坐在那里，谁都不开价。无论如何，规则依旧是规则，你总该先弄清楚对方想做什么。

除了价格，你最好让别人先提一个方案给你，而不是反过来。一些狡猾的谈判者会费尽心机，千方百计地改变实情，弄得好像是对方主动送上门的。电影制片人塞缪尔·高德温曾想向达里尔·柴纳克借用一名合同演员，但因柴纳克正在开会，他一直联系不上。在多次尝试无果之后，怒不可遏的高德温坚持让柴纳克过来接电话。当柴纳克终于过来拿起电话听筒时，打电话的高德温却乐呵呵地说："达里尔，今天我能为你做什么？"

刘易斯·克拉维茨是亚特兰大的一名高管教练，也是前再就业顾问，他给人的忠告是要有耐心，知道什么时候闭嘴。他讲了一个故事，有个刚被解雇的年轻人在接受他辅导时说，他在考虑下一个工作时，愿意降薪2000美元，降到2.8万美元。但是克拉维茨告诉他，要想办法让未来的雇主先提工资的事。这个年轻人去面试，结果面试他的人提出3.2万美元，这大大超过了这个求职者的预期，他兴奋得说不出话来，呆坐在那里，面试的人以为他不满意，当场又提高到了3.4万美元。"在谈判中，先开口的人通常是吃亏的一方。"他说。

要点备忘

- 1. 如果你先报价，你必会处于劣势。
- 2. 对方先报价后，不要放弃努力，设法改变他们最初的谈判立场，比如可以说"如果开个友情价，我们或许可以考虑一下"，或者"我们已经回绝了一个1万美元的报价"。

第 **27** 节
装傻是聪明

对优势谈判者来说，精明就是傻，傻就是精明。在谈判的时候，你最好装作比别人知道得少，而不是多。你表现得越无知，你就越有利，除非你表现出的智商下降到很容易被人戳穿的地步。

这是有充分理由的。除了少数罕见的例外，人类倾向于帮助他们认为不太聪明或不了解情况的人，而不是利用他们。当然，这世上总有一些冷酷无情的人会乘人之危，欺负弱者，但大多数人都想与他们认为更聪明的人比个高低，并帮助他们认为反应迟钝、脑子不太好使的人。装傻的原因是这样做会消解对方的好胜心。你怎么能和要求你帮助他们谈判的人打架？你怎么忍心挖苦一个说"我不知道，你怎么看"的人呢？大多数人在遇到这种情况时，都会同情并尽力帮助对方。

你还记得电视剧《神探可伦坡》吗？彼得·福克扮演的那位侦探，身穿一件旧风衣，嘴里叼着雪茄烟蒂，神情恍惚地四处走动。他时常会露出一副若有所失的表情，仿佛把什么东西放错了地方，但他连是什么东西都想不起来，更不要说把它放在哪里了。事实上，他的成功直接归于他的精明之处——装傻。他装傻充愣得太逼真了，那孤独无助的可怜样，不要说会彻底解除人们的戒心，就连杀人犯都恨不得让他赶紧破案。假如一个谈判者自视甚高，非要把自己打造成老谋深算的谈判高手，他们实际是在作茧自缚，所有不利于他们展开谈判的负面因素会接踵而至。他们会给人造成如下印象。

- 快速决策的人，不喜欢花时间把事情想清楚。

- 自作主张的人，遇事不与任何人商议，说干就干。

- 独断专行的人，表态前不咨询专家意见。

- 自高自大的人，不会屈尊恳请对方让步。

- 我行我素的人，不服上司管教。

- 不在意谈判进程的人，不记笔记，因而也就不会时常参照以前的记录，看看此前谈到了哪些问题、怎么谈的。

与之相反，深知装傻重要性的优势谈判者则保有如下选项。

- 要求对方容许自己花时间考虑一下，这样在接受提议前能彻底想透其中的危险，或者找到提出额外要求的机会。

- 要求先同委员会或董事会商议之后再做决定。

- 要求宽限，以便让法律或技术专家审查提案。

- 恳请对方作出额外让步。

- 利用"好人/坏人法"向对方施压，同时又不会导致对抗。

- 假装翻阅谈判笔记，争取更多思考时间。

　　我在谈判中想装傻的话，就问对方那个词是什么意思。比如，要是对方对我说："罗杰，我无法相信你居然提这个，你也太狂妄自大啦。"我回应道："狂妄自大……狂妄自大……嗯。哎，我以前就听人这么说，可我不太确定为什么这样就是狂妄自大。你能给我解释一下吗？"或者我可能说："你不介意的话，能否再过一遍那些数字？我知道你已经做过几次了，但是不知怎么回事，我还是弄不明白。好不好？"这让他们心想："这个笨蛋这次是逃不出我的手心啦。"于是，我就用这种方式打消了对方的好胜心，不然的话想要达成我期待的妥协还真要费一番周折。现在对方不仅不再把我视为强敌，还开始想办法帮我。

　　注意不要在你自己的专业领域里装傻。如果你是心脏外科医生，不要说："我不清楚你是需要三重搭桥还是双搭桥。"如果你是建筑师，不要说："我不知道这栋楼能不能屹立不倒。"双赢的谈判取决于双方各自是否愿意同情对方的立场。如果双方继续相互对立，就不会有双赢。谈判者知道装傻会消解对立情绪，可以开启双赢解决方案的大门。

要点备忘

- 1. 装傻可以消解对方的对立情绪。
- 2. 装傻鼓励他们帮助你。
- 3. 询问单词的定义。
- 4. 要求他们再解释一遍。
- 5. 别在你的专业领域装傻。

第 **28** 节
别让对方起草合同

在谈判中，比较典型的做法是你们先口头协商细节，然后把它们写下来，供双方审查。我还没有遇到过口头谈判能涵盖所有细节的情况。我们总会以书面形式把口头谈判漏掉的一些内容详细列出来。

然后，当我们坐下来准备签署书面协议时，我们必须让另一方接受或商定这些要点——这时起草协议的一方比起另一方就拥有了巨大的优势。通常情况下，负责起草协议的人往往会搜罗几条口头谈判并未提到的事项并写入文本。然后，这一方会针对这些内容进行有利于己方的澄清，迫使另一方在签字前力争修改协议。

切记不要让对方充当协议主笔，因为这会让你处于劣势。这条原则不仅适用于简短的报价单，也同样适用于长达数百页的协议。例如，一个房地产中介可能提供报价给一栋四单元公寓楼的卖家。卖方接受相关报价的一般条款，但希望加价 5000 美元。此时，卖方代理人或买方代理人都可以从公文包中取出文件，写上增加 5000 美元的条款，让卖主签字，再由买方代理人转交给买主核实认可。增加的内容只有一句话："接受报价方案，但价格调整为 59.8 万美元。"这就足够了。

然而，如果写下还价的是卖方代理人，他可能会趁机加入一些对卖家有利的内容。他可能会写道："接受报价，只是价格调整为 59.8 万美元。额外 5000 美元将在接受时存入托管账户。见还价则接受，且在 24 小时内。"

如果买方代理主笔，他可能会这样写："接受报价，只是价格调整为 59.8 万美元。额外 5000 美元将由经纪公司在签字的时候以支票形式支付。"

这些附加内容可能无关宏旨，急于完成交易的买卖双方恐怕都不会质疑；然而，那些内容的确在实质上有利于这个简短还价的主笔方。如果仅仅写一段还价的人都能影响这么大，想想这个人在一份长合同上会有多大影响。

请记住，这可不是利用对方的问题。双方可能真的认为他们在某一点上达成了一致，而当双方以书面形式表达出来后，他们的解读有可能大相径庭。

假如你是一份合同的主笔，你最好在整个谈判过程中都做详细记录，标出将要体现在最终合同中的各个要点。这样做的好处如下。

- 它提醒你要把所有想要的内容写进合同文本中。
- 当你起草合同时，除非你能准确记起对方赞同某项内容，否则你或许不太愿意把它加入文本中。

你的笔记会给你信心，乐意在合同中加入那段内容，即使你的记忆不太清晰。

如果你一直在进行团队谈判，在你把合同提交给对方之前，一定要让你团队的其他成员审查一下。你可能遗漏了本该包含在内的一个要点，或者你误解了某个要点。谈判中有个很常见的现象，首席谈判代表被自己的热情冲昏了头脑，误以为对方同意了一些条款，但在中立的旁观者看来，事实并非如此。

我不太赞同让律师出面替你进行谈判，因为这类人很少擅长谈判。他们在谈判中往往倾向于对抗，因为他们习惯了迫使对方屈服的做法；他们也很少接受创造性的解决方案，因为他们的首要义务是让你远离麻烦，而不是让你赚钱。

然而，在我们这个官司满天飞的社会里，达成一份在法庭上站不住脚的协议没有多大意义，因此在你签字之前，最好先拿给你的律师看看，让专业人士把一下关还是很有必要的。在一份复杂的协议中，你所准备的让对方签字的文本可能只不过是一份意向书。可以稍后让律师予以完善，使其成为具有法律效力的文件。你最好把精力放在达成协议上。

如果你准备好了一份协议，可你觉得对方可能不愿意签署，你可以在协议中加入"有待律师许可"的表述，这种明智的做法会有助于他们签署协议。

一旦口头谈判结束，尽快签署一份议定书。你准备文本的时间越长，他们就越有可能忘记曾经同意的内容，在看到你准备的文本后还会对其中一些内容提出质疑。

此外，确保他们准确理解了协议内容。假如你知道对方并不清楚签完会有什么后果，不要执意让他们签署。如果他们的理解不准确，结果出了差错，他们终究会怪罪你。他们肯定不愿意自己担责。

还要注意法律上的技术性细节。写合同的一方负责提供一份没有歧义的合同文本。如果你们有一天因合同冲突而诉诸法庭，而引发冲突的根由是合同中的表述含混不清，法官将做出不利于合同文本提供方的裁决。

我发现在开始谈判之前先起草一份我想要的协议是有帮助的。我不会向对方出示这个文本，但我发现将它与我们最终达成的协议进行比较很有帮助，这样就可以清楚地看出我做得好不好。有时候，对方作出了你意想不到的让步，你会兴奋不已。随后你开始忘乎所以，感觉自己会做成一笔大买卖，便满口应承。这可能是一笔好交易，但前提条件是你事先确立了要实现的目标，否则的话，这可能不是你真正希望得到的交易。

要点备忘

- 1. 起草合同的一方会享有很大的优势。
- 2. 当你以书面形式表述口头协议时，你会想到各种在口头商议期间没有想到的事项。
- 3. 详细记录谈判内容，这样可以保证你在形成书面文件时记录了所有事项。
- 4. 让你所在谈判团队的其他成员检查你的笔记，确保你没有任何遗漏。
- 5. 在开始谈判前先准备好一份利于自己的书面协议文本，这样你就可以把你的目标和最终协议加以比较。

第29节
每次都要读合同

在这个电脑生成合同的时代，一个可悲的事实是，每次一份合同出现在你的办公桌上，你都必须仔细阅读。从前，当人们还在用打字机打出合同的时候，双方都要仔细检查并写下任何修改的内容，然后每个谈判者都要在修改处草签。你可以浏览一下合同，并快速查看你所做的或你同意的任何变更。如今，有了电脑生成的合同，我们更有可能接着在电脑上修改，然后打印出一份新版合同文本。

这里就暗藏着危险。你可能并不同意合同中的一个条款，对方同意进行变更，并表示他们将发一份更正过的合同供你签署。当它出现在你的办公桌上时，你正忙得不可开交，于是你大致浏览了一遍，确认他们按你所要求的做了更改，然后翻到最后一页并签了字。不幸的是，因为你没有花时间通读整本合同，你没有发现他们也改变了别的内容。也许他们改得很过分，比如公然把"出厂价"改成了"工地交货价"。或者有可能只是措辞上的一个小变化，直到几年后某件事出了差错，而你需要根据合同约定来执行，你这才发现这个问题。到那时，你可能都记不清你认可了什么内容，只能假设，因为你签了字，所以你一定同意了。

我本来以为这种现象并不常见，另一方怎么会以偷偷更改合同的方式伤害你呢？后来我问参加我研讨会的那些人是否遇到过这种情况。结果令我大吃一惊，居然有 20% 的人说他们曾遭遇到这种不道德行为的伤害。

有些合同长达数十页，为了节省时间和精力，你可以参照如下做法。

- 把两份合同文本拿起来对着光看，查找不一致的地方。
- 把新版本扫描进你的电脑，然后再用文字处理软件比较新旧版本的异同。
- 利用文字处理程序，如微软文字处理软件跟踪所有改动。你可以打印出最终版本，但你能随时查看此前做过的所有改动。如果你们的谈判拖得时间比较长，而合同文本也通过磁盘或电子邮件发来发去了很多遍，那么做到这一点就显得尤为重要。

是的，我同意你的观点：你起诉对方涉嫌欺诈，这毫无问题——但你为什么非得惹这个麻烦呢？在这个电脑生成合同的时代，在签字之前，你应该从头到尾把合同读一遍。

第**30**节
大钱变小钱

在现实生活中，人们会用各种方式描述一件东西的价格。如果你去波音飞机公司，问他们一架波音747从东海岸飞到西海岸要花多少钱，他们不会告诉你5.2万美元，而是会说每乘客每英里11美分。销售人员把这种报价方式称之为"将价格细分至最小单位"。我们大家恐怕都听到过房产中介对我们说："你难道没有意识到，这其实相当于每天支付35美分吗？你总不会让一天只花费35美分的小小代价阻止你住进梦中家园吧？"你可能都没想过，按照房地产抵押贷款30年计算的话，每天35美分累计下来将超过7000美元。优势谈判者为了防止自己误入歧途，总是要从总金额是多少出发来思考。

当供应商告诉你某件商品的价格上涨了5美分时，乍一看这没多少钱，不值得花太多时间去考虑——但等你算清楚一年下来你总共买了多少这种商品时，才发现那可是一大笔钱。于是你认识到，这笔巨款完全值得你抽时间进行一次优势谈判。

将床上用品的价格分解

我曾经约会过一位极有品位的女人。她带我去纽波特比奇的一家亚麻制品商店，准备买一套床上用品。她选中的床单确实非常漂亮，但当我发现它们标价1400美元时，我很惊讶，并告诉售货员，这价格太离谱了。

她平静地看着我说："先生，我想你没弄明白。这种精美的床单至少可以用5年，所以算下来一年也就需要花费280美元。"随后她又掏出了一个袖珍计算器，开始疯狂地输入数字。

"那相当于每周 5.38 美元。你掏这点钱就能用上大概是世界上最好的床单，再划算不过了。"

我说："太可笑了。"

她一本正经地接着说："我还没说完。有了这样一套精美的床单，你显然不可能只是一个人睡，也就是说，平摊下来每人每天只需 38 美分。"现在，这真的是把价格分解到极致了。

将大钱化为小钱的其他例子：

- 以百分比而非实际金额表示需要支付的利息。
- 强调购买一件物品的月付金额，而不是它的全价。
- 只说每块砖或每块瓦的成本，而不是总成本。
- 只说每人每小时的工资增长额，不提公司全年成本增长多少。
- 按月计保险费，而不是按全年计算总支出。
- 以月供金额表示地价。

做生意的都知道，如果不需要让你从钱包里掏出真的钱消费，你很可能会花得更多。这就是为什么全世界的赌场都让你把真金白银兑换成筹码。这就是为什么餐馆很乐意让你使用信用卡，尽管他们必须向信用卡公司支付一定比例的费用。当我在一家连锁百货店工作时，我们不断敦促店员设法让客户办理我们的信用卡，因为我们知道，比起用现金的客户，信用卡客户会花更多的钱，购买档次更高的商品。我们推广信用卡的动机并不完全是财务上的。我们还知道，因为信用卡客户会购买质量更好的商品。好东西让他们心情更舒畅，他们也会对自己的购买行为更满意。

当你在谈判的时候，把投资的金额分解，因为这样听起来确实是少了许多，但是当有人给你报价的时候，要学会用实际支出的金额来权衡。不要让人用"大钱变小钱法"骗了你。

第**31**节
白纸黑字令人信服

印刷体单词对人有很大的影响力。大多数人都相信他们看到的白纸黑字的内容，而他们在听人说起同样的内容时却并不当真。电视真人秀《偷拍》剧组多年前就做过一个节目来证明这一点，你可能还记得在电视上看过这个节目。他们在特拉华州一个高尔夫球场旁边的路上竖起一块牌子，上面写着"特拉华关闭了"。节目主持人艾伦·丰特穿着租来的骑警制服站在指示牌旁边。按照节目设计，当有人询问时，他不能说话，只能示意人们看指示牌。接下来发生的事情让我倍感惊讶。开车过来的人们都紧急刹车，焦急地问："它要关闭多久？我老婆孩子都在里面。"还有人问："新泽西还开放吗？"

人们相信白纸黑字的东西。这就是为什么我非常喜欢用演示活页夹。你和某人坐下来，你打开演示活页夹，上面写着："我们公司是世界上最伟大的小部件制造商。"然后你翻开另一页，上面写着："我们的工人是这个行业中最杰出的工匠。"你继续往下翻，能看到向对方展示的以往客户的溢美之词。对方会觉得这些都是可信的，即使他们知道这些资料不过是刚从文印店拿出来的。

酒店就是这样让客人们按时结账退房的。假日酒店一度因客人不在中午按时退房很伤脑筋，后来他们学会了利用印刷文字对人们的影响力，把打印的提示贴在客房门上。如今，大约97%的客人能准时退房，而且不会有任何问题，因为他们完全认可书面提示。

有机会就写下来。例如，你有一些销售人员帮你推销产品，有一天你想调整产品价格，你必须以书面形式通知他们。因为手里有没有书面通知的区别是很大的。比如你的推销员们告诉潜在客户"我们下个月月初就要涨价，你应该现在就定下来"，或者对他们说"你看看，这是老板刚发给我的通知，上面说了我们将从 7 月 1 日开始涨价"，这两种说法肯定会产生不同效果。只要有可能，总是以书面形式展示给人们。如果你通过电话谈判，也可以发传真或电子邮件，以书面形式重申你口头表述过的信息。

　　如果你卖的是高价商品，但没有专有软件来生成报价书，我建议你暂缓其他工作，赶紧订购一套这种软件。相信我，你签下的第一笔大单就能收回买软件的成本。很多年前，我正在澳大利亚巡回演讲，不幸的是我在加州的家中二楼着火了。回家后，我找来 3 家装修公司，让他们就我家房子的维修投标。他们中的两家公司的代表手写了投标文件。他们都出价 2.4 万美元左右。另一家公司递交了电脑生成的一份内容详尽、全面的标书。他们列出了每个具体的小项目，但出价是 4.9 万美元，是另外两家给出的费用的两倍多。我接受了出价最高的这家，因为打印的文本有一种魔力，它使得我对手写的出价缺乏信心。

　　这里的重点是什么？重点就是，由于人们不会质疑他们看到的书面内容，你应该总是以书面的形式体现你的提议。如果谈判目标包含期望对方满足你的一些要求，那么书面确认这些要求也是有帮助的。

第**32**节
专注于问题

优势谈判者知道，他们应该始终把注意力集中在问题上，不应因其他谈判者的一些举动而分心。你有没有在电视上看过网球比赛，看过像塞雷娜·威廉姆斯这样情绪躁动的明星冲着司线员尖叫？你看到这种景象会想不通："怎么会有人能受得了和那种人打网球呢？这个运动要求人的精神高度集中，这好像不公平。"

答案是，优秀的网球运动员明白，只有一件事会影响网球比赛的结果。那就是打出的球过网还是不过网。对方球员在做什么根本不影响比赛结果，只要你知道球是怎么运动的。就这样，网球运动员学会将注意力集中在球的运动方向上，而不是对方球员身上。

当你在谈判时，那个球就是对方的让步。那是唯一影响谈判结果的东西，但是你很容易被对方的其他举动所干扰，从而注意力转向了别处，对吧？

在一宗大买卖中迷失方向

我记得有一次，我想在加州锡格纳尔希尔买一个大型房地产项目，包括 18 栋住宅楼。当时拥有该项目完整产权（无欠款且无抵押）的众多不动产投资者要价 180 万美元，我心里清楚，除非成交价比这低很多，否则我不会出手。最初是一个房地产经纪人告知我这个机会的，所以我觉得应该先由他代我向卖方报价，这样的话，如果他不能说服投资者们接受我开出的 120 万美元，我还有权去找卖方直接谈判。

这位经纪人听到我说出 120 万美元的目标价后，觉得这个报价太离谱，比卖方要价低了整整 60 万美元，因此根本不想转告卖方。最终，他禁不住我苦苦相劝，同意提一下试试，于是去找卖家谈。但他的做法有问题，犯了一个战术错误。他不应该去找他们，应该让他们来找他。当你在自己的大本营谈判时，你总会比在他人领地上谈判时享有更多的控制权。

数小时后他回来找我，我就问他："结果如何？"

"糟糕，实在是糟糕。我真丢人。"他告诉我，"我走进一个巨大的会议室，所有的委托人都在场听取报价方案。他们还带来了律师、注册会计师，以及他们的房产经纪人。我本来打算一言不发，等对方先开头。问题是，根本就没有机会。我说出 120 万美元的报价后，他们紧接着就说：'稍等。你一上来就砍掉 60 万？这简直是侮辱我们。'话一说完，他们就全都站起身，怒气冲冲地出了会议室。"

我说："还发生了别的事吗？"

他说："噢，有几位委托人出了门后站在门廊里，然后说：'比 150 万少一分钱我们都不会答应。'这太糟糕了。你可别再叫我去跟他们报这么低的价啦。"

我说："稍等。你是说，你只用了 5 分钟就让他们把价格下调了 30 万美元，而你竟然认为没谈好，心情变得很差？"

你看，人们是多么容易被他人的一些动作分心，从而不再专注于谈判中的实质性问题。很难想象一位全职的专业谈判人员，比如国际事务谈判人员，只是自认为对方的做法有失公平就拂袖而去，中断谈判。他可以退出谈判，但那只是一种谈判手法，并不是因为他不高兴。

美国前国务卿沃伦·克里斯托弗说过："你在谈判时表达不满很正常，只要一切在你掌控之中，并且你这样做的目的只是把它当作一种谈判手法。"当你心烦意乱、失去控制时，你总是会输。

这就是为什么销售人员会有这样的遭遇，丢掉了一个老客户后，他们去找销售经理汇报情况，说："嗯，我们丢掉了这个客户。不要浪费任何时间试图挽留啦。我已做到了仁至义尽。如果真的还有救的话，我早就会救啦。"

销售经理说："好吧，作为一种公关姿态，我还是给对方打个电话吧。"销售经理之所以表现如此淡定，未必是因为他比销售人员更精明或更会做人，而是因为他没有像销售人员那样在与客户交往很久后，有了一些感情上的投入。别分心，要学会专注于问题。

第**33**节
总是祝贺对方

在谈判结束时，无论你认为对方在谈判中表现得多么糟糕，你都应该向对方表示祝贺，你可以说："哇——你在和我谈判时表现得太出色了。我意识到我没有得到我本可以拿到的好价格，但坦率地说，这是值得的，因为我学到了很多关于谈判的知识。你真棒。"你要让对方觉得他是这场谈判的赢家。

在我早先出版了一本关于谈判的书后，一家报纸刊登了一篇书评，对我所说的永远应该祝贺的说法表示反对，说你明明认为对方没赢还祝贺对方显然有操纵他人之嫌。我不同意这种说法。我认为这是彬彬有礼的表现。

当英国派出一支海军特遣舰队渡过大西洋，从阿根廷人手中夺回福克兰群岛时，那简直是势如破竹的一场大战。仅仅在数天之内，阿根廷海军失去了大部分舰艇，英国人取得了绝对的胜利。在阿根廷驻军指挥官投降后的第二天晚上，英国的海军上将邀请他上舰与他的军官们共进晚餐，并向他在战斗中的出色表现表示祝贺。

优势谈判者总是想要对方认为他们自己是谈判的赢家。想做到这一点，你必须从谈判一开始，就提出比你预期能得到的多得多的要求。在接下来的整个谈判期间，你还要持续运用所有旨在让对方感觉正在获胜的手段，不断强化他们的这种想法。最后，当谈判结束时，我们向对方表示祝贺，以此巩固对方的这种感觉。

第 **2** 部分

妙解谈判难点

这一部分内容将告诉你在谈判遇到困难时该怎么做。第一部分中，你学习了如下技巧：

- 应对僵局 —— 先搁置主要争论点，并从小问题入手创造前进契机。
- 应对困境 —— 改变谈判的动态。
- 应对死胡同 —— 引入一名调解员或仲裁员。

在后文中，你将学到调解和仲裁的区别以及如何建立和进行调解或仲裁。最后，你将学习解决冲突的艺术。那些人质谈判专家是如何解决那些性命攸关的冲突的？

第 **34** 节
调解的艺术

只有一种方法可以破解死胡同的局面，那就是引入第三方充当调解员或仲裁员。死胡同的局面出现时，双方都对谈判毫无进展的状况感到沮丧，以至于几乎丧失了继续谈下去的信心。20 世纪 90 年代后期的美国联合包裹（UPS）公司罢工就进入了那个阶段。双方都不想安排另一次会谈，因为他们觉得无论再谈多少次都是白费工夫。劳工部长亚历克西斯·赫尔曼成了这场争端的调解员，设法让他们达成妥协并解决了他们的分歧。

调解和仲裁之间存在重大区别，千万不要混淆两者，这很重要。调解员无权判定或裁定谁对谁错。他们的作用就是尽其所能，推动双方积极寻求解决方案。仲裁是指双方事先同意遵守仲裁员按照公平原则做出的裁定。相关各方均赋予仲裁员做出判断和强加于各方解决方案的权力。我这里说的是有约束力的仲裁。

在调解中，双方都希望达成一项各自能接受的协议。协议并不总是能达成的，因为它必须征得双方的同意。在仲裁时，双方都想赢。他们希望仲裁员能认识到自己这一方是对的，而另一方是错的。他们将尽可能强力陈述自己的理由，希望仲裁员给出有利于己方的裁决。双方最终一定会达成解决纠纷的协议，因为仲裁员有权强制相关各方接受裁决。

同一纠纷既可以调解，也可以仲裁。例如，当通用汽车公司的员工于 1997 年举行罢工时，他们和公司达成了一份协议。然而，他们只是对双方冲突的一部分进行了仲裁，即这次罢工是否合法。

调解的重要性

调解的做法越来越受欢迎。用打官司的方式解决争端变得越来越低效。双方同意采用调解的方式解决冲突，小事也就不必再去法院了。与诉讼相比，调解具有许多优越性。其一是成本较低，而诉讼费用通常很高。除非你能让律师采用风险代理模式接你的案子，也就是说，如果你输了，律师一分钱也得不到，但是如果他帮你打赢了，你得到的赔偿金会分出一大部分给他，否则的话，你就得做好在出庭前就花掉数千美元的思想准备。你的律师会为大量审前证据给你开出账单，这部分工作包括从所有涉案人员那里取证，哪怕其中一些人只是沾点边，此外，还需要大量其他的准备工作。

除花费较少以外，调解更快。民事诉讼可能需要几个月甚至有可能几年才会开庭审理，在此之前，法官会坚持让你先尝试通过调解达成和解。双方同意调解之后，也许仅过几个小时调解程序即可启动。调解员不需要太多时间准备，因为准备时间一长就有可能损害其中立性。调解员的准备工作仅限于了解双方的立场。民事诉讼很难在法庭上审理。由于费用高、拖延时间长，以及法官不愿意安排审理那些能通过调解或仲裁解决的纠纷，很少有民事纠纷能进入庭审阶段。

经调解达成的和解不得上诉。你可以在诉讼中赢得和解，却发现判决延期，甚至在上诉时被撤销。被告可以申请破产以逃避支付赔偿金。在调解中，双方都同意和解，更有可能遵守和解协议。它促进了双方的工作关系。如果双方事先同意调解争端，他们可以放心去做，相信双方永远不会卷入一场撕破脸的诉讼。

调解员比法官更了解问题所在。选择争端领域的专家作为调解员是常见的做法。一位不动产专家会调解与建筑相关的争议。就业专家会调解劳资纠纷。作为专家的调解员比法官更了解问题的核心。调解对当事人关系的损害较小。只有在双方同意解决的情况下，你才能通过调解达成和解协议。但仲裁或民事诉讼有所不同。调解的当事人可以维持他们的正常关系，不会因此记仇。所有相关细节都是保密的。调解员明白，他们或许永远不会透露调解的细节，甚至几年后也不会。调解员做的笔记全部销毁，只保留最终协议。诉讼资料则成为公共记录的一部分，会被人查阅。对于那些不想让别人知道他们犯了错误，或者不想透露他们提出了和解要求的人和公司来说，保密可能是一个很大的优势。

调解为什么能起作用

千万不要不愿意用调解来解决争端。不要想"我不想把我的老板牵扯进来，因为那样等于承认我能力不够强，连这件事都谈不好"。记住，你之所以会寻求调解，不是因为调解员比你更适合谈判。要知道，很多情况下，引入调解员的原因有很多，有时候可能只是调解更有利于双方解决纠纷。

调解员可以与双方分别商谈，建议他们采取更合理的立场（仲裁员甚至可以强制要求双方在24小时内提交最终解决方案，他将从两个提议中选择更合理的。这让每一方都感受到了压力，都想提出更合理的方案，因为他们担心对方的方案因为更有吸引力而被选中。实际上，整个过程变成了一场有关方案的封闭式拍卖）。

调解员能更认真地倾听每一方，因为他不偏向任何一方，立场持中，也就不会戴着有色眼镜看问题。正因为他在这事上没有私心杂念，他很可能听得进去对手听不进去的东西。他能有更大的说服力，因为双方都认为他不会另有所图。正如我在《说服力的秘密》（*Secrets of Power Persuasion*）一书中所指出的那样，如果听者认为你有利益牵涉其中，你会失去很多说服力。例如，买方如果知道销售人员不会收取佣金，他会更容易相信销售人员所说的话。

当进行直接谈判时，你倾向于假设，如果对方试探性地透露一个想法，那恐怕预示着他们已经做好了接受这种建议的思想准备。调解员可以分别找到其中一方，提出解决方案，而不必暗示另一方愿意接受。调解员通常可以让双方回到谈判桌前，而不必事先承诺让步。他们通常是该领域的专家，能够给双方带来新的视角，并在解决类似的争端方面有经验。除了这种经验提供的技能，调解员还能够帮助大家开阔眼界，让双方认识到怎样做才更公平合理。

调解员被视为中立很重要

我在前文中提到，调解员或仲裁员必须被双方视为中立的第三方。只有这样，他的工作才有效。因此，调解员会竭尽全力维护其立场中立的形象。一个专业的调解员如果与一方做过生意，和另一方没有，该调解员会拒绝接受涉及这两方的调解工作。他也不会接受一方是熟人而另一方是陌生人的调解。问题不在于私人友情或业务关系，而在于人们对他是否中立的感知。如果他与双方都保持着良好关系，或者与双方都做过类似的生意，他仍然可以发挥调解的作用。

有时候，调解员纯粹出于好心参与了调解工作，但后来他发现自己与其中一个人是老相识。他应该随后向双方解释清楚这个情况，并提出退出调解。如果当事人并不反对他继续调解，他可以继续，但这件事必须说清楚。一组心理学家曾经做过一项研究，以确定中立调解员对调解程序的影响。他们调查的项目之一，就是如果调解员不被认为是中立的，该怎么办。倘若你花些时间想想，就能知道答案其实就是很简单的常识。调解员可以通过立刻向另一方作出让步来改变自己偏袒一方的形象。下面的故事可以用来说明这在实践中是如何工作的。

我曾经参加过一个公司并购的谈判。我们有两个律师团队在努力，试图解决双方的分歧。谈了数周之后，我们似乎陷入了相持不下的境地。有一名律师非常精明，他说了一句话就破解了这种局面："很显然，这件事要花较长时间，这超出了我的想象。今天下午我必须出庭，不过大家放心，我的合伙人乔将在午饭后过来接替我。"

那天下午，当前一位律师出庭时，乔进来接替了他的位置。他对双方所谈的情况一无所知。于是，每一方都得设法向他解释各自在谈判中的立场。而乔则煞费苦心地把自己定位为中立者。他的做法也很简单，只是当场问自己人："我们这样做对他们公平吗？也许我们可以让出一点。"这使得另一方心想："嗯，他似乎比上一个人更通情达理。也许我们可以克服眼前的困难，接着往下谈。"乔把自己定位为中立者，在谈判中找到了双方的共同点，使我们摆脱了相持不下的局面。每当你在谈判中遇到类似困境时，尝试引入一个被其他各方认为相当中立的第三方。

打造中立形象可能需要多年努力

在 20 世纪 70 年代末，卡特总统在戴维营居中斡旋，成功缓解了以色列和埃及之间剑拔弩张的关系，关键就在于双方都认为他的立场是中立的。美国花了多年时间才在埃及人心目中树立起中立的形象。以前，埃及领导人一直视我们为敌人，视苏联为朋友。亨利·基辛格看到了一个改变现状的绝佳契机，他毫不犹豫地抓住了它。有一天，他正好在安瓦尔·萨达特的办公室，听到萨达特正试图让苏联人帮助疏浚苏伊士运河。当时这条运河因战争期间的沉船而关闭。他需要开通运河，以便从过往船只那里收取通行费，这可以说是埃及经济的命脉。他需要尽快让运河恢复通航。

苏联人很可能愿意做这项工作，但他们的官僚体系太庞大，工作效率极低。基辛格说："你想让我们帮你吗？"萨达特说："你要怎么做？"基辛格抄起萨达特办公室的电话，直接与白宫的尼克松总统通了电话。过了没几天，第 6 舰队就已开赴苏伊士运河。基辛格和尼克松很早就开始努力营造美国中立的形象，这种定位赢得了以色列人和埃及人的信任，认为美国能够做到公平合理。正是有了这种信任，卡特总统才能在戴维营成功担任双方的调解员。

今天，巴勒斯坦人和以色列人之间的冲突仍在继续，我看不到美国能有效调解各方争端的机会，因为中东的其余国家不认为我们是中立的。我们被视为以色列的朋友。在一个阿拉伯国家（如沙特阿拉伯或阿联酋）出面斡旋之前，我看不出有多少解决问题的机会。

调解的过程

我的心理治疗师朋友尼尔·伯曼曾告诉我，要让心理治疗发挥作用，心理治疗师必须让患者相信，他知道自己在做什么。他正在对患者使用一个有效的办法，患者没必要了解这个过程，只需要相信有这样一个过程。当你真正开始做的时候，甚至都未必一定要有这么一个过程。唯一重要的是，病人相信有。同理，调解的参与者必须相信调解员掌握着特殊技能并且有一套行之有效的系统可以应用，它所起到的作用对参与谈判的双方都有利。调解员必须证明他们——

- 是中立的。
- 了解双方谈判的中心议题是什么，可能涉及建筑施工、零售、婚姻纠纷，或者产生冲突的任何其他领域。
- 拥有成功调解类似问题的经验。
- 将运用一种被证明会成功的流程。

与双方的初步接触

调解员通过召开电话会议来实现这一点。虽然调解员可以在联席会议前与各方联系，但这种做法没有任何好处。如果一方认为调解员在调解开始前与另一方过从甚密，这可能会破坏调解员立场中立的形象。在电话会议中，调解员将重申调解意味着双方具有妥协的意愿。他告诉他们，如果任何一方始终坚持初始立场，绝不退让，一心要证明错在对方，那么整个调解就不会成功。他强调双方需要具备一定的灵活性，以防止以后出现死胡同的局面。这对该过程的成功至关重要。

随后，调解员向每一方解释这个过程（例如他们什么时候见面、如何沟通）。他再次强调，这个过程是经过验证的，如果遵循这个过程，成功的可能性很大。接下来，调解员需要断绝每一方诉诸"更高权威"的后路。他应该明确要求在场参加调解的人员拥有达成协议的权力。他在这方面可能不会成功，原因很简单，就以一家大公司为例，它不太可能全权委托一线人员，但调解员还是应该做些努力。他至少可以设法排除虚构的上级机关，并防止调解进程后期突然冒出不愉快的情形。

调解员随后要求双方各发给他一份书面说明，阐明各自的立场，并附上对理解其立场至关重要的任何辅助性文件。他要求双方提交的书面声明要力求简洁明了——四五页即可。同时，双方也应将这个书面说明分别抄送给对方。由于双方都知道调解员与对方收到的信息是一样的，也就没人会在文本上做手脚，试图影响调解员。调解员还要告诫双方不要发送大量辅助性文件。双方的书面说明应包括以下内容。

- 争端的来龙去脉。
- 双方想要解决的问题。
- 争议造成了哪些损害。
- 双方要求的解决方案。

调解员告诉双方，在第一次联席会议期间，他们都将有一次开场发言的机会，陈述各自的立场。接下来，调解员应尽快安排召开第一次联席会议的时间和地点。如果双方急于开始，并对达成协议抱有极大期望，最好尽快行动。调解员通常会安排一整天的时间进行调解，因此会议将于早上开始。会议地点应该安排在调解员的办公室，否则，应该在一个中立的地点举行。调解员将以开场陈述开始，强调以下几点。

- 调解员在争议领域的专业背景和既往调解业绩。
- 调解员并非仲裁员或法官，且双方当事人并没有授予调解员强制达成协议的权力。
- 调解员来此的目的并不是要证明谁对谁错。
- 调解员是在采取调解的方式，讨论各自的立场，并希望能达成双方均感到满意的和解方案。

双方应该向彼此表明立场，而不是诉诸调解员。调解员请求允许做笔记，但向他们保证笔记将被销毁，调解期间所说的一切都将保密，所说的一切都不得在法庭上作为呈堂证供。双方首先做开场陈述。这是调解过程中的一个关键点。双方的冲突可能已经持续数月了，且在此期间，他们很有可能没有互相交流过。现在，他们终于有机会直接向对方陈述自己的立场了。双方能这样做的益处极大。他们都为自己终于有了发言权而感觉心情舒畅了很多。与此同时，完成陈述之后，他们也卸下了心理负担。这使他们具备了良好心态，愿意接受妥协。

如果任何一方提出一个论点，但无法证明，调解员会温和地提醒他们，重点应该放在能够验证的事实上。在此过程中，调解员会设法了解各方为人处事的方式及其品性。如果他们以事实为依据，相互尊重，很有可能无须多费口舌即可达成和解。如果双方只会相互攻击，调解员就会面临非常艰巨的任务。第一次联席会议要完成的工作如下。

- 每个人都明白导致争议的是哪些问题。
- 双方都知道另一方想要什么。
- 调解员强调了关注事实、摆明道理的重要性。
- 调解员要一视同仁，强调他对当前双方的痛苦感同身受。
- 双方均深受鼓舞，感觉调解在进行中，对即将达成协议满怀期望。

初次私下会谈

下一步，调解员与双方分别会面，同时另一方在其他会议室等候。他分别要求每一方按重要性排列他们的问题。他要查明每个问题的有效性，还要探讨假如双方最终上了法庭，他们在这些问题上的立场能否站得住脚。通过质疑双方论点成立的理由，调解员将他们推向更温和的立场，使他们更愿意妥协，以达成协议。

调解员知道双方在争论中都有弱点。也许他们在签字之前没有从头至尾仔细阅读合同；也许他们知道合同中有含糊之处，但选择不指出来；也许他们在此前的陈述中添油加醋。例如，早些时候他们可能说过："我们不知道会发生这种情况。"到了调解的这一阶段，他们愿意修改原先的立场。那句话就变成了"我们当时知道将来可能会发生这种情况"。能够在保密的环境下揭示他们论点的弱点是非常有益的。一旦公开说出来，当事人会感觉更好。

第二轮私下会谈

在第二轮会谈中，调解员将试图让双方各自提出一个解决方案，同时承诺不向另一方透露解决方案的内容。他让他们提建议，而不是自己提建议，因为他知道双方的和解方案可能比想象的容易接受。

接下来，调解员可能会让双方知道他们的分歧有多大，但又不明说究竟存在哪些分歧，然后提议双方允许他公开各自提议的内容。随着双方提议的公开，调解进入一个重要的新阶段，即谈判阶段。我之前教你的所有谈判招数都可以在这一阶段发挥作用。

解决争议

在双方达成协议后，双方应当形成书面和解协议并在上面签字。他们很可能想让他们的律师起草一份最终协议，以便在法庭上站得住脚。调解员不会准备协议文本，即使他自己是律师。调解员出面代表双方的做法不妥，这将使调解员容易受到利益冲突的指控。对你来说，这个调解过程的概述可能看起来十分粗略，但是看看调解员完成了什么。他介入的时候，谈判双方争执不下，甚至互不理睬。从这个看似毫无希望的地点出发，调解员取得了如下成就。

· 让双方开始对话。
· 让他们同意作出妥协。

- 允许他们在一个受控环境中发泄彼此的怒气。

- 引导他们关注问题本身，而不是人品和情感。

- 让他们相信调解员有能力解决问题。

- 让他们相信调解工作有价值而且行之有效。

- 引导他们将注意力集中在共同利益上，而不是相互冲突的立场上。

- 让他们提出了初步和解方案。

- 让他们相信对方一定会履行最终协议。

要点备忘

- 1. 调解和仲裁存在重大区别。

- 2. 调解员并没有很大的权威。他的作用是促进双方解决问题。

- 3. 仲裁员拥有很大权力。就约束性仲裁而言，肯定会有一个赢家和一个输家。

- 4. 调解正快速流行起来，因为它比打官司更快、更省钱。

- 5. 在调解中不存在上诉，因为双方达成了协议。

- 6. 调解员可能比法官更有效，因为他们通常是某个细分领域的专家。

- 7. 与公开庭审不同，在调解中提交的证据要保密。

- 8. 除非双方当事人均认为调解员是中立的，否则他将一事无成。

第35节
仲裁的艺术

在前一节中，我解释了调解过程是如何工作的。仲裁在某些方面与调解类似，但也存在截然不同的特征。相似之处在于，它们都比诉讼快得多，成本也低得多。最大的区别是，进入仲裁程序之后，一定会分出个输赢。诉诸仲裁的双方，不会指望仲裁员建议他们各让一步，并达成和解协议。仲裁员可能会让一方或双方修改他们的立场，但最终他必须选择与其中一方站在一起。接下来我会详细讲解一下仲裁的过程，帮助你认识到它与调解和诉讼有什么不同。简单地说，它比调解简单，比诉讼复杂。

组织仲裁庭

每一方都试图选择一位双方都信任和尊重的仲裁员。我建议你们选择美国仲裁协会的成员，以确保他遵守最高的道德标准。该协会有一套严格的规章制度，确保其成员秉公仲裁并做出在法庭上站得住脚的裁决。仲裁员应该在争议领域有经验。

在下列情况下，你或许需要3名仲裁员。

- 任何一方都无法选出得到双方信任和尊重的仲裁员。在这种情况下，双方将各选择一名仲裁员，再由这两位仲裁员挑选第3位仲裁员。
- 这是一场复杂的争端，需要多个专业领域的仲裁员。
- 在有多个仲裁员时，应该有一个奇数，以避免僵持不下。选择3位仲裁员是惯常做法。他们将选出一人担任主席。此人负责管理流程并主持听证会。经其他仲裁员同意，他将有权处理仲裁庭的程序事项，如安排会议和发出传票。

仲裁员的中立性

仲裁员的立场必须保持中立，并被申请人和被申请人，以及其他所有相关人员视为不偏不倚。这在仲裁中比在调解中更为重要，因为仲裁过程更具对抗性。最终，其中一方会不高兴，因为仲裁员的裁决会有利于另一方。假如裁决之后，败诉方声称仲裁员有失公正，偏向另一方，并通过上诉推翻裁决，那么整个仲裁程序就变得毫无意义。

仲裁员必须披露过去与双方的任何交往。他必须透露任何可能暗含偏向的信息。当一方不在场时，他必须避免与另一方接触（禁止单方接触）。为了避免单方接触，任何行政管理上的细节，如关于会议地点和时间的问题等，均应由行政助理处理。

预备会议

申请人，即提出仲裁请求的人，以及被申请人将应召举行预备会议。这次会议有几个目的。它让双方发泄怒气并探讨调解争端的可能性，毕竟仲裁是一个更具敌意的过程。

在双方宣泄完之后，他们可能会发现其实通过调解寻求双赢解决方案是更好的选项，免得最终让自己面临一个基本上赢家通吃的裁决。如果他们在此时寻求调解，仲裁员必须指出，尽管他可以充当他们的调解员，但如果他们不能通过调解达成一致，他将不能再参与此案的仲裁。他将在调解中收集的信息，如双方建议的和解方案，将损害他进行有效仲裁的能力。如果双方现在想自己协商解决问题，仲裁员必须选择回避。

到目前为止，各方均已清楚地知道向相关各方阐明自己的诉求（仲裁员会问被申请人是否打算反诉。这将避免被申请人为拖延时间，在最后一刻提出反诉）。至此，他们可能都已经意识到仲裁要花费多少时间、精力和费用，并且更倾向于接受调解。

双方都同意各自需要多少证据开示。仲裁员不像法官那样有权下达如何进行证据开示的指令，这可能是当事人选择仲裁而非诉讼的原因之一。但愿双方都同意交出所有相关文件。如果他们不同意这样做，预备会议可以有效解决这个问题，各方可以就证据开示的基本规则达成一致，并对其设定时间限制，从而避免今后任何一方以此为借口，拖延仲裁进程。

双方就交换专家报告、证词和回答询问的时间表达成一致，协商并选定听证日期。预备会议有多种目的，其中最重要的一点是当事人可以当场决定进行调解而不是仲裁。

在第一次听证会前交换信息

应鼓励双方各准备一份包含所有相关文件的证据汇编，将其提交给对方和仲裁员。双方还应提交一份他们计划传唤的专家证人名单、一份文件清单以及他们希望仲裁员传唤的证人名单。他们还应该决定是否要将听证会记录下来，这是一个可选程序，费用由当事人承担。

仲裁听证会

听证会类似于你在电视上看到的庭审，只不过没有观众和陪审团。会议室里可能只有 3 个人：仲裁员、申请人和被申请人。他们的律师可以出席，经他们同意，律师还可以替他们申辩。

双方各做一个开场陈述。然后证人被传唤到庭并宣誓。证人被盘问。可传唤反驳证人。双方给出结案陈词。如果一个问题是引导性的、不相关的或没有事实根据的，任意一方可以当场反对。

仲裁员的行为举止

仲裁员将向证人或当事人提出澄清性问题。他可以问任何他认为重要的问题。在被询问者进行回答时，他不能有所反应。例如，他不应该点头，因为这可能意味着偏袒。他会不断确认证据本身是否与仲裁有关，以及说话者是否可信。

仲裁与诉讼之间的重大区别

仲裁和诉讼最显著的区别是，在仲裁时，没有陪审团。仲裁员同时扮演法官和陪审团的角色。仲裁员不能像法官一样，在听取双方辩论时要求陪审团离开法庭。他也不能像法官那样，进行私下商议，不让陪审团听到。

仲裁员通常会听到陪审团不允许听到的信息，仅仅是因为他必须就其相关性做出裁决。仲裁员最好先接受证据，并在以后裁决时考虑其相关性，而不是拒绝接纳证据，之后被一方以此为由上诉而撤销裁决。例如，法庭不会接受传闻，但在仲裁庭是可以接受的。仲裁员只是要决定是否应该在做出终裁时对此加以考虑。

做出裁决

在最终听证后的 30 天内，仲裁员将以书面形式通知双方仲裁结果。在一份简短的文件中，他将说明双方将按其索赔和反索赔获得的赔偿金额，他也可以否决索赔申诉。他可能会引用某个特殊理由而拒绝部分索赔。例如，他可能会发现被申请人欠申请人 20 万美元，也就是一条新帆船的售价。他并不欠申请人为了寻找一条新帆船游遍加勒比而花费的 2 万美元。仲裁员不应该做的是做出部分裁决，希望能由此安抚双方当事人；那种做法本来只是适用于调解。

大多数仲裁是有约束力的仲裁。双方都事先商定将服从仲裁员的裁决。在有约束力的仲裁中，胜诉方可以将仲裁员的裁决提交法院并记录在案，就当它是一项法庭判决。

双方也有可能不同意有约束力的仲裁。除非他们事先商定采取不具约束力的仲裁，否则一旦出现这种情况，接下来就会诉诸法庭。当双方都同意采取不具约束力的仲裁时，他们的意思是："我同意采取这个程序，以获得仲裁员的意见。当他站在我这边反对你的时候，也许你会发现你这个案子的弱点。但如果他站在你那边，我依然保留起诉你的权利。"天啊！我真心希望他们是谈判高手，以便避免那种僵持不下的困境，但这种事仍会发生。

一般来说，无论谁赢了，双方各自承担相关的法律费用，除非他们有约在先，输家将支付双方的费用。仲裁员将忽略一方支付另一方法律费用的请求。他不会给出裁决的理由。陪审团不必为他们的决定给出理由，仲裁员也不必。

裁决之后

如果仲裁员做出了裁决，胜诉方可以将裁决提交给法院，并让法院予以认证。仲裁员并不参与决定赔偿额的工作或如何支付。一旦他做出裁决，他便履行完了职责。他可以在旁观望，希望它不会被推翻。

仲裁员做出裁决后，他将销毁他所做的任何记录。他会在核实自己没有在收到的全部证据上做任何笔记之后，再将所有证据返还给当事人。在他审查过的证据上，不能留下任何可以表明他想法的内容。

在前面的两节中，我们探讨了在去法院上诉之外的两种解决纠纷的途径。如你所见，这两者之间有着巨大的差异。在进行调解时，双方走到一起，希望能够找到双方都能接受的妥协方案。在进行仲裁时，即使有妥协，也微乎其微。仲裁完毕时，总会有一个赢家和一个输家。

在下一节中，我将教你如何处理冲突的局面，这些冲突已经远远超出了调解或仲裁所能应对的范围。你会学到解决冲突的艺术。

要点备忘

- 1. 与调解不同，仲裁有赢家，也有输家。

- 2. 仲裁比诉讼更快、更便宜。

- 3. 每一方都必须认真选择一个他们双方都信任和尊重的仲裁员。

- 4. 如果双方都不能认可仲裁员，则双方各选一名，再由这两位仲裁员共同选择第三位仲裁员。

- 5. 美国仲裁协会的成员坚守最高道德标准。协会颁布了严格的规章制度，用于规范其成员的仲裁行为，确保他们做出经得起法庭挑战的裁决。

- 6. 仲裁员必须是中立的，并且被被申请人、申请人和所有相关的人认定是不偏不倚的。

- 7. 预备会议探讨调解争端的可能性，而不是仲裁，因为后者是一个更具敌意的过程。

- 8. 仲裁员不能像法官那样指示如何进行证据开示，从当事人想要保护隐私的角度看，这是仲裁具备的一大优势。

- 9. 法庭不接受传闻，但在仲裁中可以。仲裁员只是决定在裁决时是否应该考虑这一点。

- 10. 陪审团不需要为他们的决定提供理由，仲裁员也不需要。

- 11. 做出裁决后，仲裁员将销毁所有记录，并将所有证据返还给双方当事人。

第**36**节
解决冲突的艺术

如今这年月，有种现象似乎成了人们司空见惯的事——至少在我居住的洛杉矶是这样。有人拿着枪，劫持了一名人质。特警队奉命赶来，周边设起路障，各新闻社直升机在头顶盘旋，实时传送现场事态的演变，警方谈判专家试图解决冲突。

有时是一次搞砸了的持枪抢劫，有时是满腹怨气的员工或离职员工要与老板讨个公道，有时事件的起因只是鸡毛蒜皮的小事，让人觉得十分荒唐。最近我们听说，有一位家长因为自己孩子上学的事与校方发生争执，他一气之下劫持了一名学校董事会成员。这些人质谈判专家是如何处理这些冲突的？他们身上有哪些经验教训可以帮助我们解决在平时与他人产生的分歧？

在这个国家，人质谈判之所以引起人们的重视，还要从两起万众瞩目的重大事件说起：1971年9月阿提卡州立监狱暴动和一年后慕尼黑奥运会上的人质事件。

阿提卡州立监狱暴动迄今仍是历史上最惨烈的危机处理案例之一。这座监狱位于纽约州布法罗市以东30英里处，在为期4天的囚犯暴动中，囚犯们杀害了1名警卫和3名囚犯。仅仅过了4天，州长纳尔逊·洛克菲勒就下令州警强攻，重新控制了监狱。警察开枪打死了29名囚犯和10名人质。事后警方错上加错，最初宣称囚犯们已经割断了人质的喉咙。随后的尸检揭示了真相：他们是被警察开枪打死的。囚犯或他们的家人对监狱提起了1280起诉讼，第一起诉讼在26年后以诉方获得400万美元的赔偿金结案。

第二年，即在1972年举办的慕尼黑奥运会上，发生了残酷的劫持人质事件，一次灾难性的营救行动导致 11 名以色列运动员、5 名巴勒斯坦恐怖分子和 1 名德国警察丧生。德国警方现在承认，他们当时的安保措施过于松懈，因而酿成大祸。此外，他们还特别担心世人会联想起被希特勒利用的 1936 年的柏林奥运会，因此试图在运动会组织方面保持低调。

正因为如此，巴勒斯坦的支持者们才能轻易进入训练场地，劫持 9 名运动员作为人质，同时还杀害了两名反抗的运动员。接下来，人质谈判专家一错再错。在以色列总理果尔达·梅厄敦促不要向恐怖分子作出任何让步之后，警方没有架设任何电话线，与恐怖分子的交流也很少。警方允许恐怖分子将他们的人质转移到机场，这是今天水平更高的人质谈判专家根本不会允许发生的事。

德国人向恐怖分子承诺，他们可以安全抵达开罗，当然他们实际上并不打算让他们离开。我们现在知道了，这种欺骗手法一旦被揭穿，通常会激怒对方，招致可怕的反应。最后，当恐怖分子试图登上飞机时，警方开了枪。他们混乱的组织和笨拙的举动导致了悲惨的结局。只有 5 名受过训练的狙击手参与了行动，他们没有夜视设备，也缺乏无线电联系。

就像在阿提卡发生的一样，德国警方也试图掩盖他们的错误。当以色列受害者家属起诉德国政府时，他们否认存在任何涉及"弹道、法医或其他"的记录。事件发生 20 年后，一名遇害运动员的妻子出现在德国的电视上，她接到一位匿名的德国人打来的电话，他给了她 80 页偷来的尸检报告和弹道报告。这件事发生后，德国当局被迫公开了一个储存了 3000 多份文件和 900 多张照片的储藏室。

对人质谈判者来说，那是极其可怕的一年。1000 多名人质丧生，其中 760 人是在警察突袭人质所在地时死亡的。显然，现有的拒绝与劫持人质者谈判并试图用武力制伏他们的策略是行不通的。治疗方式比疾病本身还糟糕。

纽约警察局开发了一个项目，以更好地应对紧急情况，如劫持人质和自杀威胁。他们让弗兰克·博尔茨警官牵头推进这个项目，临床心理学家哈维·施洛斯伯格予以协助。该项目成形后，他们在纽约街头加以验证，从此成为全国警察部门遵循的样板。理论上，只要严格依照这套程序办事，谈判专家能到达现场并与劫持人质者建立联系，人质丧生悲剧发生的可能性就变得极小。

佛蒙特大学对劫持儿童人质进行的一项广泛研究发现，98% 的儿童人质在没有遭受身体伤害的情况下获释。此外，被当场击杀的行凶者要少得多，假如当前看来日益上升的"警察协助自杀"案例被排除在外的话，上述数字显得尤为重要。"警察协助自杀"是警方术语，用来形容有些劫持人质者实际上是在自杀，他们就想以这种方式被警察杀死。如今在加利福尼亚，被警察杀死的劫持人质者中，有 25% 被官方归入"警察协助自杀"一类。

在纽约警察局的研究项目中，弗兰克·博尔茨认定了对人质事件的反应有 5 种可能性。

方案 1：很少或根本不尝试谈判便进行强攻

这是在阿提卡和慕尼黑的警察采取的方法，结果是灾难性的。

方案 2：被动等待形势发展，看看会发生什么

如果你确定不会发生悲剧，这是一种可取的做法。正如我在《自信的决策者》一书中所解释的那样，当面决定"我们这样做还是不这样做"时，这应该是你首先要考虑的。如果什么都不做会怎么样？

方案 3：不作任何让步的谈判

这是里根时代流行的口号。我们不会和恐怖分子谈判！对大众来说，这听起来不错，但实际上愚不可及。我们应该与恐怖分子谈判，愿意作出微小让步应该是谈判的一部分。我们要注意的是，坚决不让恐怖分子在他们的重要主张上得逞。对犯罪分子有求必应显然会鼓励其他人效仿。

方案 4：谈判并谎称让步

这种方法通常会得到公众的赞同。一名持枪歹徒曾在亚拉巴马州塔斯卡卢萨的一所学校劫持了一个班的学生作为人质。州长盖伊·亨特拍了一段赦免劫持人质者的录像，并发送给了歹徒。歹徒释放了孩子们，随即遭到逮捕。州长以技术原因为由撤销了赦免，声称：1）你只能赦免一个被定罪的人；2）赦免是在被胁迫下给予的。劫持人质者被判无期徒刑。乍一看，这似乎是一种有效的手段。我们为什么要在乎是否对暴力罪犯撒谎？然而，向劫持人质者撒谎的策略是只重眼前利益而忽略长远利益的典型例子。它将影响所有后续谈判的结果，因为它使得劫持人质者很难再建立对谈判专家的信任。如果说人质谈判专家有一条共识的话，那就是不要在重大问题上对恐怖分子撒谎。

方案 5：谈判并愿意让步

纽约警方所制定的方案大致类似于最后一种。他们最终确定的方案模型要求谈判者一定要冷静，用一种人性化的方式处理问题，要赢得恐怖分子的信任，并通过一些小的让步满足对方的部分要求。

让我们看看在典型的危机场景中这个程序是如何得以应用的，与此同时，我们可以想一想，这在多大程度上能帮助我们应付平常可能出现的危机，例如一个愤怒的客户想要取消订单，需要考虑的危机状况有 3 种：自杀威胁、犯罪嫌疑人受困和劫持人质。每种状况应用的都是相似的规则。

率先赶到现场的警官们必须评估事态的严重性；封锁现场，防止潜在的同谋、媒体和好奇的公众进入；判断现场局势对人质和旁观者构成的威胁程度，并呼叫适当的后援单位。封锁现场是其中一项关键因素，尤其是在人质事件中。几乎在所有情况下，犯罪嫌疑人都必须被剥夺行动自由，让他离开现场通常会导致事态恶化。

隆冬时节，在密歇根州小镇霍顿发生了一起银行抢劫案，一名 24 岁的男子走进一家银行，将一名出纳员扣为人质，并在她身上绑了一枚炸弹。随后，他向一名员工索要了一辆逃跑用的汽车，并在此过程中导致银行经理身负重伤。警察很快拦住了他，但在他们打开车门让他下车时发现他带着炸弹。他威胁要引爆炸弹，警察们只好往后退，但在后退的过程中，他们冷静地打爆了4个轮胎。犯罪嫌疑人开车走了没多远就停住了，瘪了的汽车轮胎使得他开的车陷在了雪地里。

警察包围了小汽车，开始与他谈判。犯罪嫌疑人也是活该倒霉，双方谈得并不顺利。在双方对峙了17个小时之后，一切都结束了。一直举着引爆装置的劫匪实在累得不行，刚一放手，警方狙击手趁机开枪打死了他。被他劫持的人质毫发无伤。打爆轮胎之举好像挺冒险的，但是封锁现场区域，不给劫持人质者行动自由，总是正确的做法。

下一步是引入增援。成立一个谈判小组，他们将与犯罪嫌疑人建立联系，确定他们的要求，并试图在不造成人员伤亡的情况下解决冲突。该小组由多名谈判专家组成，首席谈判专家将全程与犯罪嫌疑人沟通，协谈代表将做笔记并充当主谈的参谋。还有一名成员主要负责情报收集，通过采访任何认识犯罪嫌疑人的人来收集信息。其中特别重要的信息有犯罪嫌疑人的犯罪记录和精神健康记录。

随后，一个特警小组进入现场。希望他们不必出手，但他们在场的作用也很重要，谈判一旦失败，就需要他们用武力制伏犯罪嫌疑人。警方任命一名现场总指挥监督整个行动。现场指挥官非常清楚，如果不能成功控制危机局势，他将成为众矢之的。上至市长，下至报纸编辑，每个人都会怀疑他的判断能力。为了保护自己和部门的声誉，他要一丝不苟地照章办事，坚持遵循既定的程序。明智的指挥官会准备一份必做清单，就像飞行员在执飞前的例行检查清单一样。这可以确保他们在局势最危急的时刻不至于忽略在这种行动中的关键步骤。

谈判过程的第一步是主谈代表与犯罪嫌疑人建立沟通，并切断他与任何其他人的联系，确保犯罪嫌疑人不会分心，只与自己沟通。这样做的好处是犯罪嫌疑人开始依赖主谈，双方通过交流，逐步建立信任。如果犯罪嫌疑人有电话，就要切断他对外联系的线路或信号。警方不希望犯罪嫌疑人能够直接与媒体或其他人交流。他们还会杜绝任何人获取有关警察行动或战术的信息。通常情况下，打电话是双方交流的重要手段。让犯罪嫌疑人和谈判人员面对面交谈是非常危险的。

在好莱坞拍摄的影视剧中，你会经常看到一种情况，即犯罪嫌疑人的朋友或亲属被允许与犯罪嫌疑人面对面交谈。接下来会出现令人揪心的一幕，朋友、亲戚或爱人对犯罪嫌疑人怀有深厚的感情，甘愿冒着生命危险上前去劝说。在双方含泪拥抱后，犯罪嫌疑人投降了。这在现实生活中是绝对不会发生的。首先，那个朋友或亲戚可能就是导致犯罪嫌疑人心生怨愤的根由，此举只会使事态恶化。不过，上述情形不会发生的主要原因是，在最初的几天里，犯罪嫌疑人与外界的任何联系只能通过主谈，这样他就可以将犯罪嫌疑人牢牢控制住。

如果所有努力或尝试都失败了，一个值得信赖、训练有素的人可能会出场，以缓和危机。1993年，当地治安官被带到得州的韦科庄园，只是因为大卫·考雷什认识并信任他。1987年，当古巴囚犯在路易斯安那州奥克代尔监狱闹事时，谈判代表带来了一名古巴出生的牧师。这相当于引入调解员来破解僵局。不是轻而易举能做到的。

在很多情况下，水、热力和电力供应也会因出于多种不同的考虑而被关闭。它可以阻止犯罪嫌疑人从电视上获取需要的信息。它可以防止犯罪嫌疑人处理掉毒品或其他犯罪证据。它还给特警队提供了战术优势，使他们能用红外视觉来监控现场。撤除便利的生活设施，如暖气和卫生设施，是为了在以后用这些充当交易筹码。

关闭公用设施，也会加强犯罪嫌疑人与人质之间的联系，从而使犯罪嫌疑人伤害他们的可能性大大降低。身处困境中的人们更倾向于抱团取暖。在秘鲁利马的一次劫持人质的事件中，人质谈判专家成功实施了这一策略。1996年12月，日本驻秘鲁大使在其官邸举办明仁天皇生日庆祝会，其间图帕克·阿巴鲁革命运动（MRTA）恐怖分子伺机闯入并劫持了500多名客人作为人质。情况危急，而雪上加霜的是，日本人曾苦心经营，将大使官邸打造成了一座易守难攻的堡垒。恐怖分子在院墙上炸开了一个大洞，进了院子。一旦进去之后，他们就拥有了防守的优势。警方迅速关闭了大楼里面的所有公用设施。他们希望借此让恐怖分子陷入与人质同样的困境，促使他们与人质保持密切联系。但几天后，他们又重新打开了公用设施。他们不想人质与恐怖分子建立过于密切的关系，因为那样的话，一旦警方展开救援行动，人质会出面阻挠。围困行动持续了126天，最后秘鲁军队突袭了这座建筑。尽管看守人质的恐怖分子全都有枪，但他们显然犹豫了足够长的时间，因而没有杀害一名人质（其中一位死于心脏病发作）。让犯罪分子与受害者建立情感关联有助于拯救人质。

时间是主谈的好朋友。只要流逝的每一刻都没有发生不该发生的事，就意味着局势在朝着和平解决的方向发展（不像好莱坞的创作，时间的流逝被用来制造紧张气氛）。错过一个最终时限对谈判者来说是一个突破性进展。

劫持人质的人或许会说："如果州长不在中午12点前打电话，我就要杀一名人质！"一个谈判新手听了这话多半会感到恐慌，但这让经验丰富的主谈很高兴，因为他知道，犯罪嫌疑人愿意谈是一个好现象。还有，他知道如果能拖过中午而不损失一个人质，犯罪嫌疑人就失去了可信度，也大大削弱了他讨价还价的能力。这种说法听上去挺冷酷无情的，但事实并非如此，因为很少有人质在这种特定的威胁下丧生。人质一般在现场气氛极度不稳定时丧命，要么是在劫持人质事件发生初期，那时大家情绪都不稳定，要么是犯罪嫌疑人觉得被主谈出卖的时候。

主谈与犯罪嫌疑人建立的关系是和平解决危机的关键。首先，首席谈判专家应该参加过为时数周的学习，对于劫持人质者和公开威胁自杀者的个性有了大体的了解。他们是神经症行为和人格障碍方面的专家。他们完全了解犯罪嫌疑人的心理状态，知道如何摆布犯罪嫌疑人，渡过这场危机。这就是必须由首席谈判专家、协谈代表和情报谈判者组成的谈判小组参与实际谈判的理由之一。

即使是在危机处理方面非常有经验的现场总指挥，也未必真正理解优势谈判者和犯罪嫌疑人之间谈话的细微差别。他一般会反应过度。例如，当他听到犯罪嫌疑人要求得到1000万美元，或者要与州长共同举行记者招待会时，他可能会认为，这种根本不可能实现的要求必然导致以暴力收场的结局。但谈判者只会认为这是一个准备谈判的姿态，并很高兴能就一些具体事务商谈。没有什么比一声不响的犯罪嫌疑人更危险的了。

谈判者应时刻关注犯罪嫌疑人的精神状态。一旦发现他的情绪出现异常波动，谈判者就应设法予以安抚，做法之一就是用正常的谈判吸引他的注意力，主动提出作个小让步用以换取他的对等让步。通过这种方式，谈判专家不动声色地将犯罪嫌疑人从反复无常和变化多端的右脑思维，转移到逻辑清晰、可控性更强的左脑思维。如果犯罪嫌疑人一声不响，那可能是抑郁症的征兆。为了帮助犯罪嫌疑人摆脱抑郁，谈判专家便向他保证，尽管事已至此，他仍然还有一条出路，没人会受到伤害，他仍然有选择。他还应努力与犯罪嫌疑人建立信任关系，避免说出任何后来可能被犯罪嫌疑人理解为欺骗的话。他必须遵守他做出的每一个承诺。

最重要的是，谈判者努力让犯罪嫌疑人脱离他原来的立场，并重新关注他们的共同利益。立场可以完全不同，且专注于这些立场掩盖了谈判者和犯罪嫌疑人之间存在的巨大共同利益。这并不是说谈判专家不敢对犯罪嫌疑人表现出强硬的态度。武力的威胁始终存在。如果犯罪嫌疑人伤害了任何人，那就更是如此。"如果你伤害了人，我就不能保护你，"谈判人员坚持说，"那就不在我的控制范围内了。"

时光在流逝，犯罪嫌疑人发泄着他的情绪。已经过了最后期限，犯罪嫌疑人修改了要求。没有回报就没有让步，双方建起了讨价还价的平台。时间销蚀着决心，接受条件的时间过去，犯罪嫌疑人也修改了自己的要求并接受了现实。犯罪嫌疑人渐渐开始信任谈判专家，并且在一切顺利的情况下，服从他的意愿。

我们能从这些训练有素的人质谈判专家身上学到什么，并应用到我们的日常生活中？无论是怒不可遏的配偶、威胁要辞职的员工，还是威胁要取消订单的客户，以下是我在处理冲突时会遵循的一些规则。

- 控制住局势，以免事态恶化。这可能意味着当配偶威胁要离家出走时，要从他手里拿走一个手提箱。这可能意味着你要从一个怒气冲冲的青少年手中夺下车钥匙，或者让那个愤怒的顾客同意召开电话会或面对面商议。

- 让气头上的人有机会发泄怒火。人质谈判专家会告诉你，你必须设身处地，从对方感知到的情境出发来处理当前情况，而不是从你自身的感知出发。他可能坚持认为亚伯拉罕·林肯在和他说话。你不必告诉他你也听到了，但你必须认可他的感知。翻译成日常的情境，这意味着对方的愤怒可能是毫无根据的，但你必须承认他表达的愤怒是真实的。

- 当对方生气时，寻找伤害的根源。愤怒总是伴随着伤害。什么人说了什么或做了什么让这个人感受到了伤害或威胁？承认伤害是真实的对化解愤怒情绪大有益处。

你要尽快让他告诉你，他究竟想要什么。让他表明立场，问他要怎样才能解决这个问题。即使你根本不准备向对方作出任何让步，你也要这样做。例如，你手下的一个员工要求你给他加薪，否则就要辞职。如果一个人威胁要辞职，你可能立下了一条铁规，绝不给以辞职相威胁的员工加薪。那完全由你来决定。即便如此，你也应该让他告诉你，他需要增加多少工资才能留下来。量化问题对解决问题大有帮助。

尽可能多地收集信息。想想主谈代表给他的信息谈判代表分配的任务，去采访认识犯罪嫌疑人的每个人。注意力要放在人身上，而不是问题上。解决问题的办法总是和那个人而不是现场状况有关。你对这个人了解得越多，你就越接近问题的解决方案。在这个阶段，另一个问题可能会浮出水面。钱可能不是那个人辞职的真正原因。他可能心里不痛快，因为一个同事兼对手先于他得到了提拔。他可能已同另一个员工建立了恋爱关系，需要在两人之间制造一些距离。他可能听到了一些谣言，于是采取了这个行动。

努力让这个人脱离原来的立场。让他把注意力转移到你们的共同利益上。你们的立场可能相差很大。"你骗我！""不，我没有！""你骗我！""不，我没有！"这些都是完全对立的立场，但这并不代表你们没有巨大的共同利益。那个员工留在你们公司可能对你们双方都有好处。你和那个愤怒的顾客都可以从继续保持你们的关系中获益良多。

问题是，当你过于专注于立场时，你就再也看不到你们的共同利益了。这方面的典型例子是冷战。我们采取了非常强硬的立场。我们称他们为邪恶帝国。他们拿着脱下的鞋重重地砸在联合国大会现场的桌子上，狂叫着要将我们埋葬。各方的立场都很强硬。但我们两国仍然有巨大的共同利益。我们在削减军费开支方面有着巨大的共同利益。我们在一起做生意方面有着巨大的共同利益。他们能生产大量金属钛。我们需要它做高尔夫球杆！但我们看不到这些，因为我们死抱着我们的立场不放！

解决冲突的艺术是让人们放弃原有立场，重新关注他们的共同利益。

只有当你们双方都表达了该怎样做才能解决问题，收集到了足够信息，并设法让人们将注意力放在他们的共同利益之后，你才会进入到下一步，也就是被大多数人所理解为谈判的寻求妥协的那部分。这里就是谈判者最重要的想法发挥作用的地方。我称之为"优势谈判者的信条"。谈判时你能想到的最重要的事情不是"我能让他们给我什么"，而是"我能给他们什么，什么东西不会让我有所损失又可能对他有价值"。

要点备忘

- 1. 在灾难性地处理了阿提卡州监狱暴乱和慕尼黑奥运会劫持人质事件后，纽约警察局从保护人质和犯罪嫌疑人的立足点出发，研究了处理人质危机的方法。

- 2. 我们应该与恐怖分子谈判，但我们不应该作出重大让步。

- 3. 所有人质问题专家都认为不应该对劫持人质者撒谎，因为这削弱了执法部门在未来的紧急情况下进行谈判的能力。

- 4. 谈判过程的第一步是主要谈判者与犯罪嫌疑人建立沟通，并切断他与其他人的沟通。

- 5. 犯罪嫌疑人必须从身体和心理上被隔离起来。

- 6. 带劫持人质者的家人来与劫持人质者交谈很少会有成效，因为这可能会引发情感创伤并导致事态恶化。

- 7. 谈判者要设法了解犯罪嫌疑人设定的任何期限。

- 8. 调解的艺术是使得各方放弃原有立场，并重新聚焦于他们的共同利益之上。

- 9. 与怒火中烧的人打交道时，首先要控制住局面，以免事态恶化。然后让满腔怒火的人发泄情绪，再寻找伤害的来由，因为愤怒总是伴随着伤害。

- 10. 先设法稳住愤怒的人，然后尽一切可能搜集相关信息。

- 11. 牢记优势谈判者的信条。谈判时你能想到的最重要的事情不是"我能让他们给我什么"，而是"我能给他们什么，什么东西不会让我有所损失又可能对他有价值"。

第3部分

掌控谈判压力点

路易斯·阿姆斯特朗（书包嘴）[1]曾经讲述过他早期作为音乐家的故事："一天晚上，这个大块头的恶棍闯进了我在芝加哥的更衣室，并要求我第二天晚上去纽约的某某俱乐部表演。我告诉他我在芝加哥有约在先，并不打算去别处，然后我转过身背对着他，以示我很酷。然后我听到这个声音：啪！咔哒！我转过身，只见他手里拿着一把硕大的转轮手枪指着我，并扳上了扳机。天啊，它看着像大炮，听着像死亡！于是，我低头看着那把枪，说'好吧，也许我明天会在纽约开张'。"

　　正如阿尔·卡彭[2]曾经说过的那样："你拿着枪说一句好话比你只说一句好话要走得更远。"

　　在谈判过程中，拿枪指着别人是最粗暴的压力点。我能想象得出，它非常有效，但你根本不需要这么做。在这一节中，我将教你一些你可以使用的压力点，它们同样有效，也更易于接受。许多压力点可以与拔枪相向的粗暴相提并论，但通常来说，你最好做得更微妙一些。你要是真有权力，就不用大肆炫耀。

1　Louis（Satchmo）Armstrong：1901 年 8 月 4 日—1971 年 7 月 6 日。美国爵士史上伟大的歌唱家之一，也是世界上最伟大的小号演奏家之一。昵称"书包嘴"或"书包嘴大叔"。——译者注

2　Al Capone：1899 年 1 月 17 日—1947 年 1 月 25 日。出生于纽约布鲁克林，后成为著名的芝加哥黑势力老大。——译者注

第**37**节
时间压力

　　维尔弗雷多·帕累托大概从未研究过谈判中的时间因素，然而帕累托法则揭示了时间给谈判带来的难以置信的压力。帕累托是 19 世纪的经济学家。他出生在巴黎，一生中的大部分时间都在意大利度过，在那里他研究财富在人口中分布平衡的问题。他在其著作《政治经济学教程》中指出，80% 的财富集中在 20% 的人手中。

　　有趣的是，帕累托法则（"二八法则"）在明显不相关的领域反复出现。销售经理告诉我，他们 80% 的业绩是由 20% 的销售人员完成的。最终，他们想到应该解雇 80% 的员工，保留 20% 的员工。问题是，这一法则会重新应用于留下来的员工，而你又回到了最初的问题，只是销售人员变少了。学校老师告诉我，20% 的学生制造了 80% 的麻烦。在研讨会上，20% 的与会者问了 80% 的问题。

　　体现在谈判中的规律是，80% 的让步发生在剩下的 20% 的时间内。如果在谈判初期就提出要求，双方都不想让步，整个交易可能会失败。另一方面，在最后 20% 的谈判时间里，更多的问题冒了出来，双方都更愿意作出让步。回想一下你上次购买不动产时的情形。从草签合同到你成为那宗不动产真正的主人，可能用了大约 10 周的时间。现在想想当初所作的让步。难道不是在最后那两周内，当一些条件需要重新谈判时，双方都变得更加灵活了吗？

　　有些人心术不正，故意用这招对付你。有些问题本来可以很早就提出来并且能很快得到解决，但他们就是不说，一直拖到差不多谈完了，准备签约的时候，他们才提出这些问题，因为他们知道在时间压力下你会更灵活。

事先敲定所有细节

这给我们的启发就是，无论什么时候，你都要事先敲定所有细节。不要用"哦，好吧，我们以后再解决那件事"的方式埋下隐患。在时间的作用下，事先看着不起眼的事到最后会变成大麻烦。

"长空之乡"的问题

我曾在蒙大拿州卡利斯佩尔为房地产经纪人学院的蒙大拿毕业生举办一个研讨会。这些都是本州训练有素的房地产从业人员。这是一个主题为"优势谈判"的全天研讨会。在中间休息时，一个代理人走过来对我说："也许你能帮我。我有个大问题。是这样，我做成了一笔大生意，但好像我会失去一大部分佣金。"

我让她介绍一下详细情况，她说："几个月前，一个男的来到我的办公室，想让我把他价值60万美元的房子录入出售清单。我从来没有接手过金额这么大的单子，我想我当时的表现可能显得缺乏信心，当他问我收取多少佣金时，我告诉他百分之六。他惊呼道：'那可是3.6万美元！那可是一大笔钱啊！'我回复说：'听着，如果你不得不大幅降价的话，我们可以和你商量佣金的事。'我就说了这么多，后来我也没再多想。

"不得不说我太走运了，最终我不仅拿到了这一单，还找到了买家。他不必降太多价，所以现在我几乎可以收到3.6万美元的佣金，并且下周能办完过户手续。昨天，他走进我的办公室，对我说：'我一直在想你在这次销售中的工作量大小问题……''你还记得你告诉过我你会和我商量佣金的事吗？'"

卖家后来对她说："嗯，我一直在算你的工作量，我已经算好了，给你5000美元应该是比较公道的佣金。"他最后只出了5000美元，而她本应得到3.6万美元。她当时就惊呆了。这件事表明，你不应该用"我们可以稍后解决"这句话把任何事情都打发到以后处理，因为早先的微小细节在时间的作用下能变成一个大问题。

这个故事也说明，我们总是认为自己在谈判中处于弱势地位——无论我们处于谈判桌的哪一边。事实上，蒙大拿州这位房地产经纪人处于强势地位，难道不是吗？正如我向她解释过的，她手上拿着的书面合同明文规定了佣金比例是百分之六。如果说有什么变数的话，那也只是她进行了口头上的修改，而且表述不清，这在法庭上无论如何都站不住脚。她本来居于上风，却不自知。

话说回来，为什么要让自己陷入如此被动的境地呢？一定要事先敲定所有细节。当对方说"我们以后再说这个吧，它不会成为大问题"时，你就该敲响警钟，拉响警笛。千万别让那些人得逞。

人们在时间压力下变得灵活

关于时间，优势谈判者学到的下一件事是人们在时间压力下变得灵活。你的孩子们会在什么时候向你要东西？我的女儿在南加州大学上学时，住在姐妹会宿舍里。她有时回家过周末，因为她需要钱买书。她会在什么时候找我要？星期一的早上 7 点钟，当她急匆匆地要出门时，她会说："爸爸，对不起，我忘了，我需要 60 美元买书。"

我会说："朱莉娅，别这样对我。我教的就是这些东西。你整个周末都在家，怎么之前一直都没谈这件事？"

"哦，对不起，爸爸，我忘了，直到准备走了才想起来，可是我现在已经晚了。我得抓紧时间上高速，不然就要迟到了。如果我今天拿不到书，我就不能按时完成作业。求求你，现在能给我钱吗？？"这并不是说孩子们喜欢操纵人，而是在与成年人打过这么多年交道后，他们本能地觉出在时间压力下，人们变得更灵活。

桌子的形状就那么重要吗？

有机会看看国际谈判以及时间压力是如何影响结果的，你会发现很多有趣的现象。还记得在巴黎举行的越南和谈吗？你会记得，在 1968 年春天，林登·约翰逊宣布他不会竞选连任，并将致力于和平谈判。他急于在 11 月之前达成和平协议，届时他的副总统休伯特·汉弗莱将参加总统竞选。他派我们的谈判代表埃夫里尔·哈里曼去巴黎，并下达了明确指令：快刀斩乱麻，尽快把事情办成。

埃夫里尔·哈里曼在巴黎丽兹酒店订了一个套房，并按周付房费。越南谈判代表春水则在乡下租了一栋别墅，为期两年半。然后越南人开始一周接一周地跟我们纠缠桌子形状的问题。

他们真的很在意桌子的形状吗？当然不。他们在做两件事。一、他们十分准确地预见到，己方没有时间压力。他们已经打了 30 来年的仗，无论在这边还是在那边再多打一两年又何妨，没人会为这事操心。二、他们意在把我们逼至 11 月的截止期限。在这方面他们成功做到了。到了 11 月 1 日，距大选仅剩下 5 天，约翰逊才下令停止轰炸越南的行动。在那种时间压力下，他居然没有在任何事项上让步，也真是个奇迹。

在你与人谈判时，永远不要透露你有最后期限。例如，假设你已经飞往达拉斯与一家酒店开发商谈判，当天下午 6 点有一趟返程航班。当然，你很想赶上那趟航班——但不要让其他人知道。如果他们知道你有可能乘坐下午 6 点的航班，一定要让他们知道你也可以选择晚上 9 点的航班，或者，就此而言，为了能达成一个双方都满意的协议，你在这里待多久都行。

如果他们知道你有时间压力，他们会把大部分事项推迟到最后一分钟再谈。那样的话，你很可能迫于时间压力，不得不作出极大的让步。在我的"优势谈判"研讨会上，我设置了一些练习，让学员们相互谈判。我可能会要求他们用 15 分钟完成谈判，并会向他们强调按时达成协议的重要性。当我慢慢地在房间里走来走去暗中观察谈判的进展时，我可以看出，在最初的 12 分钟里，他们很难取得任何进展。双方都在拖延时间，几乎没有什么平等交换。谈到 12 分钟时就意味着他们已经消耗了 80% 的时间，我拿起麦克风，大声宣告他们只剩下 3 分钟了。然后，我继续隔一段时间就警告一次，以保持时间压力，到了最后 5 秒以倒计时的方式结束。从谈判结果可以明显看出，他们在最后 20% 的谈判时间里作出了 80% 的让步。

假如双方都设定了时间期限，而且恰好是一样的，谈判临近这个期限时该怎么办？这是一个很有趣的问题。举例来说，如果你租用办公室，就会遇到这个问题。假设你签了5年租约，还有6个月到期，你必须和房东协商续约。你可能会心想："我会利用时间压力迫使房东给我一个大大的折扣。我要等到最后一刻再跟他谈。那时他就会感受到很大的时间压力。他应该知道，如果我搬走，这个地方会闲置几个月，直到他能找到新租户。"乍一看这似乎是个好计策，但稍微往深处一想，你就会发现其实这和房东坚持到最后一刻才跟你谈，给你施加时间压力没什么区别。

于是就有了这样一个场景，双方都面临着同一个时间期限。哪一方应该使用时间压力，哪一方应该避免它？答案是，强势一方可以利用时间压力，弱势一方应该避免时间压力，并力争在截止日期前尽早展开谈判。这样说没错，可是谁才是强势方呢？那就是选择最多的一方。如果你们不能如期达成协议并续签租约，谁才有更多选择呢？

要确定这一点，你可以拿一张纸，从上至下在中间画一条线。在这条线的左边，列出你如果不能续约，能有哪些选择。你可以去什么地方？那些地方的支出会更高还是更低？电话迁址和打印新名片之类的事项要花多少钱？你换地址后，你的客户是否还能找到你？在那条线的右边，列出房东的选择。这座建筑有什么特别之处？他是否很难找到一个新租客？他们会付更多的租金还是他会以更低的价格出租？为了满足新租户的需求，他需要在装修或改造上花费多少？在进行强弱对比的同时，你还要考虑另一个因素的影响，那就是无论你坐在谈判桌的哪一边，你总是认为自己可打的牌比较少。毕竟，你最清楚自己面临的压力都有哪些，但你并不知道房东会有哪些压力。一旦你认清了一件事，即你总是会认定对手比你更强这个事实，并学会弥补这方面的不足，你就能成长为更强势的谈判者。等你以这种方式详细列出每一方的选择后，你可能会得出结论，房东比你有更多的选择。

你发现即使在弥补了上述不足之后，房东仍然明显比你有更多的选择，他就是那个占据优势的一方。你应该避免时间压力，要留出足够长的时间协商租约续签。然而，倘若你比房东有更多的选择，就应该向他施加时间压力，拖到最后一刻再谈。

时间压力用错了对象

1994 年 9 月，前总统吉米·卡特与参议员萨姆·纳恩和前参谋长联席会议主席科林·鲍威尔一起前往海地，试图劝说塞德拉斯将军主动放弃权力，从而避免我们入侵这个国家并迫使他下台。在第二天谈判结束时，克林顿总统打电话给卡特，告诉他入侵行动已经展开，他现在还有30分钟的时间离开这个国家。这简直就是在谈判中施加时间压力的终极范例啊！唯一不对头的，是克林顿把时间压力放在了错误的一边。我们在那次谈判中拥有全部主动权，因为我们拥有所有的选项。应该是卡特给塞德拉斯施加时间压力，而不是克林顿给卡特施加时间压力。

谈判久拖不决之后，人们变得更灵活

你能拖着对方跟你谈得越久，对方就越有可能向你的立场靠拢。下一次，当你开始认为自己恐怕永远无法说服对方时，想想曼哈顿外哈德逊河上的拖船。一条小拖船一点一点地慢慢拖着那艘巨大的远洋客轮转向。然而，假如拖船船长采取另一种方式，先向后退，然后猛然加速，拖着远洋客轮转向，他肯定做不成。有些人就是这样谈判的。他们的谈判遇到挫折，大家都很沮丧，开始变得不耐烦，情急之下便要强迫对方改主意。此时，想想那条小拖船吧。一次努力一点点，它就能移动班轮。如果你有足够的耐心，你可以一点一滴地改变他人的想法。

可惜，这是双向的。你耗费在一个谈判上的时间越长，你就越有可能作出让步。假设你乘飞机前往旧金山洽谈一笔大生意。早上 8 点，你来到他们的办公室，感觉神清气爽、斗志昂扬，决心坚持到底并实现你所有的目标。不幸的是，事情没有你所希望的那么顺利。双方谈了一上午，毫无进展，你们决定休会，吃午饭。又谈了整整一下午，你们只在几个小问题上达成了一致。你给航空公司打电话，改签午夜红眼航班。

你们休会，吃晚饭，然后回来接着谈，决心要取得一些进展。当心，除非你很警觉，否则谈到晚上 10 点的时候，你很可能要让步了，而且是你在早上开始谈的时候绝不会答应的让步。

为什么会这样？因为你的潜意识现在正冲着你尖叫："你花了那么多时间和精力，绝不能空手而归。你无论如何也要办成一些事。"当你错过了准备拂袖而去的某个时刻，不管是什么时候，你已经让自己在谈判中走向了失败。一个优势谈判者知道，在任何给定的时间点，你都应该无视你在一个项目中投入的任何时间或金钱。时间和金钱都已经消失了，无论你是否能达成协议，总是盯着当前谈判涉及的条款，然后想："如果我们到目前为止在这笔交易中投入的时间和金钱可以忽略不计，我们应该继续谈吗？"

倘若再谈下去已毫无意义，千万不要舍不得叫停。仅仅因为你已投入很多，就硬着头皮去做并不适合你的一笔生意，这会让你在时间和金钱上付出大得多的代价，相比之下，及时止损的做法更可取。这种做事风格是唐纳德·特朗普成为如此强势的谈判者的原因之一：他不怕终止一项不再有意义的协议。例如，他花了 1 亿美元在曼哈顿西区为电视城买了一块地，接着又花了数百万美元用于该项目的设计工作，整个项目包括一座 150 层的电视塔，以及一个富丽堂皇的电视演播室，他希望以此吸引全国广播公司入驻。然而，当他无法从该市获得合适的税收优惠时，他搁置了整个项目。你必须以同样的方式看待谈判，忘记你已经投资了多少，要只从当前的情况看，确定它是否仍然值得争取。

接受时间

另一种将时间为你所用的方式是谈判者所说的"接受时间"。你最初的提议可能会让对方反感。他们是绝对不会考虑的。但是如果你有足够的耐心，把这个提议放在桌面上的时间足够长，对方可能最终会发现它是可以接受的。一个人接受某个不喜欢的事（因为实在看不到比它更好的了）所需要的时间，就是接受时间。以下是一些例子。

- 死亡。这可能需要几十年的时间，但我们最终都学会了接受它。
- 劫机。劫机者索要 1000 万美元和奔向自由的一张机票。他为了能有机会体面地投降而妥协。
- 出售不动产。我们本以为这座我们已经喜欢上的房子能卖出 100 万美元。但在把它投放市场 6 个月后，我们很不情愿地接受了这样一个事实：买主并不像我们那样喜欢它。
- 公司内升职。我们本来希望能得到纽约的副总裁的职位。经历了一个痛苦难耐的周末后，我们不得不接受另一个选择。
- 上大学。我们一心要让儿子上斯坦福大学。但我们不得不接受现实，以他的分数，能上社区学院就不错了。

注意"接受时间"现象，要有耐心。对方可能要花些时间认真考虑你的提议。时间堪比金钱。它们都被人们投资、保存和浪费。一定要投入时间来完成谈判的每一步，一定要利用时间压力来获得优势，不要屈服于匆忙了事的诱惑。优势谈判者知道时间就是金钱。

要点备忘

- 1.80% 的让步发生在谈判剩余的 20% 的时间内。
- 2. 预先敲定所有细节，不要用"我们以后再说这个"的说法埋下隐患。
- 3. 人们在时间压力下变得灵活。
- 4. 绝对不要向人透露你有时间限制。
- 5. 设法确定对方有时间限制。
- 6. 在双方都面临同样的时间限制的情况下，强势方可以使用时间压力，但弱势方应尽量避免时间压力，并在限期前尽可能早地展开谈判。
- 7. 势力强弱直接与每一方在谈判失败后拥有多少选择有关。
- 8. 接受时间指你应给予他人足够的时间去接受现实，即让他们认识到不会有更好的选择。

第**38**节
情报的重要性

为什么很多国家都会派间谍去别的国家？为什么职业足球队会研究对手比赛的回放？因为信息就是力量，一方能够搜集的关于另一方的情报越多，这一方获胜的机会也就越大。如果两国开战，掌握对方情报多的国家将占优势。在波斯湾战争中确实如此：中央情报局的间谍拍摄了巴格达的每一栋建筑，仅在最初的几轮轰炸中，我们就彻底摧毁了他们的通信系统。

知道对方会提什么建议

各国政府在进行军备控制谈判之前，会花费几十亿美元来打探对方虚实。看看亨利·基辛格在一次峰会前接受采访的有趣场面。"基辛格先生，"采访者说，"你认为我们的谈判代表有可能事先知道对方在会谈中会提出什么建议吗？"他说："哦，当然——这是毫无疑问的。如果我们在谈判中事先不知道对方会提出什么建议，那绝对是灾难性的。"

你能想象获得那种信息要付出多大代价吗？中央情报局对自己的开支讳莫如深，但在圣安东尼奥举行的一次情报搜集会议上，在中情局工作了27年的副局长玛丽·格雷厄姆无意中泄露天机，中情局每年的开支为440亿美元。如果我们的政府认为这很重要，那么在开始谈判之前，我们至少也应该花些时间收集信息吧？

当我们的前驻联合国大使比尔·理查森被《财富》杂志问及如何才能成为一名优秀的谈判者时，他说的第一句话是："你必须是优秀的倾听者。你要尊重对方的观点。你必须知道你的对手为什么那样做。"当被问及他如何准备谈判时，他当即再次提到信息搜集："我知道跟谁谈判之后，就去找那个人的知情者聊天。我会与学者、国务院专家和记者交谈。在会见萨达姆·侯赛因之前，我非常依赖伊拉克驻联合国大使提供的相关信息。他告诉我面对萨达姆时要表现得非常诚实——有话直说，不要绕弯子。在与卡斯特罗交谈时，我了解到他总是如饥似渴地搜集有关美国的信息。果然，他迷上了史蒂夫·福布斯。对国会预算僵局他也有着浓厚的兴趣。他自以为是美国政治专家。在与海地的塞德拉斯交谈时，我了解到塞德拉斯经常玩好人／坏人的把戏。"

假如两家公司打算合并，知情最多的公司在这场交易中通常收益最大。假如两个销售人员争夺一个大客户，更熟悉公司及其代表的销售人员被该客户选中的可能性更大。

尽管信息在谈判中的重要作用显而易见，但很少有人在开始谈判前花很多时间分析对方。即使是那些平常做事谨小慎微的人，也不会抽出足够的时间去收集一些必要信息，而是毫不犹豫地投身到可能付出数千美元代价的谈判中。

规则 1：别怕承认你不知道

如果你拥有房产，回想一下你什么时候买了现在的房子。在你出价之前，你对卖家了解多少？你知道他们为什么要卖、挂牌出售多久了吗？你知道他们的要价依据是什么吗？你对他们在谈判中的真实需求和真实意图了解多少？很多时候连上市代理都不知道，是吗？房产挂牌出售时，卖方代理一直在与卖家保持直接联系。然而，当被问及卖家的目标时，他通常会回答："嗯，我不知道。我知道他们就想套现，所以他们不愿意要支票，但我不知道他们打算怎么处理这些现金。我觉得这不是我该问的。"

在我举办的为期一两天的研讨会上，我让学生们分成不同的谈判小组，一些人被指定为买家，另一些人被指定为卖家。我给了他们足够用来完成一次成功谈判的信息。事实上，我还特意透露了每一方可发现的优缺点。我告诉他们，如果对方问了他们一个他们知道答案的问题，那他们不能说谎。如果一方只挖掘出这些精心植入的信息的一半，那另一方就将掌握主动权，有可能在谈判中大获全胜。

可惜的是，无论我在信息搜集方面训练他们多少次，甚至指定了专门搜集信息的 10 分钟时间，他们仍然不愿意认真做好这件事。

为什么人们不愿意搜集信息？因为要找到真相，你就得承认自己不知道，而我们大多数人都特别不愿意承认自己不知道。我们可以快速做个练习来证明这一点。我要问你 6 个问题，所有的问题你都可以用一个数字来回答，但是我不会让你去猜正确的数字，我会让你用一个范围来回答，这样你答着会更容易。

如果我问你美国有多少个州，你不必说 50 个，只说"在 49 和 51 个之间"即可。如果我问你从洛杉矶到纽约有多远，你可能更不确定，就会放大范围，答道："在 2000 和 4000 英里之间。"当然，你为了百分之百确定，也可以说是在 1 和 100 万英里之间，但我想要你百分之九十确定你的回答在正确答案的范围内。明白了吗？

问题如下：

1. 问：加拿大有多少省？

在_____和_____之间。

2. 问：杨百翰有几个妻子？

在_____和_____之间。

3. 问：1819 年，我们为佛罗里达州付给西班牙多少钱？

在_____和_____之间。

4. 问：厄尔·斯坦利·加德纳创作了多少部以佩里·梅森为主角的侦探小说？

在_____和_____之间。

5. 问：美国的母鸡每年能下多少蛋？

在_____和_____之间。

6. 问：根据《创世记》的记载，诺亚方舟的总长是多少英尺？

在_____和_____之间。

答案：

1. 加拿大有 10 个省（以及两个领地）。

2. 杨百翰，摩门教领袖，有 27 个妻子。

3. 我们为佛罗里达州支付了 500 万美元。

4. 厄尔·斯坦利·加德纳创作了 75 部以佩里·梅森为主角的小说。

5. 美国每年的鸡蛋产量大约 670 亿只。

6. 诺亚方舟总长约 450 英尺。

你的回答怎么样？全答对了吗？很可能没有，但想想看要全答对会多么容易。你要做的只是承认你不知道，然后把答案范围扩大。你很可能没那样做，因为就像众人一样，你不愿意承认自己不知道。有关搜集信息的首要规则是：别过于自信。坦承你不知道，并承认你以为自己知道的可能是错的。

规则 2：别怕提问

我以前不太敢提问，担心那样会惹恼别人。我跟很多人一样，会说"你不会在意我问你问题吧"或者"如果你告诉我不会觉得难为情吧"之类的。现在我再也不那样做了。我会直截了当地问："你去年挣了多少钱？"如果他们不想告诉你，他们就不会回答。即使他们不回答问题，你仍然在搜集信息。

优秀的记者明知对方不愿回答，却还会问各种各样的问题。这可能会给对方施加压力或惹恼他，使他情急之下脱口说出一些他本来不想说的话。仅凭对方听到问题时的反应就能了解到很多情况。

只需问一下就能解决棘手的问题

有时候，人们在冲突性谈判中，不敢问对方想要什么。很多年前，我是加州奥本蒙哥马利·沃德商店的副经理。我们公司有条规定，禁止我或任何员工向客户说"不"。如果我们认为客户的投诉不合理，他们的投诉就会在客户服务部门逐级上报。这意味着，如果客户不停地投诉，却没有得到满意的答复，这件投诉案最终会被提交给芝加哥总部的董事长。

一对老年夫妇按照公司商品目录买了一个富兰克林炉。买回家后，他们自己安装了这个火炉。他们在投诉信中声称，炉子出了故障，熏黑了他们家的墙壁，还把地毯烧了一个洞。

每个试图处理这一投诉的人都认为，这对夫妇的要求很难处理，不花大价钱是不会让他们满意的，所以每个人都不愿意承认错误并提出解决方案。这封投诉信从一张办公桌传到另一张办公桌，最后落在了区域副总裁的手里。他心里想的是，绝不能让这事被捅到芝加哥总部去。于是他写信给我，让我去拜访这对夫妇，拍些照片，以便他们估算一下达成和解的成本。

我开车去他们的乡间小屋，与他们会面。见面之后我发现，这两位老人待人热情，很容易信任人。他们是看了商品目录买的那个火炉，但买回来后发现并不好用。丈夫平静地指给我看烟囱里的烟怎样熏黑了他家外墙。然后他带我进屋去查看他们地毯上的洞，那是从炉子里掉出来的热煤渣造成的。他没费多大工夫就让我确信，肯定是炉子出了故障，他们的安装方式没问题。

我心想这事恐怕没有几千美元解决不了，我只能先问个问题，而且我假定公司里的很多人都已经问过："你到底想让我们公司怎么做？我们该怎么补偿你？"

我万万没想到，丈夫是这样回答的："你也知道，我们都退休了，有大把的空闲时间。这堵墙看着很脏，但我们肯定能打扫干净。完全没问题。只是，我们不知道该怎么处理地毯上的那个洞。它很大，但我们真的不指望你们能换掉整块地毯。如果我们能有块小地毯，把那个洞盖住，也就够了。"

他提出了这么小的要求，我真怕听错了。然后我回过神来，对他说："你是说如果我们提供一块小地毯，就能解决问题吗？"

"哦，是的，"他回答，"那样的话，我们会非常满意。"

说完，我们都上了我的车，直奔附近的商店。我在商店里帮他们挑选了一块漂亮的小地毯，用它把大地毯上的洞盖住。我让他们签署了一份完整的授权协议书，确认和解方式令他们满意，并将其发送给区域副总裁。几天后，我收到副总裁的一封信，祝贺我完美完成了"显然是一项高超的谈判工作"。那当然是胡说八道；我只是问了一个以前没人敢问的问题："你到底想要什么？"

这一课使我受益匪浅，并协助我在接下来的几年里，在公司步步高升。我能够轻松解决客户投诉问题，仅仅是因为我不嫌麻烦，想办法获取足够的信息，从问"你想要什么"开始。

我后来当上一家大型房地产公司的总裁后，我就开始用上过的这一课来解决买家购房后不满意的问题。通常房子的卖家会搬出这个区域，买家不满意的话，就只能由公司和我出面解决这个问题。

我会先让来投诉的买家在我的办公室坐下，我摆在面前一大张纸，然后问："拜托，我想知道你到底有哪些不满，一条一条列出来，再说说你认为针对每一条我们究竟该怎么做才能让你满意。"

"嗯，"对方会说，"客厅里灯的开关坏了。"我会在纸上写下"客厅里的电灯开关"。我会接着问他们还有什么问题，直到他们把所有的不满都说出来，与此同时我逐一记下来。

等他们再也想不出还有什么可抱怨的，我就在最后一项下面画一条线，然后把记录的内容拿给他们看。接下来，我们要协商哪些是我们能做的，哪些不是。大多数人都愿意妥协。如果我主动提出派一个水管工去修理漏水的水龙头，对方就很愿意自行更换客厅的电灯开关。通过这种方式，他们想要的东西从一开始就很清楚；他们把手里所有的牌给我看，而我则掌握着主动权，因为我可以决定我该做出怎样的反应。

这种事要是反过来做就显得很愚蠢，但大多数人在处理投诉时都采用这种做法。他们先问都有哪些问题，然后逐项处理。房主抱怨电灯开关坏了，因为换一个也花不了多少钱，处理投诉的人满口应承："没问题。我们会处理好的。"房主随即发现太容易得手了，就开始提出更多要求，有些要求甚至无理。这就叫得寸进尺。正确的做法是先让他们列出全部要求，你再为那些要求设定界限，也就是哪些能满足，哪些不能。

如果你想了解另一个人，没有比直接提问更有效的方式了。以我自己的经验（如今我不再怕问别人问题了），极少有人厌恶回答哪怕是特别隐私的问题。比如，"你为什么住院"这个问题能让多少人感觉被冒犯了？肯定没多少。

人性中存在一件怪异的事，我们非常愿意谈论自己，但当涉及打听他人自身的情况时，我们却感觉张不开口。我们害怕在问涉及他人私生活的问题时招致白眼和令人难堪的一口回绝。我们克制着不去问，因为我们不愿听到"这不关你的事"的回答。然而，我们又能有几次会以这种方式回应他人？

作为一家房地产公司的总裁，我要鼓励我们的代理人挨门挨户去寻求挂牌房源。房地产人称它为"耕地"。我发现我们的代理人非常不愿意这样做。我最终制订了一个计划。我们共有 28 个门店，这 28 个门店经理都要出去找房源。具体做法是这样的，我每次带一个经理出去，我们一起玩信息游戏。我会说："这样吧。我去敲第一家的门，看看我能从这些人那里得到多少信息。你敲第二家的门——看看你能否得到比我更多的信息。"

你敲开门之后会发现，人们居然会向站在门口的陌生人提供那么多信息，真是令人惊讶。我可以让他们告诉我他们在哪里工作，妻子在哪里工作，有时还会问他们的工资是多少，他们在这栋房子里住了多久，当时购买的时候花了多少钱，贷款支付了多少，等等。基本上可以说是有问必答，而且我们感觉他们都特别愿意介绍自家的情况。

在与他人的交往中，努力了解更多情况不仅有助于你成为优秀的谈判者；它也能帮助你从生活中获取你想要的东西。提问是你应该养成的一个好习惯。开口问就对了。听起来很容易，不是吗？然而，我们大多数人都太拘谨，不好意思问别人问题。

当你克服了障碍并开始大胆发问后，你会发现原来有这么多人愿意帮助你，这绝对是你始料不及的。想当初我萌生了要当职业演讲者的想法后，我就打电话给丹尼·考克斯，他是我非常钦佩的演讲者，我问他是否可以请他吃午饭。午餐时，他开始欣然传授成为优秀演讲者的秘诀，那可是在报名费高达 5000 美元的研讨会上才能学到的啊。如今，每当我们见面，我都会提醒他，当初他能轻易说服我放弃当演讲者的想法。然而，他没那么做，反而大加鼓励。直到现在我仍然感叹，那些人经过毕生努力在某个特定领域功成名就，他们居然会毫无保留地分享给我他们的成果，而且竟然不考虑任何回报。

更令人难以置信的是，这些专家难得遇见积极向他们求教的人。大多数人都觉得专家令人望而生畏，所以他们所能提供的深奥知识从来没有被充分利用。这真的无异于暴殄天物——这都是源于一种非理性的恐惧。

规则 3：问开放式问题

优势谈判者明白提问的重要性。怎么提问最好？拉迪亚德·吉卜林曾谈论过他的 6 个诚实的仆人。他说：

我养着六个诚实的仆人，

他们教给我全部所知；

他们名叫何事、为何、何时、如何、何处与何人。

在吉卜林的 6 个诚实的仆人中，我最不喜欢的是"为何"。"为何"或者"为什么"很容易被人视为非难或指责。"你为何做那件事"暗含着批评之意。"接下来你要做何事"则没有批评的含意。如果你非要知道为何，可以表达得柔和一些，换一种提问方式："你这么做可能有很充足的理由。它是什么呢？"要学会利用吉卜林的 6 个诚实的仆人寻求你需要知道的东西。

你学会问开放式问题后，还能获得更多的信息。封闭式问题可以用是、不是或一个具体的答案回答。例如，"你多大了"是一个封闭式问题。你将得到一个数字，仅此而已。"你到了现在这个年龄有何感受？"是一个开放式问题，它引出的不仅仅是一个具体答案。"这个工作必须在什么时候完成"是个封闭式问题。"告诉我这个工作的时间限制"就成了获取信息的开放式问题。

这里有 4 个你可以用来获取信息的开放式话题策略。一、试着追问。他们说："你要价太高。"然而，他们没有解释为什么他们会有这种感觉，你想知道为什么。你重问一下："你觉得我们收费太高？"在多数情况下，他们会有反馈，详细解释他们的理由。或者他们并不能充实刚才的说法，因为他们也只是随口一说，想看看你的反应，你这么一追问，也许他们就会往回缩。

二、询问感受。询问他们对已发生的事有什么感受。比如你是承包商，你手下的领班说："怎么我一到班上他们就都讽刺挖苦我？气氛一下子紧张了。"你别问"怎么回事"。试着这样问："你对这种状况有什么感受？"也许对方会这样回答："这可能是我自找的。我迟到了整整一个小时，有 3 辆装混凝土的卡车已经到工地了，他们一直在等我。"

三、询问反应。银行经理说："贷款委员会通常要求小企业主提供个人担保。"你先不要假定这是获得贷款的唯一方式，试着问一下："你对此有什么看法？"她也许会说："我不认为有这个必要，只要你能保证公司一直维持足够的净资产就行。让我看看我能在他们那里怎么帮你。"

四、要求重述。他们说："你的要价太高。"你回答："我不明白你为什么这样说。"对方很可能不会重复刚才说的话，而是给出更详细的解释。

规则 4：提问地点不同，结果大不一样

优势谈判者也知道你提问的地点左右着你能得到的答案内容。如果你在对方公司总部开会，周围充斥着他们公司内部层级权力和权威的气息，深受他们做生意的条条框框的约束，你不可能在这种环境中获得有价值的信息。

人们在工作环境中总会受到无形的规章制度和行为规范的束缚——他们能感觉到有一种力量在告诉他们该说什么，不该说什么。这适用于坐在办公室里

的高级主管，适用于电话销售中的推销员，也适用于在你地下室修理管道的水管工。当人们在工作环境中时，会小心翼翼地分享信息。让他们远离工作环境，信息就能更自由地流动。不需要太远，有时候只需要把那个副总裁带到他公司的餐厅喝杯咖啡。这通常就是缓和谈判紧张局势和让信息流动所需要的一切。如果你们在你的乡村俱乐部进午餐，他就被你的权力和权威所包围，会在心理上对你有负债感，你要是还买了午餐，那就更好了。

规则 5：问其他人 ——别问你的谈判对手

如果你在谈判中只知道对方选择告诉你的，你的处境就非常危险。如果其他人会告诉你对方不愿意告诉你的事，你就能验证对方的说法是否属实。

先去找与你的谈判对手曾做过生意的人打探一下。我认为结果会让你感到惊讶，即使你认为他们是竞争对手，但他们居然如此爽快，把他们了解的情况都告诉你。作为回报，你也要准备一些要分享给对方的信息。不要透露任何你不想让他们知道的信息，但是让人们敞开心扉的最简单的方法就是互通有无。

与对方有生意往来的人尤其有助于你了解谈判对手的性格特点。比如，你能相信他们吗？他们喜欢在谈判中虚张声势，还是会在交易中直来直去？他们会信守他们的口头协议，还是需要找律师来仔细阅读合同中的各项细则？

接下来，你要去找谈判对手的下级员工了解情况。假如你要和一家全国性零售连锁店总部谈判，你可以打电话给它的一家分公司，约个时间去同它的经理聊聊。

与那个人做个谈判预演。他会告诉你许多（尽管他不会参与你要进行的交易）有价值的信息，比如公司的决策程序、接受一家和拒绝另一家供应商的潜在理由、会考虑哪些规格因素、期望的利润率、公司正常的付款方式，等等。记住，你要从这种对话中识别出"言外之意"。

也许在不知不觉间，谈判已经开始了。例如，分公司经理可能会告诉你："他们从来不会接受 40% 以下的加价幅度"，而事实可能并非如此。你不愿对总部的人说的话，也千万不要对分公司经理说。要谨慎行事，无论在什么情况下，都要假设你说的任何话都会传回到总部。

下一步，利用同侪群体分享。这是指人们有与同侪分享信息的天性。律师们通常不会向外人透露他们经手的案子的情况，认为那样做违背职业道德，但你在鸡尾酒会上却发现，他们可以当着其他律师的面就自己办理的案子高谈阔论。医生会和别的医生讨论病人的病情，但不会告诉医疗圈子以外的人。

优势谈判者知道如何利用这一现象，因为它适用于所有职业，而不仅仅是专业领域。工程师、财务主管、领班和卡车司机都忠于职守和自己的雇主。但他们要是聚到了在一起，你就能听到他们谈论一些事，而那是用其他方式都不可能了解到的。

如果你打算购买一件二手设备，让你的司机或设备主管与卖方公司的对口人员会面。如果你想收购另一家公司，让你的财务主管带他们的簿记员出去吃午饭。你可以带本公司的工程师去另一家公司，让你的工程师去找他们的工程师交流。你会发现，工程师群体与最高管理层——你可能谈判的级别——存在很大不同，除对各自所在公司保持忠诚以外，他们中间还贯穿着他们职业生涯的一条纽带。他们之间传播着各种信息。

当然，你也要留意，防备你的人泄露关于你的信息，导致对你造成损害。所以一定要选对人，小心提醒他，你愿意告诉对方什么，不愿意告诉什么，这就是公开日程和隐秘日程之间的区别。然后让他放心大胆地去找人聊，看看能挖掘出多少有用的信息。同侪群体信息收集的方式非常有效。

规则 6：为追根究底而非搜集信息而提问

虽然问他人问题的主要目的是搜集信息，但以下各项表明，除此以外，提问还有如下目的。

- 批评对方。你们解决了一直存在的送货问题吗？那起消费者诉讼案的结果是什么？你们为什么关闭仅运行了 6 个月的亚特兰大分部？为什么环球公司不再与你们做生意？联邦贸易委员会的调查还在进行吗？你可能已经知道这些问题的答案，或者答案本身对你来说可能并不重要。

- 引导对方思考。你们确定向波多黎各扩张是正确的做法吗？你们对新的广告代理满意吗？你方员工对你方与我们做生意有何反应？难道把你们所有的生意都交给那个卖家不会让你们紧张吗？

- 教育他们。你们参加了我们获得年度包装奖的那次协会会议吗？你看到《新闻周刊》对我们产品的报道了吗？你们知道我们在曼谷有一家新工厂吗？你们知道我们的副总裁曾经是环球公司的总裁吗？

- 表明你的立场。你们知道专家认为我们的运输系统是业内最好的吗？为什么我们愿意这么做？你们知道还有谁相信吗？那么，为什么我们95%的客户继续增加订单规模呢？

- 得到承诺。哪种型号最适合你们？我们应该运送多少？你想要豪华包装还是邮购包装？你想多快交货？

- 拉近双方的关系。这是调解员和仲裁员经常使用的一种技巧。我们能达成一致吗？如果我能让他们同意增加5%，你会怎么做？

我认为信息收集过程与我年轻时玩的战舰游戏有相似之处。今天你们可以在玩具店买到它的电子版，但是我小时候生活在第二次世界大战之后的英国，那时根本没有玩具可买。我们只能自创一些不用花钱买任何东西的小游戏自娱自乐。战舰游戏特别好玩。

我和表哥科林会分坐在桌子两边，在我们之间的桌面上会筑起一道屏障，我们通常用一堆书来建造屏障。然后我们每个人拿一张纸，画100个不同的正方形，并在一侧标上字母，底部标上数字。在这张图上，我们会画出我们的舰队，其中包括战列舰、巡洋舰和驱逐舰。我表哥看不到我的舰队在哪里，我也看不到他的在哪里。然后，我们会尝试轰炸对方的舰队，具体做法是大声喊出图表上的编号。当我们成功击中时，我们会在自己的图表上标出位置，如此这般，我们逐渐确定了对方舰队的位置。

这里的相似之处是，藏着的那张纸就是谈判对手的隐秘日程。通过明智的提问，你应该尽可能多地找出那个人的隐秘日程，同时清楚地描述出来，你就能确切地知道他的目标和真实意图。

优势谈判者总是主动对谈判中发生的事情承担全部责任，糟糕的谈判者则习惯指责对方行事不当。

表演者面对的从来都不是表现恶劣的观众

我曾在圣费尔南多谷主持一个谈判研讨会，当时喜剧演员斯莱皮·怀特也参加了。休息时，我告诉他我特别崇拜喜剧演员。"像你这样的成功人士一定感觉很棒，"我对他说，"不过，那些喜剧俱乐部里有太多充满敌意的观众，能熬出来也真不容易啊。"

"罗杰，"他告诉我，"我从未遇见过表现恶劣的观众。"

"哎，得了吧，斯莱皮，"我反驳道，"你刚出道时，肯定遇到过一些很差劲的观众。"

"我从未遇见过表现恶劣的观众，"他重申道，"我只是遇见过我不够了解的观众。"

作为职业演讲人，我接受这个说法，即世上并不存在表现恶劣的听众。只存在演讲人不够了解的听众。我之所以能成名，全要归功于我面对听众之前所进行的规划和研究工作。

作为一名谈判者，我承认世上并不存在糟糕的谈判，只存在我们对谈判对手不够了解的谈判。为确保谈判顺利进行，我们所能做的最重要的事就是尽可能多地收集相关信息。

要点备忘

- 1. 全面细致的信息采集是获得谈判成功的根本。

- 2. 别怕承认自己不知道。

- 3. 争取做个好记者，问对方尖锐的问题。

- 4. 不要假定你了解对方的需求。让他们亲口告诉你。

- 5. 问一些不能简单地用"是"或"不是"回答的开放式问题。要问何事、为何、何时、如何、何处以及何人，这样就能获得你想要的全部信息。

- 6. 问"为什么"时要小心。不要带有责备的意味。

- 7. 再问一遍："难道你认为我们不能满足规格上的要求？"

- 8. 询问对方的感受："你觉得那条政策怎么样？"

- 9. 询问对方的反应："你对此有什么反应？"

- 10. 要求对方重申："你认为我们无法按时完成吗？"

- 11. 不要仅仅依靠对方提供给你的信息。

- 12. 人们在离开自己的工作环境后才会更愿意分享信息。

- 13. 利用同侪群体收集信息。人们在与他人建立了密切联系后，会更愿意分享信息。

第**39**节
随时准备退出谈判

在所有的谈判压力点中，这个是最强大的。如果你得不到你想要的，你就退出谈判，这是你向另一方发出的信号。如果有什么东西我特别想让你牢牢记住，能帮助你成为比现在强大十倍的谈判者，那就是学习并开发"拂袖而去"的能力。危险在于，当你在谈判中越过了心理上的某个点，你就不再想走开了。

- 你在谈判中，总会抵达一个重要关头，此时你开始想："我要买这辆车。我要尽最大可能压低价格，谈不下来我就不走。"
- 或者你是雇主，你在想："我要聘用这个人。我要尽可能压低薪金和福利待遇的标准，但我绝不会放走这个人。"
- 你正在求职，心想："我必须拿下这个职位。我要争取得到最高标准的薪金和福利待遇，但我必须得到这个工作机会。"
- 你看中了一栋房子，心想："我要买下这栋房子。我要尽全力把卖主的要价压到最低，但我必须谈成，因为它是我梦寐以求的最佳选择。"
- 或者你是推销员，心想："我必须做成这笔生意。我不能两手空空地离开这里。"

当你错过了可以说"我打算放弃"的那个关口，你在谈判中就输了。千万不要越过那个点。世上没什么东西是你必须以任何价格出售的，也没有非拿到不可的小汽车或房子和必须得到的工作或员工。当越过了那个点，你从开始认定要得到的那一刻起，你就在谈判中失败了。

在研讨会上，当人们告诉我他们在谈判中犯了错时，我发现这一点始终是犯错的原因之一。他们已经过了愿意走开的阶段。在讲述这段经历时，他们总会说着说着就插一句："当时我下定决心要得到它。"我一听就明白了，这就是谈判的转折点。他们就是从这里开始走向了失败。

如何在一小时内赚一千美元

多年前，我女儿朱莉娅买了她的第一辆车。她去经销商那里试驾了一辆很漂亮的二手车。她特别喜欢那辆车，销售人员也知道她喜欢。然后她回了家，想叫我和她一起回去，重新谈一个更优惠的价格。形势很严峻，对吧？在去车行的路上，我说："朱莉娅，你做好今晚不开车回家的心理准备了吗？"

她说："没有，我没有。我要开它，我要开它。"

我告诉她："朱莉娅，你不如干脆拿出支票簿，照着他们说的钱数写上，因为你这种表现注定谈不下来你想要的价格。我们必须有谈不好就走的心理准备。"

在我们谈判的两个小时里，我们两次走出展厅，最终我们争取到了比原报价低了 2000 美元的优惠价。考虑到我放弃了平常收取的费用，你可以算算她在谈判时赚了多少钱？相当于每小时挣了 1000 美元。一小时挣一千美元的工作，我们都会抢着去干，对不对？你平常挣钱的速度不可能比你在谈判时挣得还快。

当你学会了向另一方明确表示，如果达不到预期目的，你就会放弃这次谈判之时，你就真正具备了一名优势谈判者的素质。假如你是卖方，在你威胁放弃谈判之前，千万要确保你已经吊足了对方的胃口。显而易见的是，在你还未激发起对方强烈的愿望，特别想要购买你的产品或服务的情况下，你贸然以中止谈判相威胁，你会沦落到一种尴尬的境地，或许只能站在人行道上茫然自问："发生了什么事？"

你应该把销售分为四步。

- 1. 搜寻。寻求想要与你做生意的人。

- 2. 筛选。确定对方是否有能力与你做生意。

- 3. 激发需求。设法让他们只想要你的产品或服务。

- 4. 促成交易。放弃交易法只能用在最后阶段。换句话说，你得先调动起对方足够的愿望，并争取让对方作出承诺。

记住，目标是通过威胁放弃谈判以争取你想要的，但不是真的走开。别给我发邮件说："罗杰，你会为我感到骄傲的。我刚刚从一笔数百万美元的买卖中走开了。"这就像巴顿将军对他的部队说："要看清楚目标。战争的目的不是让你为国捐躯，而是让对方的一个倒霉蛋为国捐躯。"

在危急关头，不要威胁对方你要走开，除非你有"好人／坏人法"的后手。不要一个人做这件事，你应该留下一个好人替你圆场。所以，他们也许没有说："嘿，等一下，你要去哪里？回来吧，我们仍然可以往下谈。"如果他们没这么说，就该你留下的那个"好人"发挥作用啦，他可以说："嗨，他现在只是很生气。我认为我们仍然可以接着谈，这就需要你们在定价上更灵活一点。"

积攒走开的底气

你需要增加你的备选方案，只有这样你才能有底气说我不谈了。牢记一点，拥有选项最多的一方在谈判中的底气最足。如果你找到了你梦想中的家，并打算出价购买，你应该另找几栋你也很喜欢的房子。这样，当你和首选房子的卖家打交道时，你就能表现得强硬一些。你不会一心想着只有这栋房子才能成为让你舒心的家，而是在想："没问题。如果这栋房子的价格谈不拢的话，我还能从另外选的两栋中挑我中意的买。"这并不意味着你将得不到首选的那栋，而是当你拥有多种选择时，你赋予了自己力量。

如果你相中了一条船，在跟船主商量买卖之前，你要先找到让你同样开心的另外两条船。选择最多的一方力量最大。如果你是卖家正在谈的唯一买家，而你有三条能让你感觉开心的船可选，那么你就是拥有极大权力的谈判者。

如何清楚地表达你具有"走开"的底气

我可以用亲身经历告诉你，如何清楚地表达具有"走开"的勇气，看看一个房地产经纪人是怎样把它应用在我身上的。我在加利福尼亚州的长滩拥有几处房产，那里离我住的地方大约 50 英里。我不太熟悉市场行情，一时找不到一家好的房地产经纪人来代办出售事宜。后来，我听说一个叫沃尔特·桑福德的经纪人很厉害，做起生意来咄咄逼人。看来他应该是我的理想人选，可以把这笔财产的出售事宜委托给他。

我打电话给他，说："我名下有几处房产，离你的办公室很近。我想让你帮我挂牌出售。"他的回答是："我可以为你代理。你什么时候能来我办公室？我们可以谈谈。"我喜欢这样。他显然掌握了"优势谈判"的技能。第一，他有做不成这单的思想准备。他的表现不俗，通常典型的经纪人都会说："哇，两个挂牌，我会放下一切，马上就来。"他只是说："我可以为你代理。"

第二，他知道应该设法在自己的领地谈判。对他来说，说服我去他的办公室，总比他来我家要有利得多。

第三，他开始让我按照指示去做。如果你能让人们开始按照你的要求去做事，哪怕是微不足道的事，那也说明你掌控了这段关系。

我和他约定三四天后在他的办公室面谈。与此同时，他已经查验了房产，并准备了几份资料汇总，上面有他建议的挂牌价。这些价格远低于我所期望的房产价值。

然而，到了这个时候，我对他平添了很大的信心，并且在想："嗯，他确实比我更了解这个地区。唯一的选择是我信不信他。我认可了他提出的上市价格。"然后他对我说："罗杰，你该知道，我不会接下挂牌时间少于 9 个月的任何房源，你明白吧？"

我说："等一下，沃尔特。9 个月？我们以前可是从未合作过！我可不这么想，怎么可能过 9 个月没成交我还不把它拿下？"

他接下来做得很聪明。他站起身，合上他一直在查阅的文件夹，把手伸到桌子对面，说："道森先生，我很抱歉，不过我想我们恐怕无法一起做这件事了。"

如果他的愿望得不到满足，他就准备放弃这次机会。那我该怎么办？现在，我不得不与他谈判，让他接受我的房源。

当然，他并不知道他正在和一个谈判高手打交道。经过一番唇枪舌剑，我终于让他把上架时间的要求一路降到了6个月，这很可能也是他起初就想要的！

我很钦佩他。你应该总是提出远超预期的要求——这样你就能营造一种氛围，让对方最终感觉自己是这次谈判的赢家。这里有一点至关重要，你要向对方明确表示你随时准备中途离场。对你来说，接下来出现的比较有代表性的场面，会与你在墨西哥的商店里所遇见的没有两样。就在你作势要走出商店的当口，店主会紧跟着追出来拉住你。优势谈判者知道，学会巧妙地告诫对方，你随时准备放弃交易，是所有谈判策略中最有力的一招。

要点备忘

- 1. 始终告诫对方，你随时有可能退出交易。
- 2. 一旦你坦露出不愿离场的倾向，说明你别无选择，并在谈判中变得无能为力，任人摆布。
- 3. 销售流程分4个步骤：搜寻、筛选、激发需求、促成交易。
- 4. 终极目的不是离场。你的目标是让对方深信你会放弃交易，从而促使对方让步。
- 5. 在事关重大的危急关头，你要用"好人／坏人法"保护自己。
- 6. 在正式谈判前，你要通过把握更多选择积蓄随时"走开"的实力。
- 7. 学会告诫对方你随时可以终止谈判，这是所有谈判策略中最有力的一招。

第 **40** 节
接受或者放弃

我在前一节说过，告诫对方你随时可以退出谈判是谈判策略中最有力的一招。然而，假如你真打算用这招的话，你要以柔和的语气说出你准备放弃。记住，这样做的真实意图是你以退出谈判相威胁，迫使对方让步。你的目的不是真的离开——假如真的离开就太傻啦。

如果你表述的方式过于生硬，对方或许会心生反感，千万要小心。不要用"要么接受，要么放弃"这种令人生厌的表达方式。即使本来愿意满足你愿望的那些好心人，一听这话，也会往回缩。所以，最好是使用更微妙的表达方式，如"对不起，我不可能接受那个价格，只能放弃"或"我们从不偏离公布的价目表"之类的措辞。

谈判时的禁忌

在与工会谈判时采用的"接受或者放弃法"甚至还有个专用名称：博尔韦尔主义。在 20 世纪 50 至 60 年代，莱缪尔·博尔韦尔是通用电气公司的劳资关系主管。他的谈判方法是提出一个他认为对公司、工会和股东都公平的方案，并始终保持不变。这种"要么接受，要么放弃"的态度显然会令人反感，因为它使得工会谈判代表根本没有在其成员面前宣称赢得谈判的机会。我确信博尔韦尔一定想到了一种情况，如果工会接受了首次提出的方案，会员们就会怀疑他们参加工会的必要性。1964 年，美国国家劳工关系委员会裁定通用电气公司进行缺乏诚信的谈判。更糟糕的是，1969 年，博尔韦尔在谈判中寸步不让的态度导致 13 个工会联合组织大罢工反对该公司。

既坚持不妥协又不得罪人的好方法，则非"更高权威法"莫属。当你说"我也想照你说的那样做，可总部的人不允许"时，谁会生气呢？通过运用"更高权威法"，你可以给人们施加很大的压力，同时又不会招致对抗。

我认识一个人，他在曼哈顿开了一家小旅馆。他曾感到苦恼的是总有些朋友想免费住宿。后来，他实施了"岳母费率"解决了这个问题。每当朋友打电话问他是否有空房间时，他会说："我告诉你我会怎么做。我按收岳母房费的标准收你的费用。她在这里住的时候就支付这么多钱。其他人也不能低于她的标准。"就这样，他明确地告诉他们"没有免费"住宿的可能，但他是以委婉的方式实现了自己的目的。

温和地周旋

当有人用"要么接受，要么放弃"这种生硬（也可能以微妙的方式表达出来，比如"这是我们的一口价，没商量"）的方式对付你时，你有 3 个选择。

1. 针锋相对，接受挑战。告诉他，你的上级坚持要他们让步，只要这个立场没有变化，你也无能为力，只能放弃。或许你就此准备离开，同时希望他们会叫你回到谈判桌。

在你做出这种激烈的回应之前，你得先权衡一下对方是否会因为终止谈判而有所损失。如果对方是一家零售店的售货员，只挣工资，没有佣金，那他就没什么可损失的。

在你离开之前，先想一下如果你这么做，对方将会损失多少。如果他们没什么可失去的，你离开谈判桌可能也于事无补。

2. 尝试越级。这并不总是意味着直接找他的老板谈，或打电话给他的老板抱怨。可以采取较为温和的方式，问他："谁有权破例？"或者可以采用语气稍微强硬的方式要求他："你能找你的主管核实一下，想办法让她破一次例吗？我敢肯定，只有你能让她这么做。"更强烈的是："你介意我们一起去找你的主管谈谈吗？"

3.用一种比较留面子的方式来改变对方坚决不妥协的立场。当然,这是处理"要么接受,要么放弃"的最理想方式。如果另一个谈判者因找到打破僵局的方法而有所收获,这种做法尤其有效;如果你是在与一家企业的老板或挣佣金的人打交道,对方肯定会有所收获。"我能理解你为什么会有如此强烈的感觉,"你说,"但如果我愿意付给你一笔奖金,你肯定会愿意破例的,对不对,乔?"或者你可以试试这样说:"乔,我问你一件事。我该怎么做,你才会改变原来的立场,就改一点点,就这一次?"

要点备忘

- 1.避免"要么接受,要么放弃"这种令人生厌的表达方式。它会使对方的立场变得强硬。
- 2.你可以借助"更高权威法"给人施加压力,又不会导致对抗。"我很想那样做,可我没办法说服我的上司。"
- 3.回应"要么接受,要么放弃"态度的方式有3种:接受他的挑战,以巧妙的方式越级,或者替对方找到一种体面的让步方式。

第**41**节

既成事实

打个比方，如果你曾给某人寄过一张数额低于对方要求的支票，并在其背面注明"已确认全额付款"，你用的就是"既成事实法"。意思是一个谈判者只是假定另一方会接受其假设的解决方案，而不是不厌其烦地重开谈判。它起作用的原理是，乞求原谅总比获得许可容易得多。

在加利福尼亚和另外一些州，"既成事实法"在汽车维修行业变得如此普遍，以至于我们通过了反对它的法律。维修站的普遍做法是未经你对维修估价的认可，自行决定按照他们的评估对你的车进行维修，他们一旦认为车修好了，你也就没有别的办法，只能乖乖付款，否则不能提车。

我有个朋友叫迈克，他经营着一家户外广告公司。有一次他要和一位农民交涉，后者拥有的地产上生长的大树枝繁叶茂，逐渐遮住了迈克的公司在附近竖立的一块广告牌，导致其商业价值降至零。迈克本着好说好商量的态度，想要付给这位农民一些钱，用于修剪树枝，没想到这位农民趁机索要一大笔钱，因为他认为迈克别无选择。迈克决定用"既成事实法"对付他。

一天早上，他找来公司的 4 个工人，让他们偷偷溜到这位农民的院子里，一起开动链锯伐树。等院子的主人醒来，还没来得及拿到他的霰弹枪，树已经倒了，那几个工人迅速翻过栅栏，开车跑了。当天晚些时候，迈克登门道歉，声称这是一场误会，最终与农民达成和解，以一笔非常合理的赔偿金了结了这个纠纷。

"既成事实法"存在一定的危险性

运用"既成事实法"的一方不会让对方感受到温情或善意。当《蝙蝠侠》系列电影的制片人彼得·古伯和乔恩·彼得斯仍与华纳兄弟电影公司有约在身时，索尼电影公司向他们许以重任，两人禁不住诱惑，决定先斩后奏，将签约的既成事实提交给他们的华纳老板史蒂夫·罗斯。罗斯对古伯和彼得斯处理这件事的方式怒不可遏，决定要与他们对抗到底。

最后古伯和彼得斯花了5亿多美元才解决了这件事。他们选择了一个极其糟糕的谈判策略，假如他们没有采用这种极具敌意的方式，罗斯也许会选择不予追究，放过他们。你从中学到了什么？不要轻易使用"既成事实法"，除非你毫不在乎对方的反应，因为这样做肯定会损害你们的关系。

有时候，"既成事实法"会被人肆无忌惮地用来对付你，而你对这种胆大包天的做法只能报以苦笑。我在年轻的时候，曾把一台高档相机借给了一位老先生，他是我敬重的导师。他拿到相机后立即把它送去典当了，并把当票寄给了我，同时还附上了一张纸条，上面写着："很抱歉，可我急需用钱。这是你一生中最重要的一堂课——不要相信任何人。"

就在前不久，有个演讲人的经纪人约我去做演讲，从公司收了演讲费，但是没有把属于我的6500多美元发给我。他告诉我的业务经理，逼债的人跟他翻脸了，于是就拿那笔钱先去还债了。但当我逼问他偷拿钱的真正原因时，他说："我只是觉得罗杰很有钱，不像我这么缺钱。"他的厚颜无耻实在令我们瞠目结舌，甚至引人发笑，我们忍无可忍，要求他把钱还给我们。

"既成事实法"运用得当的话，其实是向对方施压的有效方式。假如你发现别人出价过高，那就给他们寄一张正确金额的支票，并在背面注明"已全额支付"，这可能比找上门去一争高下更简单。假如你在谈一份合同，并且不同意其中的任何一点，可以直接进行更改，并将修改后的合同文本发回给他们。他们很可能会接受这些改动，而不是不厌其烦地重开谈判。

要点备忘

- 1. 作为谈判方法，"既成事实法"指的是向对方发送让他们签字的协议文本，假设对方会作出你要求的让步。

- 2. 这种策略会激怒对方，因此，如果你在意对方的反应，就不要使用它。

第**42**节

烫手山芋

"烫手山芋"指的是有人想把他的棘手问题抛给你，把它变成你的问题。这就像在烧烤时有人扔给你一个刚烤熟的山芋。

你有没有被人扔过烫手山芋？你听人说过"我们的预算中没有这一项"吗？他们没有为你的优质产品或服务做好预算是谁的问题？这是他们的问题，对吗？不是你的。但他们想把它扔到你头上，让它变成你要解决的问题。

你听人说过"我不能授权做这个"吗？他没有得到向他汇报的人的信任，这是谁的问题？是他的，对吗？不是你的。但他想把它扔给你，让它成为你的问题。

如果你是承包商，客户可能会打电话告诉你："我需要你把我的活儿往前排。如果你不一大早就赶过来，整个项目就得停工。"排定工期的事该谁负责呢？那是他们的问题，对吗？不是你的。但他们就想把他们的问题抛给你，让它变成你的问题。

当对方试图把问题推给你的时候，你应该照国际谈判人员告诉你的那样做。我在研究国际谈判之后发现，两者的适用原则完全相同 —— 在日内瓦军备控制谈判中，各国谈判代表应用的规则同样适用于商务谈判。国际谈判代表会告诉你，要用以下方式应对"烫手山芋"：首先，验证它的有效性。这是在对方试图抛给你问题时，国际谈判者的通常做法。你必须尽快查明，他们是否真的抛出了一个足以扼杀谈判的问题，还是他们只是随便扔出个问题试探一下你的反应。你必须当即查明，晚了就来不及了。如果你表现出要解决这个问题的姿态，他们很快就会相信它已变成了你的问题，此时再想验证它的有效性就太迟了。

我曾是一家房地产公司的总裁，拥有 28 个门店。在房地产行业，我们经常会接到"烫手山芋"。比如一位买家会走进我们的门店，说："我们只能付 1 万美元定金。"即使在蓝领地区，这也是非常低的预付定金。我们的经纪人可能会接受这种做法，但这在操作时会很麻烦。

我教代理人立即验证它的有效性——告诉买家："也许我们可以接受 1 万美元。不过我想问你一个问题：如果我为你找到了特别符合你要求的房产，位置很合适，价格和各项条款都无可挑剔，你的家人看了介绍非常喜欢，你的孩子们也特别喜欢让他们的朋友过来玩，但你要花 1.5 万美元才能看房，还有必要带你去看房吗，还是我应该带其他买家去看？"

他们偶尔也会这样回应："难道你不懂英语吗？仔细看着我的嘴唇。我只付 1 万美元，多一分钱都不行。我不管那房子有多超值。"但他们十有八九会说："我们不想动定期存款，不过要是它真的很值，我们或许会考虑。也许乔叔叔会在预付定金上帮我们。"代理人立刻就发现，买主扔给她的问题表面上很严重，其实并不会搅黄这笔买卖。

假如你在推销家居用品，有个客户或许会说："我们铺地毯的预算是每平方米 20 美元，不能再多了。"如果你接到了这个"烫手山芋"，不要着急直接扔回去，可以立刻开始琢磨降价——假定对方不容还价。但我要告诉你，先探听一下对方的虚实，可以说："可以的话，我想推荐给你一款地毯，耐磨度加倍，使用 5 年后看着还像新的一样，价格也只提高了 10%，你想不想看看？"

他们十有八九会说："当然，我们要看看。"你立刻就发现，其实这笔买卖成不成，价格不是关键。针对"我们的预算中没有这一项"这个烫手山芋，你还有另一种对策，可以说："好吧，谁有权批准超出的预算？"他们答道："那得副总裁批准。"你说："你非得这样，是吧？那你何不给副总裁打个电话，看看他能不能批准？"他拨通副总裁的电话，争取到了授权。有时，事情就是这么简单。立刻验证真伪即可。

我记得我曾为阿拉斯加联合总承包商举办过一次研讨会。他们把我安排在希尔顿酒店。在我离开的那天，我需要延迟退房。当时在前台后面站着两个年轻女子，我对其中一个说："请你把我的退房时间延迟到下午 6 点钟好吗？"

她说："道森先生，我们可以帮你这么做，但是我们得多收你半天房费。"

为了验证这话的真假，我说："谁有权取消多收的费用？"

她指着站在她旁边的女人说："她有。"居然就是站在她旁边的那个女人！

我对那个女人说："你觉得如何？"她说："哦，当然。没问题。取消吧。"

还有一种处理"我们的预算中没有这一项"的方法，直接问他们预算年度的截止日期是什么时候。下面这个故事可用来佐证我这样做的好处。

这一招怎样让我挣了6300美元

我在加利福尼亚州一家顶级保健组织培训了80名销售人员。培训开始的前几周，该组织培训主管打电话给我，建议我们共进晚餐，其间她会简单介绍一下公司的运作机制。因为我认为她会买单，所以我选择了奥兰治县的顶级法式餐厅，我们吃了一顿很棒的晚餐。

甜点端上来时，我说："你知道你应该做什么吗？你应该为每个销售人员买一套我的音频光盘，这样他们就能持续学习了。"我边说边在心里算计，除了他们已经答应支付的演讲费，80名销售人员乘每套光盘的79美元，还会有额外6300美元的收入。

她想了想，说："罗杰，这个想法可能不错，但我们的预算里没有这一项。"

我需要在这里坦白。我对自己接下来的想法感到非常惭愧，但我想分享给你，因为假如你某一天产生同样的想法时，我的教训到时候可能对你有参考价值。当时我想："不知道我要是说可以降价，她会不会当场就答应？"这想法难道不可耻吗？她并没有说光盘太贵，也没告诉我，如果我降低价格，她可能会认真考虑。她只是告诉我她没有预算。

好在我只是有过这个念头，并没有说出来，而是开始探听她的虚实。我问："你的预算年度什么时候结束？"问话的时候是8月，我以为她会告诉我12月31日。

令我惊讶的是，她说："9月底。"

"也就是说，你会把它列入10月1日后的预算？"

"是的，我想我们会的。"

"这样啊，没问题。我先把光盘发给你，发票时间定在10月1日。这样可以吧？"

"应该可以，"她告诉我。就在不到30秒的时间内，我做成了一笔6300美元的买卖，因为我知道，当她把她自己的问题甩给我时，我应该验证一下真假。

我简直高兴坏了，因此当服务员送来账单时，我把信用卡塞进了夹着账单的皮夹里。她平静地说："罗杰，应该是我们公司付钱的。"于是我想："罗杰，人倒霉时喝凉水都会塞牙。可一旦走运，所有好事都会找上门来，为什么不好好享受呢？"我把服务员叫回来，告诉他刚才我们给错了信用卡。

当心那些把难题甩给你的人。你自己的问题已经够多了，对不对？就像晚上在屋里来回踱步的商人。他失眠了，而他的妻子也急得不行，问他："亲爱的，你有什么心事？你为什么不来睡觉？"他说："唉，我们明天有笔巨额贷款到期。银行经理是我们的好朋友，我实在不好意思见他，说我们没钱还贷款。"

他妻子拿起电话，拨通了他们的朋友——银行经理的电话，她说："我们明天到期的那笔贷款，我们没钱还。"

丈夫一听就气炸了。他说："你为什么这么做？我怕的就是这个。"

他妻子说："好啦，亲爱的，现在是他的问题了，你踏踏实实睡觉吧。"这个故事的寓意就是：不要操心别人的问题。

要点备忘

- 1. 当心对方把他们的问题甩给你。
- 2. 当对方甩给你"烫手山芋"时，先要探探虚实，看看它是否直接影响到谈判的成败。
- 3. 别相信他们在程序上的问题。如果他们没预算，他们可以更改。如果它违背公司程序，他们可以改程序。

第**43**节
最后通牒

最后通牒是非常高调的声明，往往会被用来恐吓谈判新手。恐怖分子劫持了一架装满人质的飞机，并告诉谈判人员，除非他们的要求得到满足，否则他们将在第二天中午开始射杀人质。最后通牒是一个强大的压力点，但作为一个策略，它存在一个重大缺陷：如果你说你明天中午要射杀第一名人质，你明天正午时分要准备好做什么？没错。射杀第一名人质。因为如果到了 12:01，你还没这样做，你就在谈判中失去了所有的威慑力。

这个道理同样适用于商务谈判中的最后通牒。如果你告诉一个供应商，除非她能在明天中午前交货，否则你将从她的竞争对手那里拿货，那么你最好准备好明天中午做什么。没错，去找她的竞争对手要货。而如果最后期限过了，你还没有这样做，你就在谈判中失去了所有的威慑力。如果你愿意坚持到底，你只应该把最后通牒当作一个压力点。不要虚张声势，因为另一方要做的就是等到过了你的最后期限，发现你只是虚张声势，你的威胁变得软弱无力。

当你明白了用最后通牒作为压力点的弱点后，你就可以很容易地算出，最强有力的反击策略就是针锋相对，让最后期限过去。然而，还有其他不那么明目张胆的回应。如果有人给你下最后通牒，你有 4 种回应方式，我按强度从小到大列举如下。

1. 立刻验证。他们告诉你货物必须在明天中午之前到达。你可以问他们，中午前运到一部分货能否解决他们的问题？能否空运足够的货，确保他们的生产线继续运转，随后通过水运处理剩余的货物？

2. 拒绝接受。告诉他们，你不知道自己能否按时完成，但他们可以放心，你正在尽一切努力完成任务。

3. 拖延时间。当一方用最后通牒威胁另一方时，时间是最重要的因素。他们发出威胁，但又不实施，时间拖得越长，他们实施的可能性就越低。恐怖分子在与官方交涉时总是在争取时间。比如在劫持人质事件的谈判中，犯罪嫌疑人要求得到逃跑用的直升机或汽车。警方谈判代表将设法拖延时间，说他需要得到州长的批准，或者调派的车辆正在路上，但因交通堵塞一时过不来。随着时间的推移，双方对抗的势头将发生重大转变，警方谈判代表会逐渐占上风。

4. 蒙混过关。如果最后通牒的时限安然度过，这是最好的情形，因为它不仅解决了眼前的危机，还让他们知道你不会让他们在未来摆布你。然而，这需要勇气，你不应该随心所欲地采用这种方式。尽你所能了解当前状况的所有信息。要搞清楚的根本问题是有没有什么变化。自从你和他们签订合同以来，有没有新的供应商出现，可以向他们按时供货，而且价格更低？如果你有合同在手或购买选择权，他们有其他人提出的更吸引人的报价吗？如果没有发生任何改变，你可以放心大胆地抓住这个机会。当然，你真正要弄清楚的是，他们是还想继续保持与你的业务关系，还是要用最后通牒的方式迫使你出局。

要点备忘

- 1. 除非你真打算实施你威胁要做的事，否则不要轻易使用最后通牒。
- 2. 不要告诉别人优惠价仅适用于现在，除非你是认真的。
- 3. 有经验的谈判者都会尝试最后通牒。
- 4. 回应最后通牒的方式包括立刻验证、拒绝接受、拖延时间以及蒙混过关。

第 **4** 部分

跨文化谈判准则

在我的"优势谈判"研讨会上，人们经常问我有关与非美国人和刚加入美国国籍的人谈判的问题，后者作为移民带来了他们的习俗和价值观。似乎每个人在与他们打交道时，都有过不愉快的经历。我自1962年从英国移民到美国以来一直住在美国，并自1972年起一直是这个国家自豪的公民，我能理解与非美国人打交道时所遭遇的困难。且不说我有从英国搬到这里并适应美国人做事方式的经历，我还周游世界，去过113个国家。

因为我的背景，我知道美国与地球上其他国家有多么不同。美国之外的人只是觉得美国看上去有些不同，他们中的许多人看过我们的电影和电视节目，受到过大量美国文化产品的熏陶。然而，电影和电视并没有完全揭示美国人的内心和思想，那才是决定我们经商模式的根本。

相反，我们往往在看待非美国人时，倾向于以为理解他们。没错，他们可能穿着西装，说着我们的语言，但这并不意味着他们的传统价值观和思维方式也已随之改变。他们可能更喜欢美国音乐和电影，但他们仍然坚信自己的生活方式，并一如既往地坚守他们的传统价值观。

我相信，在我们所有表面看起来的相似之下，我们的商业经营方式存在着巨大的差异。在这一部分，我将试图揭开与非美国人和新美国人谈判的秘密。

第 **44** 节
怎样与美国人谈判

美式交易艺术

纽约房地产投资者唐纳德·特朗普写了一本名为《交易的艺术》的畅销书，详细介绍了他早期经手过的许多房地产谈判。这本书的标题和主旨都阐明了大多数美国谈判者最关心的问题：如何达成交易。我们确实生活在一个非常注重交易的环境中。

我想社会学家们会告诉你，我们比其他国家的人更注重做成交易，因为我们生活在如此易变和多样化的社会中，我们几乎没有根的意识。我们没有世界上常见的那种互相，而是把我们所有的信任都放在创造一个牢不可破的交易上。"这在法庭上能站得住脚吗？"这是我们普遍的要求，似乎不关心这些的人都很幼稚。

社会学家还会指出，这是我们社会结构中近期的变化。在 20 世纪上半叶，我们仍然依靠所在社区的压力来履行我们的义务。背信弃义是不可想象的，因为它会让我们在社区里无脸见人。与此同时，我们的宗教团体在抑制着我们任何违背承诺的想法。让我们的神父或牧师失望是不可想象的。此外，在电视霸占我们的闲暇时间之前，我们属于许多社区组织。我们没有偏离太远，因为我们参加的俱乐部或社团会将我们排斥在外。可悲的是，这种生活方式在 21 世纪逐渐消失了。如今只剩下了交易，以及不惜一切代价诉诸法院强制执行已达成交易的日常做法。交易是有限的，也是静态的。交易一旦达成，不可改变。

大多数外国人完全排斥我们对交易的依赖。假如他们真的选择签署一份合同，那也只是对存在特定日期的一种谅解的表达。它是双方目前存在的一种关系的正式表达。与其他关系一样，它必须与时俱进。

大多数美国人惊讶地发现，你在韩国签的一份合同，可以在 6 个月后就变得毫无意义。"但我们签了一份合同！"美国人咆哮着说。

"是的，"他们的韩国同行耐心地解释说，"我们根据 6 个月前签合同时的条件签了一份合同。如今这些条件已不复存在，因此我们签的合同也不再有意义。"

"犯规！"美国人喊道，"你是在欺骗我。"根本不是。在我们看来不光彩的行为对他们来说不是，我们不应该试图把它描绘成这样。这只是他们做事的方式。

美国人经常高兴地发现，他们能轻易让他们的阿拉伯贸易伙伴签署合同。然后他们惊恐地发现，在阿拉伯世界，签署合同只是宣告了谈判的开始，而不是结束。在他们的文化中，双方签订的合同还不如我们文化中的意向书有分量。我不是在贬低别人的做法，你也不应该贬低。我们应该做的是认识到不同的民族和文化有不同的做事方式，我们应该学习、理解和领会这些方式。

美国人经常用打官司解决问题。但对印度的商人来说，打官司是一种可笑的行为，因为在他们眼中，民事法律体系几乎不存在。该国的审判法院目前积压了近 3000 万起案件。德里法院首席大法官估计，清理积压案件需要 466 年。2010 年，法院最终裁定了 25 年前提交的美国联合碳化物公司的案子。

显然，印度人必须依靠他们对与他们做生意的人的信任。我记得我试图向一个印度人解释美国新娘和新郎签署婚前协议的习俗。"你怎么会嫁给一个你不信任的人？"他觉得这实在不可思议，绞尽脑汁也想不明白。我无法让他理解的是，对美国人来说，以法律上成立的书面形式达成协议并不意味着对他人的不信任。

在美国，法律诉讼是如此平常的一件事，以至于一家公司会继续与起诉他们的公司做生意。我们认为这是解决争端的正常方式，没有必要引起彼此间的怨恨。在大多数国家，被另一家公司起诉是非常丢脸的事，因此这家公司会拒绝以任何方式与起诉他们的公司打交道。

高情境与低情境谈判

情境这个词在此处描述的是对双方关系的重视程度，而不是合同的细节。当关系至关重要时，我们称之为高情境谈判。当交易只是交易，与双方关系无关时，我们称之为低情境谈判。不同的族群对情境，也就是提出建议的环境的重视程度也不同。

在美国，沟通也是低情境的。我的意思是，无论在哪里说，单词和短语的含义都是一样的。"不"的意思就是"不"，不管是约会时小声说的，还是老板对你吼的。在这个国家，我们都习以为常。在高情境国家就不会这样，在那里，为了准确理解一句话，你必须了解清楚那句话是谁对谁说的、在哪里说的，以及是在什么语境下说的。

我的亲身经历可以作为例证来说明这一点。假设美国人德怀特去看了一出戏，你问他感觉怎么样。德怀特可能会说："挺好看的。"对一个美国人来说，这个回答的意思很清楚，也就是说德怀特认为这出戏很好看。现在假设去看戏的是一个英国人，名叫罗德尼。当他说"挺好看的"时，那意思可就多了。他有可能想说很糟糕，但"我这人很讲礼貌，不会在公共场合对作者说这种话"。如果送给他票的人问他觉得这出戏怎么样，"相当好"可能意味着这出戏一般，但他很感激有人给他票。如果罗德尼的儿子是这部剧的作者，"相当好"可能意味着"非常好，但我不会让你感觉飘飘然的"。

苏格兰高尔夫球手科林·蒙哥马利曾在旧金山奥林匹克俱乐部参加高尔夫球美国公开赛，他在球一次都没有陷入沙坑的情况下打完了整场比赛，《洛杉矶时报》的一名记者问他是怎么发挥出如此令人惊叹的技巧。蒙哥马利回答说："嗯，我发挥得挺好的。"记者认为这是一个傲慢无礼的回应，并在其报道中大肆抨击蒙哥马利的人品。这是不公平的，因为我认为这位高尔夫球手想要传达的是一种自嘲和谦虚的态度。如果他知道美国英语是一种低情境语言，他可能会说："嗯，我发挥得还可以吧。"这相当于一个美国人在说："我打得好是因为我以前在这个球场打过一次。"

你在中国做生意需要一名翻译。你要注意到他将英语译成汉语的难度，反之亦然。首先，弄清楚你是在和一个直译者打交道（他会逐字逐句地翻译你说的话），还是和一个意译者打交道（他会翻译你的意思）。意译者以理解你讲话的意图而自豪，而不是逐字逐句地直译你说的话。

汉语是一种极高情境的语言。在中国第一次举办研讨会的时候，我说话非常小心，只谈论他们的孩子，而不是他们的孩子们。我的翻译叶先生解释说，我怎么说都没关系，因为中文词不分单数和复数。如果有人用中文告诉你他们在盖房子，你不知道他们指的是一栋房子还是一千栋房子。你必须听他们的对话才能理解真实的含义。

汉语也没有时态。如果有人用中文告诉你他们"盖房子"，你不知道这是意味着他们正在盖房子、打算盖房子还是已经盖了房子。你要根据上下文才能搞清楚。

叶先生是一位优秀翻译家。他告诉我，英译中比中译英容易得多。因为英语的表述简单明了，容易译成中文。但中译英就不行了，你可能要听完一两段话之后才能明白完整的意思，然后再译成英文。

在与外国人谈判时，我们应该认识到的第一件事，就是协议本身对他们来说不是主要问题。他们更信任双方的关系。当事人之间互有好感吗？如果存在嫌隙，运用再多的法律手段也不会让这段关系变得有价值。当你绞尽脑汁推敲协议的遣词造句时，他们则不遗余力地品评你的性格特点。

与非美国人谈正事

现在我们要专门探讨一下我们与非美国人打交道时所犯的另一个重要错误：我们想尽快进入正题。

没有人能比美国人更快直奔正题的了。通常，我们会说几句客套话来缓解紧张气氛，紧接着就开始敲定交易的细节。办完正事之后我们才会进行社交活动。非美国人可能需要几天、几周甚至几个月的时间才能从"了解你"的阶段，过渡到感觉可以轻松自在地与你做生意的阶段。

在伊朗国王下台后的那段时间，我担任总裁的南加州房地产公司做了很多伊朗的生意。很多伊朗人口袋里揣着甚至高达数百万美元的巨额现金来投资。我经常眼看着我们的业务员犯错，他们总是着急谈生意，导致伊朗人不信任他们。我们很快了解到，刚开始的时候，他们就想坐着喝茶，用几个小时的时间考察我们。

如果你飞到日本做生意，可能得把好几天的时间用在社交活动上，直到他们觉得可以坐下来同你谈生意了。然而你要当心，他们的这种表现可能不只是迫使你在最后一刻完成任务。在我的研讨会上，许多人告诉我，他们开始时会因受到如此盛情款待而高兴不已，但这很快就变成了一场噩梦，因为他们发现想谈正事是多么困难。他们讲述了一些恐怖的故事，说他们直到坐在前往机场的豪华轿车里的时候才真正开始谈判。到成田机场有两个小时的车程，但这是在过度的时间压力下进行的谈判。一想到空手回家，他们就吓坏了，没谈多久价格就轻易定在了他们的底线上。

美国人倾向于先说话，然后听回应，观察其他谈判者的行为。非美国人告诉我们，这个顺序应该颠倒过来。我们应该先观察，再倾听，最后开口。事实上，听到对方的提议后，过些时间再作反应是尊重对方的表现。你的沉默并不表明你接受了他们的建议，只是表明你重视它，需要花时间予以认真考虑。

美国人与非美国人打交道时会掉进两大陷阱。

1. 过于强调交易本身，忽略了双方建立良好关系的重要性。

2. 急于谈生意。

当然，这两者是密切相关的。和对方建立关系，直到你觉得和他们相处很自在，这需要时间。将这种关系扩大到你信任另一个人的程度，而不必依赖于合同的严密性，这需要更多的时间。

要点备忘

- 1. 美国人专注于签订合同。
- 2. 其他文化背景的族群专注于当时各方之间的关系。
- 3. 对美国人来说，签合同代表谈判的结束。
- 4. 对韩国人来说，合同效力有时效性。
- 5. 对阿拉伯人来说，签合同标志着谈判的开始。
- 6. 美国人可以互相起诉，但互相仍继续做生意。这在大多数国家都不可想象。
- 7. 高情境谈判意味着双方的关系胜过一切。
- 8. 低情境谈判专注于签订合同。
- 9. 美国英语属于低情境语言。直来直去，易于理解。汉语是高情境语言，你必须听到整个对话过程才能理解真实的意思。
- 10. 美国人急于谈正事，办完事再进行社交活动。大多数国家要在展开谈判前花时间了解对方。

第 **45** ^节

怎样与美国人谈判（给非美国人的指南）

自 1962 年从英国移居到这个国家以来，我就一直住在这里，并且仍然在了解美国人。这使得本节成为一件半成品。我在此节要分享的，是本人对美国人及其做生意方式的认知。这是给非美国人参考的。如果你是美国人，你跳过这一节比较好，因为你不会同意我所说的一切，我也不想让你耿耿于怀。另外，你也可以看开些，本着知己知彼的精神，了解别人的文化，先了解自己的文化。

美国人的为人处世非常简单明了

这是我来到这个国家之后要学会适应的第一件事。美国人能用寥寥几句话说出来的意思，其他国家的人，尤其是英国人，可能需要一整天。一个英国人大清早走出家门时，会说："多么美好的一天啊！美丽的早晨真令人陶醉！"一个美国人会说："天气好极了！"两者的意思完全一样。

我在海湾战争期间的新闻发布会上注意到了这一点。英国的新闻官员会向媒体宣布："我非常高兴地向大家报告，我们正按照作战计划展开行动，恕我冒昧，我们的行动比原计划稍有提前。此外，我可以毫不犹豫地说，我相信我们的行动进程将始终早于原定计划。"美国的新闻官员会站起来，脸上带着狡黠的笑容说："我们要赢了！"意思完全一样！作为非美国人，你可能会认为这种简洁非常冒失，但美国人并没有任何以此冒犯他人的意思。

美国人只用一个词回答问题

当美国人问你感觉这个酒店怎么样时,他们并不想知道你对这家酒店的观感。他们只是要确认你住得很满意。你用"棒"回答就行了。诸如"你觉得……如何"或"那个……怎么样"之类的问题都可以这样回答。

准备好练习一下吗?现在开始。

问:"你觉得如何?"
答:"棒!"

问:"你觉得这家店怎么样?"
答:"棒!"

问:"你最近过得如何?"
答:"棒!"

问:"你觉得用一个词回答所有问题的习惯怎么样?"
答:"棒!"

美国人说话爱用习语

美国人酷爱习语!习语是不能照字面理解的。当你听到一个习语时,你会马上意识到它的字面意义与真实含义并不完全一致。大多数美国人甚至没有意识到自己平常使用了大量的习语。我的中文翻译警告我,我的观众无法理解习语,我应该避免使用。我在脑子里过了一遍我的演讲词,竟有了惊人的发现,我在不知不觉间居然用了那么多习语。

美国人需要意识到习语可能会让其他文化背景的人感到非常困惑。以下这段话就是我们美国人说话用习语时,外国人从字面上理解时的感受:

他拉我的腿时真的是进了我的头发，于是我把他放到高处干燥的地方（引申义：他总是戏弄我，真的烦死我了，所以我把他晾在了一边）。这是直接从马嘴里出来的——我想要一百万美元（引申义：这是千真万确的——我感觉神清气爽，棒极了）。他从那个袋子里把猫放出来了，所以我抓住了牛角（引申义：他泄露了秘密，所以我可以直面这个问题了）。早起的鸟儿有虫吃，所以我伸出脖子撒了豆子，这把他的袜子敲掉了（引申义：早起的鸟儿有虫吃，因此我提前透露了实情，令他大吃一惊）。我们愿意向后弯腰，不想关掉你，而且，我们还没有走出树林，我们将要咳出来，因为我们认为你会挠我们的后背（引申义：我们愿意全力以赴，我们不想让你感觉兴味索然，而且，我们还没有脱离困境，我们不得不实话实说，因为我们觉得你会帮助我们）。

美国人有强烈的爱国心

美国人不想听你说从机场过来的路上遭遇了极其严重的交通堵塞，或者这里的暴力犯罪率之高令你震惊。

你对美国人工作太拼命或人生观太物质的看法最好别说出来。这并不是说美国人不正视自己的问题，只是他们对自己的家园怀有家长般的偏爱，把美国当成他们的孩子，而且是最喜爱的孩子。你肯定不想呵斥你朋友的孩子，对吧？

我是洛杉矶旅行者世纪俱乐部的成员。要获得会员资格，你必须去过至少100个国家。人们一听说我去过这么多地方，都惊异不已。他们经常问我："如果让你在世界上选个长住的地方，你会选哪里？"我绝不会直接回答那个问题。在回答之前，我会先说一句美国的好话："如果我不能住在美国，我会首选瑞士法语区沃韦或蒙特勒的莱芒湖北岸。"

你可能会听到美国人批评他们的国家，有时甚至会破口大骂。这是美国人的一种特权。《宪法》以书面形式保障民众的言论自由和集会权。不要把这种批评理解为抱怨者想改变政府治理的方式。

有个现象你可能始终想不通，只要美国总统和国会议员的言行稍有失检，立刻就会招来各方抨击，在你看来这实在没有必要。这并不全是清教徒式的震怒，尽管美国人在这方面的观念确实更保守。英国女演员艾玛·汤普森在电影《风起云涌》中扮演的角色让人一眼就能看出是希拉里·克林顿。人们曾问她对克林顿总统与一名实习生发生性关系的指控有何看法。"我真不明白，"她故作天真地说道，"这有什么大惊小怪的，又不是跟一匹马或类似的什么东西发生了关系。"要知道，面对政府丑闻，美国人可以随意发泄自己的愤怒，他们深信政府不会因为他们大加揭露这种绯闻而面临崩溃。

美国的阶级制度

当我来到这里后，我最初喜欢的美国的特征之一就是这里的阶级制度有其特点。我父亲在伦敦开出租车，在英国就被永远打上阶级的烙印，那将极大地限制我在社会上提升自己的能力。美国几乎没有这种荒谬的情况。

你在这里也有可能遇见一些继承祖业的人，他们拥有巨额财富，根本不知道什么叫通过努力工作来提升自己，但这种人很罕见。大多数美国人之所以能走到今天，是因为他们付出了努力。

我的朋友迈克尔·克罗是来自英格兰的移民。他告诉我："英格兰和美国的区别很简单。在英格兰，如果一个工人正在挖沟，抬头看到一辆劳斯莱斯经过，他心里会冒出'一定是从哪儿偷来的'这种念头，但在美国，挖沟的工人抬头看到同样的情景时想的是'总有一天我会有一辆劳斯莱斯'。"

在你们国家，财富分配大概呈现出金字塔的形状。它的底部是穷人。往上是数量较少的中产阶级，高踞于金字塔顶端的是少数富人。美国财富的分布形状更像一只风筝。一头是少数极贫穷的人，中间部分是庞大的中产阶级，另一头则是少数极其富有的人。如果你是来做生意的，你接触到的人基本都属于中产阶级。

由于美国等级制度的特殊性，头衔就变得非常重要。头衔标志着级别和社会成就大小。在美国，头衔也表明收入状况，这与别的国家不同。别的国家的总经理可能会管理着许多收入比他高的经理。头衔是美国人建立阶级制度的一种尝试。美国的阶级，如果你可以这么说的话，是严格建立在金钱之上的。如果你经济上很成功，你会被人羡慕，你的家庭背景或者你就读的学校不会给任何人留下深刻印象。事实上，美国人喜欢吹嘘他们卑微的出身。不然我为什么要告诉你我父亲开出租车？

美国的宗教

我发现美国是世界上宗教化程度最高的国家之一，这真的令人难以置信。也许是因为宪法保证政教分离，你只是没怎么听说而已。也许是因为有这么多不同的宗教，也许是因为大多数宗教色彩浓厚的州地处偏远，新来的人极少。事实是，美国人是非常虔诚的教徒。根据盖洛普的一项民意调查，41%的人定期去教堂（低于20年前的58%），其余人中的80%会告诉你他们经常祈祷。90%的受访者说他们相信上帝。相比之下，英国最大的救济组织之一"眼泪基金"称，在英格兰，只有15%的人定期去教堂。

如果你在美国做生意，这对你很重要。虽然在商业中宗教这个话题很少出现，但你可能正在和一个笃信上帝的美国人打交道。小心不要冒犯这些虔诚的信徒，尤其是位于"圣经地带"的各州民众，从艾奥瓦州到得克萨斯州，这个地带贯穿美国中西部。

拉姆·达斯是一个非常有趣的演说家。他讲述了一个应邀去丹佛演讲的故事。浸礼会是这次演讲的主办方，就在最后一刻，教会长老们临阵退缩。他们担心的是，这个人可能会说一些违背他们宗教教义的话。他向教会长老保证他不会。

"你会带领听众祈祷吗？"他们问。

"不完全会，"他告诉他们，"在某个时刻，我们可能会手牵着手，把对世界和平的愿望推向宇宙。"

"我们希望你别那样做。"他们告诫他。

边疆心态

你要明白每个美国人都多多少少与移民沾边，这将大大有助于你理解美国人。实际上相当高比例的美国人本身就是移民。在人口构成最多样化的加利福尼亚州，这一比例超过了20%。全国范围内，大约是10%。我这里所说的移民不是指从一个州到另一个州的人，而是指并非出生在美国的人。

它让美国人把自由看得比什么都重要。美国人讨厌被告知该做什么，尤其反感政府对他们指手画脚。这种态度导致了美国人生活中几个难以理解的方面。这导致了城市建设明显缺乏规划。例如，大多数欧洲人很乐意遵守他们村庄的设计规范，这样整个社区就会呈现出和谐的面貌。美国人不这样，因为这将剥夺他们珍视的不受政府控制的自由。我可以举例说明这一点。美国最有争议的问题之一是携带武器的权利。你会看到车尾贴上印着"全面禁枪后，只有罪犯手里有枪"的字样。没人想阻止人们打猎，但许多人质疑为什么民众有权拥有唯一功能就是杀人的自动武器。你很难理解这一点，除非你明白美国人多么反感政府的控制。

对美国人来说，时间就是金钱

美国人中流传着一个笑话，说的是一位律师死后去了天堂。（好笑之处不在这里！）在基督教神话中，圣彼得负责接纳人们进天堂，他对律师说："啊哈，你来这里太令人激动了。我们这里从未接纳过一位125岁的律师。"

律师反驳说："我没到125岁，我只有39岁。"

圣彼得说："一定是搞混了——根据你按小时收费的账单……"

这个笑话对美国人来说很有趣，因为它触及了工商管理人员所在的生活和工作压力巨大的环境。时间对美国人来说是一种商品。我们在说节省时间、投入时间和花时间。作为一个非美国人，你会发现在这里做生意的节奏快得惊人。做成一笔划算的买卖固然可喜可贺，但要是经手人有理由夸耀，自己分分钟就把事办成了，那才是好上加好的生意。迪士尼公司的董事长迈克尔·艾斯纳在爱达荷州太阳谷的一次会议上偶遇大都会通信公司（美国广播公司附属电视公司的母公司）总裁。在两人的交谈中，艾斯纳提出了由迪士尼收购大都会通信公司的想法。随后在不到两个月的时间里，他出资 200 亿美元收购了这家公司。达成这笔交易的速度足以让他在国内任何一家乡村俱乐部里自我吹嘘了。因此，当一个美国人好像在催促你赶紧达成交易时，他并不是想挖坑让你往下跳，这只是他做事的方式而已。

你会发现在美国的生活压力很大，处处都能感受到一种机不可失，时不再来的紧迫气氛。部分原因是美国社会太年轻。我们是一个非常年轻的社会。还有一部分则来自强烈的个人主义意识。凯瑟琳·赫本说过："当一个人度过一生时，他会认识到如果你不动手划自己的独木舟，你就不会移动。"

还有一部分来自美国人的经验。除非你年龄大到能记得珍珠港，否则你从未经历过战争。自那以后直到恐怖分子撞倒纽约世贸中心之前，美国人从未感觉到我们本身的生存受到了挑战。这种生活经历促使人们开始重新评估自己的轻重缓急，并确定生活中可能有比赚钱更重要的事情。对一个德国人来说，花 3 周时间在水疗中心放松身心可能是天经地义的事。对一个美国人来说，去水疗中心更可能意味着利用商务会议的休息时间做个按摩。

固执己见的美国人

保罗·麦卡特尼创作的一首歌里的歌词提到，有太多的人伸手去拿一块蛋糕。每当我听到一个新的抗议团体出现时，我就会想起那句歌词。美国有太多的人试图把他们的观点强加给别人。无论其最终指向多么模糊不清，每一个诉求都会催生出一个抗议团体。你会发现美国人开诚布公、直言不讳并且固执己见。别认为这是故意针对你。一个美国商人可能会对你说："那是废话，汉斯，你知道的！"不要把这当成他对你的人身攻击。这只是表明，美国人习惯在交流中直来直去，不绕弯子。

友好的美国人

美国人渴望你喜欢他们，并分享他们对自己以及本国所取得的成就的钦佩。他们表现出的一种肤浅的友情让非美国人感到困惑。这种表现部分源于社会的流动性。美国人很少会在一个地方停留很久。你很难遇到一个出生地和居住地都在同一个州的人。人与人之间也很难建立起长期的友谊。不要因为有个美国人一夜之间成了你的知心好友而迷惑不解。在刚来美国的时候，我发现在聚会或野餐上仅有一面之缘的人会对我说："我们必须请你到家里来。"或者说："我们尽早聚一聚吧。"我本以为这意味着我应该立刻拿出日历，在上面标注一个约会日期。后来才知道，其实根本没那回事。

名片

每个美国商人都带着一张名片，第一次见面时交换名片是很常见的。在你的文化中，仔细查看和欣赏他人的名片可能被认为是礼貌之举。在美国你不必这样做。只要扫一眼并顺手把它放进口袋里即可。

在美国给小费

出门时多带些一美元的钞票，你会发现在美国它大有用处。别忘了在餐馆账单、酒吧账单和出租车费显示的金额上再加15%。机场行李工和酒店行李员帮你拿包时，都想着每包挣1美元。酒店门童在你到达时会因为帮你打开出租车门而得到1美元，在你离开时会因为替你叫出租车再挣1美元。

不要为了支付合适的小费而仔细数你的一把硬币。美国人要收可以折叠的小费。他们不愿意听响，凑个整数就行了。如果你来自没有给小费习惯的国家，上述各种做法可能都让你感到憋气，但给小费是这里的工作行为方式。即使服务很差，也不要扣下或减少小费，尤其是当你和商务人士在一起的时候。那种做法只会降低你的档次。

美国多样化的人口

美国既是地球上人口最多的国家之一，也是人口构成最多样化的国家之一。在这里，你会遇到各个民族的人。如果你来自一个单一族群的国家，这会让你困惑。我在英格兰的朋友杰克来美国看望我，当他环顾餐馆时，他说："我真不敢相信这个国家有这么多非美国人。"我告诉他："那些不是非美国人，杰克。他们是美国人。你是这里唯一的非美国人。"

我居住的加州是最多样化的州。加州有 20% 的居民甚至不是在美国出生的。如果你住在洛杉矶，是白种人，那你属于少数族群。在洛杉矶的居民中，大约有 20% 的亚裔，有 30% 的墨西哥裔和 10% 的非洲裔美国人。正如报纸专栏作家卡尔文·特里林所说："我赞同大开移民大门。这样一来，我们就能有各种风味的餐厅。我会让任何人进来，英国人除外。"

你不要假定从一个人的外表就能判断出他的社会地位。你约谈的那个人可能是一位公司总裁，这家公司的年销售额高达 1 亿美元。那位总裁的外表可能是亚洲人，或者是非裔美国人，或者是墨西哥后裔。你从表面就是看不出来。

自力更生的美国人

美国人特别崇尚个人成就。孩子们从小就被鼓励去竞争，去发现自己的优势，去追求自己的梦想。对美国人来说，取得成就才是王道，即使这让个人为了抓住机遇而远离家人或社区。如果你来自日本或澳大利亚这种强调个人成就会被视为狂妄的地方，你一定会觉得美国人不可思议。

按照世界标准来衡量，美国企业高管的薪酬非常高，但董事会和股东们认为这是合理的，因为被聘请来管理公司的一个高管会给公司带来翻天覆地的变化。这种竞争力贯穿整个组织。虽然最近几年，公司试图建立质量研讨小组和团队解决问题的机制，但这因违背人们的本心而收效甚微。即使在装配线上，工人们也想比他们的工友工作得更多，生产的产品质量更好。这个国家之所以如此，很大程度上是因为美国是一个竞争非常激烈的社会。

你会在业务往来中遇到这种竞争力。美国人想赢。他们不想妥协。只有在符合他们公司的最大利益时，他们才会妥协，但这并非他们的本意。美国传奇人物、足球教练文斯·隆巴尔迪的一句名言对此进行了最好的概括。你很可能会在行政套房墙上的匾额上看到这句名言："胜利不是一切，努力去争取胜利才是。"

美国也是一个无情的社会。对成功人士来说，回报是巨大的，但失败者很少得到支持。美国不存在遣散费这种东西。一名失去工作的白领可能在周五下午 4 点半得到离职通知，并被要求在 5 点前离开办公大楼。公司不欠该员工任何东西，除了还未来得及休的假期，这是公司政策问题，不是政府法令。该雇员应已向州失业基金缴存过失业保险，并能够向州一级的机构申请为期 13 周的失业救济金。

要点备忘

- 1. 美国人讲究短平快。一两句话能说清楚的事，他们不会啰唆一上午。
- 2. 无论一个美国人怎么问，你用一个词回答就够了："棒！"
- 3. 美国人说话时爱用习语。不要从字面上理解，那会让你觉得云山雾罩的。
- 4. 美国人热爱他们的国家，并且希望你也爱它。
- 5. 美国的等级制度建立在你挣了多少钱之上。
- 6. 美国是宗教氛围非常浓厚的国家。
- 7. 美国人热爱自由，痛恨美国政府任何形式的控制。
- 8. 美国人的生活节奏快得惊人。
- 9. 美国是个非常多元化的国家，来自其他国家的移民极多。

第 **46** 节
美国人谈判的特点

我们先来看看典型的美国人谈判时表现出的特点，然后，在接下来的小节里，我们再看看非美国人谈判者的特点。

美国人与人交流时喜欢直来直去

我们常会听到人们上来就问，不时还掺杂着一些习语："你的底线是什么？"我们会试图转换谈判的重点，说："我们还是把手里的牌全摊在桌上吧。"我们"有话就直说""说干就干"并努力做到"一针见血"。我们很少"旁敲侧击"。尽管我赞同美国人之间谈判时采取这种方式，以此向对方施加压力，但在与非美国人谈判时还是要慎重行事，因为这在他们看来态度过于生硬，有可能惹恼他们。

美国人不愿意开始时漫天要价

这就又回到了此前已提到的，我们希望，能够"达成协议"并尽快"脱身"。因为我们总想快刀斩乱麻，迅速谈成交易。我们考虑问题时倾向于只争朝夕，不像非美国人那样从容不迫。我们想的是在几个小时内结束谈判，而他们认为这需要很多天。虽然一个非美国人可能会很乐意在开始时漫天要价，因为他知道随着时间的推移，无论价格还是相关条款都将得到巨幅调整，但我们认为这种做法将严重减缓谈判进程或使我们陷入无休止的讨价还价。

美国人更有可能独自谈判

在国际谈判中，一个美国人作为全权谈判代表，单枪匹马去谈判的现象并不罕见（他或许能组建一个三人谈判小组，其中包括他的翻译和司机）。当他被引入谈判室时，发现在座的是对方10人或12人的谈判团队。双方人数上的巨大悬殊让美国人感觉很不好，因为除非谈判团队规模大致相同，不然他会从心理上感到不堪重负。然而，我更关心这对外国谈判团队会带来怎样的影响。

非美国人可能会把单枪匹马的谈判者理解为对方并不想真的在这次会谈中达成协议，因为他们只派出了一名谈判代表，这一定只是初步考察。非美国人得到的印象是，这个美国人只是来收集信息的，以便带回给他的谈判团队。

除非美国人明白这一点，并不遗余力地澄清，他就是整个谈判团队，他完全有权做决策，否则对方不会重视他。这将使他处于非常不利的地位，因为此举导致他无法再求助于"更高权威"。如果他被迫强调谈判的权力，他应该指出这种授权的有效性仅适用于某个价位范围。超过那个价位，他将需要重新获得授权。如果他被要求说出那个价位，他应该解释说自己无权透露。

美国人不喜欢情感外露

英国人对此的感觉当然是最不自在的，但美国人还认为在公共场合表露情绪是一种弱点。如果一个美国的妻子开始哭泣，她的丈夫会当即认定他做的什么事严重伤害了她。在地中海地区的国家，丈夫只是想知道妻子在玩什么花招。美国人在与非美国人谈判时就怕对方发脾气，因此会有些犹豫不决。假如对方在听到我们的提议之后真的拍案而起，我们的反应往往不免过度。这样是不对的，我们应该仅仅将其视为一种谈判策略，也许在他们的文化中这是完全可以接受的。

美国人贪图短期利润

我们不仅希望在双方熟识并建立良好关系之前就完成谈判，还希望我们达成的协议能立竿见影。我们关注按季分配的股息，而非美国人投资者关注的则是十年大计。我去过许多公司主办员工培训的项目，我发现请我去的公司首席执行官，尤其是那些经营上大起大落的高科技公司的首席执行官，都有个共同点，他们似乎每天都要花很多时间关注华尔街对其一举一动的反应。对许多非美国人来说，这种高度关注短期利润和每日股价变动的表现，实际上是"暴富"（我觉得这个想法有些偏颇）心态。在他们一心要与我们建立长期关系的同时，我们却只把心思放在短期利润上，这可能会让他们反感。

美国人难得会说一门外语

毫无疑问，英语正在成为世界通用的商务语言。我的妻子吉塞拉退休前是好莱坞一家植入式广告公司的联合创始人。该公司的主营业务是作为营销代理，将一些公司的产品引入在好莱坞拍摄的影视剧，并成为这个领域中最成功的公司之一。她的客户之一是荷兰的一家大型电子公司——飞利浦。自 1983 年以来，飞利浦一直将英语作为企业官方用语。我曾在墨西哥为通用电气这样的国际公司主持过研讨会，那里所有的业务都是用英语进行的。

每当一家欧洲公司与来自不同国家的另一家欧洲公司合并时，他们大概率会采用英语作为企业官方用语，因为这是他们都将学习的外语。在欧洲举行的会议现在通常都用英语进行，因为它是通用语言。大多数欧洲工商人士会说两种外语，其中之一肯定是英语。大多数亚洲工商人士至少懂英语，即使他们说不好。可悲的是，会说德语或日语的美国人寥寥无几。如果说我们确实懂一门外语的话，那恐怕不是西班牙语就是法语。

根据欧盟的一项研究，60% 的欧洲人会讲第二语言。相比之下，美国则有26%，其中一半是来自另一个国家的移民。

要意识到这在非美国人看来有多傲慢，你只需想想你第一次在巴黎一家餐厅用餐时有多沮丧。当你发现服务员好像根本不会说英语时，你可能会像我一样想："这可是一家招徕观光客的餐厅。平常肯定有很多说英语的人来就餐。为什么让他说英语这么难呢？"

不幸的是，美国工商人士普遍抱有这种态度。如果你表现出"他们想跟我们做生意，就得学习我们的语言"这种期许，非美国人会觉得这是一种令人厌恶的傲慢。正确的做法是，每当听到他们说我们的语言，哪怕是只言片语，我们都应该表现出惊喜。我们应该努力学会说几句他们的语言，即使只会说"早上好"和"谢谢"。

如果你是头一次去一个国家做生意，积极主动地用当地人的语言谈生意尤其重要。他们特别想知道你来他们国家做生意是有长期打算，还是想要利用他们，找机会挣一笔快钱就走。为了表示自己有长远考虑，不妨花些钱将你公司的资料翻译成他们的语言并打印出来，这笔支出不会白费的。我在中国举办研讨会时，总是以几句普通话开始，这让与会者很高兴。

美国人不喜欢出国游

美国是世界上已知最富有的国家之一，但美国人并不像其他富裕国家的民众那么喜欢旅游。在纽约世贸大厦遭受恐怖袭击后，随着安全措施的加强，美国人突然被要求在去加拿大和墨西哥旅行时要出示护照。大约 1800 万人为此首次申请了护照，这使得持有护照的美国人比例上升至 21%。在此之前，只有 16%。

这在一定程度上也说得通。美国是一个幅员辽阔的国家，拥有各种各样的气候和地理特征。美国拥有世界级的滑雪、爬山或冲浪胜地，这类运动爱好者根本不用走出国门。这也跟地理位置有关。除了加拿大和墨西哥，美国与其他地方都相距很远，还有一部分原因是恐惧。如今，美国人被告知我们生活的这个世界有多么恐怖。美国欠缺的是历史。你去伦敦、罗马和巴黎旅行可以学到很多无价的东西，它们使你具备一个认识这个世界的全新视角。

不要梦想美国人能理解蕴含在你们文化中的精妙之处。

美国人对沉默感觉不安

　　持续沉默的十五秒钟对我们来说似乎是永恒的。你还记得上次你家电视机不出声是什么时候吗？你可能还没等到过 15 秒钟就跑过去使劲拍打电视机的顶端。对于可以打坐冥想的一些亚洲人来说，美国人表现出的不耐烦似乎是一种弱点。在与非美国人交往时，不要因一时的沉默而恐慌。干脆把它当成看谁先忍不住开口的一场挑战。沉默良久之后，谁先说话算谁输。先开口的人会作出让步。

　　我有个学生，是办理抵押贷款的银行职员，他讲述了一个在中国上海谈判的故事。"我们共有 20 个人围坐在一张会议桌旁，"他告诉我，"我们正在商讨着事关数千万美元抵押贷款的事。突然，另一边完全静了下来。幸运的是，我已经了解了这种策略，并且有所准备。我瞄着我的手表。33 分钟过去了，一句话也没说。最后，他们的一名律师忍不住开了口，作出了让步，让我们得以完成这笔交易。"

美国人厌恶承认自己的无知

　　我在前文探讨了收集信息的重要性，而美国人特别不愿意承认他们不知情。其他国家的人知道美国人有这个特点，并想办法为己所用。你不必回答每一个问题。你完全有权说："这在现阶段是保密信息。"简单地告诉对方你不知道或者你不能透露他们寻求的信息。不是每个问题都必须有一个答案。

　　我要在这里提个醒。世界各地的人们仍然钦佩和尊重美国人，尤其是美国的生意人。他们信任我们，认为我们在业务往来中待人接物都很直率。这个我相信。在本节中，我没有指出美国人在打交道时表现出的不足。我一直在告诉你，其他国家的谈判者对美国人有哪些误解。有道理吗？

要点备忘

- 1. 美国人与人交流时喜欢直来直去。
- 2. 美国人不愿意开始时漫天要价。
- 3. 美国人更有可能独自谈判。
- 4. 美国人不喜欢情感外露。
- 5. 美国人贪图短期利润。
- 6. 美国人难得会说一门外语。
- 7. 美国人不喜欢出国游，只有 21% 的美国人持有护照。
- 8. 美国人对沉默感觉不安。
- 9. 美国人厌恶承认自己的无知。

第**47**节
非美国人谈判的特点

有一个古老的笑话，说的是天堂里的餐厅有一个德国经理、一个法国领班，一群英国服务员和一个意大利厨师。另一方面，地狱里的餐馆有一个意大利经理、一个德国领班、一群法国服务员和一个英国厨师。喜剧演员乔治·卡林曾经说过："如果真有天堂，那里应该有德国机械师、瑞士酒店、法国厨师、意大利情人和英国警察。如果真有地狱，那里应该有意大利机械师、法国酒店、英国厨师、瑞士情人和德国警察。"当然，这些都是世人的刻板印象，但以避免任何成见的名义忽视每个国家的商业特征也是错误的。

我们来看看非美国人都有哪些谈判的特点。如果我的言语中流露出来自这些国家或这些民族背景所有的人都具有这些倾向，那我就犯了大规模的模式化错误。然而，假设来自这些国家的大部分人都这样做还是切合实际的。记住他们的特性，并仔细观察与你谈判的非美国人，看看他们是否符合相应的模式，这是非常值得做的一件事。

英格兰人

要特别注意他们的族群归属。英国有不同称谓，含义相异。大不列颠包括英格兰、威尔士和苏格兰。联合王国则包括北爱尔兰。在组成联合王国的四个王国中，英格兰人占比82%，所以除非你面对的人说话带有浓重的爱尔兰或苏格兰口音，否则你可以假设他们是英格兰人。英格兰人更喜欢被称为英格兰人，而不是英国人。这种敏感性部分源于大规模移民所带来的问题。在20世纪60

年代之前，任何出生在殖民地之一（总面积一度占地球陆地表面的 60%）的人都持有英国护照，并可以自由移居到英格兰。你会经常听到这样一句反驳你的话："我不想被称为英国人。如果你是英国人，你可能来自世界上的任何地方。我是英格兰人。"

任何事都要提前预约，因为英格兰人的生活安排得井井有条。要守时，但绝不要过早。就社交活动而言，迟到 10 分钟比早到一分钟好。英格兰人总是表现得彬彬有礼。请记住，有 6000 多万人挤在只有俄勒冈州一半大小的国土上，他们中的大多数人都住在伦敦周围的郡里。在这样一个人口密度极大的国家，给每个人的行为设限是很重要的。理解这一点是理解英格兰人的关键。如果有人在拥挤的火车上开始演奏萨克斯管而且跑了调，大概没人会站出来抗议。在美国，那个人会被人喝止。

这就是为什么你会在英格兰看到年轻人有着如此令人发指的着装和发型。在局外人看来，一个留着橙色鸡冠头发型、穿着镀铬饰扣皮装的年轻人，可以和常年带着雨伞、袖子里塞着手帕、头戴圆顶礼帽的银行家和谐相处。这是骗人的。他们看着彼此都不顺眼——只是他们太讲究礼貌而不会公开表达不满。

你会发现英格兰人很少问你私人问题。虽然在美国以"你是做什么的"或者"你住在哪里"开始对话是可以接受的，但对英格兰人来说，这是在赤裸裸地侵犯他们的隐私。因为他们过于讲礼貌，在被问到时也只会回答，却永远不会反过来问你是做什么的。

英格兰仍然是一个极具阶级意识的社会，尽管这种情况正在迅速改变。这种变化的标志是玛格丽特·撒切尔、约翰·梅杰、托尼·布莱尔和戈登·布朗这 4 位首相均非上层社会出身。苏格兰人戈登·布朗则是第一位非英格兰出身的首相。阶级意识仍然在人们的意识中普遍存在，尤其是在老年人群体中。例如，当他们对自己住在哪里的问题闪烁其词时，不要追问，因为他们可能对住在工人阶级的郊区感到不自在。

在与陌生人交谈时，英格兰人并不像美国人那样放得开。在英格兰，天气是与陌生人搭讪的恰当切入口，通常会以无足轻重的一句话开始，比如"今天天气不错"或"可能会下雨"之类的。如果对方只是"哼"了一声作为回应，那并不意味着他们没有礼貌；他们当时只是没心思跟你聊天罢了。如果他们想接着聊的话，就会用同样无关痛痒的回答来回应，比如"我种的玫瑰需要一些雨水"或者"在这个季节下点雨不足为奇，实在不足为奇"。然后你可以开始谈话了，但是记住不要问他们任何私人问题。

如果别人请你一起去喝茶或咖啡，你完全可以婉拒，这不会让对方感到难堪，但在世界上的许多地方，发出邀请的人会觉得脸面尽失。请注意，英格兰人对美国人持怀疑态度。在英格兰人看来，我们过于华而不实。他们对与美国人交往有些戒心，生怕被伶牙俐齿的人所迷惑。

英格兰的商务高管们不像美国人那样疯狂行事。我记得有一次与在伦敦劳埃德保险公司工作的侄子共进午餐。他带我去了城里一家老酒馆，它在那个地方供应了700多年午餐。我们在长凳餐桌前坐下，同桌的还有3位英格兰商人。他们先喝了几杯金汤力鸡尾酒，然后吃了一顿丰盛的烤牛肉和约克郡布丁午餐，中间还喝了两瓶红酒。

吃完一大份甜点后，他们点了白兰地。我尽最大可能操着不太地道的美音对其中一个人说："哥们儿，打扰一下，我能问一句吗？你吃完这么丰盛的午餐后会回去工作吗？"他的回答充分体现了英格兰人对工作和成功的态度。他不无礼貌地说："在英格兰，我们的成功之道与你们美国人不同。我们这里的人认为生意兴隆的意义就在于，我们可以不必再那么辛苦地工作。你们这些家伙认为越成功越要加紧努力。"

法国人

不像大多数美国人，我从来没觉得法国人难对付。我认为这在很大程度上是因为美国人只接触到巴黎人。法国人眼里的巴黎就像美国人眼里的纽约一样。它就像是一口充满疯狂商业活动的高压锅，生活在竞争如此激烈环境中的巴黎人，自然不会表现出我们想象中的那种温文尔雅。你要牢记一个事实，法国是一个人口分布非常集中的国家。政府控制、金融和工业势力以及娱乐和时装业全都由巴黎向外发散。

除了住在巴黎的人，法国人总体上都显得热情和友好。即使是在巴黎，我对他们好，他们也会对我好。假如你不给别人好脸色，然后发现别人敌视你，那很正常，也是你应得的。如果你显得兴高采烈，渴望见到他们，并愿意深入了解他们的文化，你肯定会遇见渴望与你分享的人。

法国人以巴黎是世界高级时装中心而自豪。他们欣赏优雅，所以你外出与居家的服饰要有区别，出门在外衣着不要太随便。搭配一些额外的点缀，比如手帕或丝巾。请记住，法国人以他们的语言技能为荣。这种对语言的热爱意味着，即使有人能说几句英语，他们可能也不愿意说，因为他们宁愿不说也不愿让人觉得很难听，并不是因为他们抱有"要想跟我说话，就要学我的语言"的态度。法国商人可能很懂英语，即使他们说起来缺乏信心。法国确实存在一股强大的力量，阻止英语词汇成为法语的一部分，但那是另一回事。

法国人以能言善辩为荣，喜欢争论和交谈。他们特别喜欢一边吃着羊角面包早餐，喝着咖啡，一边争论虚无缥缈的问题，对他们来说，这才是美好生活。他们争论的是什么并不重要，他们看中的是运用逻辑赢得了一场辩论。法国人注重逻辑思维，他们在推销时，会以逻辑和理性为手段，而不是诉诸情感。在谈判中，当法国人嘴上说"是"的时候，他们的意思是有可能。当他们说"不"的时候，意思是"让我们谈谈吧"。

就像法国的一切都以巴黎为中心，法国的工商业也是高度集中的。在大公司，办公室的排列一般是以总裁办公套房为中心，按级别高低向外伸展。同样，权威的组织形式也是自上而下发散的。和英格兰人一样，法国人也重原则轻结果。他们不会为赚快钱而违反自己的传统生意经。要守时，因为迟到是对法国人的侮辱。双方见面时简单握一下手。亲吻脸颊只发生在亲密的朋友之间。称呼所有成年女性为夫人，即使她们是单身。

最重要的是，不要只顾谈生意而毁了一顿饭。法式午餐可以持续两个小时，这可以是一次精致的体验。除非主人在饭桌上开始谈生意，否则别提起这个话题。你对他们的美食大加赞美的表现，一定会让你受益无穷。准备好为这顿花费不菲的大餐买单。我记得我曾在一家法国餐馆举办晚宴，一位客人选择了一份鸭肉沙拉作为开胃菜。当他们在餐桌边切鸭子时，我就该知道我有麻烦了。仅这道开胃菜就要 80 美元！

德国人

德国（以及瑞士的德语区）是一个低情境国家。德国人看中的是交易本身，他们根本不在乎双方的关系如何或者签合同的地点在哪里。合同文本力求详尽，德国是在这方面少数几个比起美国有过之而无不及的国家之一。他们真的称得上是交易大师，一旦敲定，绝不更改。在见面和告别时要紧紧握手。一定要准时，因为这对他们很重要。在谈生意时，不要把手放在口袋里，因为这种姿态在他们看来太随意了。不要在工作场所讲笑话，德国人认为这不合时宜。

德国人一开始显得拘谨和冷漠。他们需要很长时间才能放松。在商业上，他们在态度和风格上都比美国人正式得多。他们的语言有正式和非正式的区别。与正式的风格相比，用"Du"（非正式的"你"）而非"Sie"（尊称"您"）来称呼上司属于大错。不要直呼其名，除非对方明确让你这么叫。

德国人非常重视头衔。你有头衔就用，同时尊重他们的头衔。在一起工作了几十年的德国人彼此仍然会以头衔和姓氏相称。

德国人开车飞快。限速标志通常形同虚设。请记住，无论你开得多快，快车道都只能用于超车。

东南亚人

东南亚人非常注重人与人之间的关系。比起他们签署的合同，他们更愿意信任与他们谈判的人。在泰国和其他的一些亚洲国家，人们可能会向你微微鞠躬，双手合十向你致意。你应该用同样的问候来回应，但是你的手要和他们的手平齐或者稍微高一点。手的高度表示这个人对他们正在见面的人的尊重。向仆人致意的人可能会把手放在腰以下。向圣人或者领导人致意的人可能会用手触及自己的额头。别不知所措，记得把手举得比对方的手高一点来表示尊重。

东南亚人通常认为谈判中是向谈判代表个人，而不是他们所在的组织承诺。美国人把签署协议称为"结束"，但东南亚人认为这是双方关系的开始。在与东南亚人打交道时，你要以某种方式告知对方，你认为签合同只是一个开始而不是结束，这一点非常重要。不要和他们目光接触，因为他们认为这是不礼貌的。

韩国人

韩国人也把协议视为双方关系的起点，而不是最终解决方案。他们不相信协议能预判未来可能发生的每件事，因此他们把合同视为截至签字当天双方预期的表达。他们觉得一旦情况有变，双方就不再受所签合同的约束。你对此的反应不该是认为合同的重要性打折扣，而是起草一份具有足够灵活性的合同，以适应情况的变化。如果你能预测到情况的变化，你不该抗拒，而应承认它可能发生，并在合同中针对双方的应变方式列明相应的惩罚和奖励。

韩国人不承认自己有错。如果他们未能履行协议，他们会认为那是上帝的行为。不幸的是，他们可能打算以此来占你的便宜。

中国人

中国人有个说法："合情、合理、合法。"意思是先考察当事人之间的关系，再看什么是对的，然后才关注法律是怎么规定的。许多中国人现在见到美国人时都会握手，但要先看看他们是否主动伸出手来。传统的问候方式是从肩膀微弓，相当于动作幅度比较大的点头，比日本人从腰部鞠躬要简便得多。

在与对方打交道时，你要表现得低调一些，因为举止放肆很容易引起中国人的反感。中国人做生意的基础是与你建立良好的关系，但他们还不至于把这一点当作压力点，在你不太想继续做这个项目时，指责你损害双方的友情。

中国文化中一个强烈的倾向，即把群体的需求放在个人需求之前。请记住，几千年来，中国人关注的重点一直是家庭，以及家庭以外整个集体的利益。儒家思想也强调核心家庭、家族和集体的重要性。

中国的谈判代表注重团队合作，并实行集体决策。虽然中国人没有太强的宗教情结，但是儒家思想和道家学说都是指导他们的哲学。儒家思想强调井然有序的家庭、集体和社会生活。道家学说强调人与自然保持平衡与和谐的重要性。

这种对群体动力的强调构成了中国人"关系"概念的一部分。这里指的是由来已久的互惠让步概念。它的应用很微妙，但它是中国社会的内在支撑。

中国文化的另一个重要特点是尊重一个人的社会地位。一定要了解清楚你所交往的人的社会地位。这种文化从小就在培养并强化人的位置意识。在职场中，晋升的机会通常论资排辈，而不是看能力强弱。每个人都应该顺从长辈。

你当然知道中国人特别重面子。在商务会议上，不要指望他们会大张旗鼓地支持或反对你的建议。他们担心自己可能丢面子或者导致你或其他人丢面子。

很多中国人的内心深处都生活着一个企业家，他们特别喜欢谈交易和讨价还价。他们肯定会抬高要价，也愿意作出让步。你也应该这样做，不要因为对方压价压得特别狠而不高兴。希望你玩得开心，尽情享受讨价还价的过程。

日本人

在日本，人们不愿意直截了当地说"不"。对他们来说，"是"仅仅意味着他们听到了你说的话。不要问他们可以用"是"或"不"来回答的问题；而是问一些开放式问题。"你什么时候能做到"比"你能做到吗"要好。

日本人认为，对长辈说"不"是一种不礼貌的行为。无论他们变得多么西化，他们在这方面仍然摆脱不了传统的影响。我认识一个人，他曾拥有一家大型围栏材料公司。他把公司卖给了一家日本公司后，现在向一位比他年轻的业务主管汇报工作。"罗杰，"他告诉我，"我已经和他交往这么多年了，在我的记忆中，他好像从来都没有拒绝过我向他提出的建议。问题是，我永远也不知道他是喜欢我的提议，还是因为他实在不知道该怎么拒绝一位年长的人，于是他宁愿批准我的提议。"当日本人说"这会很难"时，他们的意思是不行。

日本是一个高情境的国家。在一种推崇机智和礼貌而非诚实的文化中，说出来的话并不总是与它们看起来的意思相一致。在他们所说的与他们所想的之间存在重大差异。在日本，"我们"总是居于"我"之上。群体高于个体，这与崇尚褒奖独立自主的美国文化截然相反。在美国，惩罚孩子的做法是把他们关在家里；但在日本，惩罚的方式是将他们逐出家门。

与同受儒家影响的其他亚洲文化一样，这里强调的是等级制度。仔细观察一下日本人如何互相鞠躬。等级最低的人会先鞠躬，并且腰弯得更低。

在日本文化中，"和"这个概念的影响根深蒂固。我们会把它翻译成和谐的意思。他们想为每个问题找到一种和谐的解决方案。为此，他们认为每种情况都有独特的因素，使他们能够调和出一种解决方案来保持各方的和谐。直到19世纪西方文化传到日本之后，他们才明白客观这个概念。在他们看来，一切都是主观的。

日本人喜欢团体协作。不要试图去辨识首席谈判代表，也就是那个决定谈判成败的人。这个角色可能根本不存在。不要期望你的提议能得到很多反馈，理由如下。

· 日本公司内部等级森严。个体不愿公开表态，担心自己因此会陷入尴尬境地。

· 日本商人顾面子，也让你有面子。

· 他们不愿冒险，因此不想表达自己的观点，担心遭到团体的拒绝。

正如我此前说过的那样，中国人有一个"关系"的概念，意思是互惠。如果我帮你一个忙，你现在欠我一个人情。日本人称之为"Kashi"。在餐馆里，你会看到同事为朋友倒清酒或啤酒。这一举动被认为是创造了一种义不容辞且期待回报的微妙形式，也就是说接受斟酒的一方随后也要给对方斟酒。当你意识到日方商业伙伴在帮助你，满心期待你会予以回报时，事情就变得有些复杂了。

日本人的开价取决于他们对你了解的程度。如果他们不了解你或者你所在的行业，他们会尽量抬高，不是为了占你便宜，而是因为他们要借着你的反应加深对你的了解。这被称为"香蕉人敲打叫卖法"的谈判方法，这个术语指的是香蕉商贩在兜售香蕉时会索要高得离谱的价格，一旦遇到买家声称价格太高，就迅速降价。我们乍一听会觉得这样做不太道德，但仔细想想这也有一定道理。你不知道陌生人的谈判风格。他可能习惯于费尽口舌地讨价还价。如果你从漫天要价开始，在你来我往中会很快了解他们，并在下次与他们做生意时采取不同的方法。

他们采取集体决策的方式，所以我们很难弄清楚谁真正掌握着决策权。事实是做决定的不是某个人。他们认为清晰地界定问题远比寻找正确答案更重要。整个团队都在尽量搜集信息，他们觉得一旦彻底摸清情况，应对之策也就显而易见了。团队中的每个成员都会给出自己的意见，从级别最低的人开始，一直到级别最高者。

日本高管认为，提出创意是他们的职责所在，不用对结果负责。相比之下，我们更喜欢由一个人最后拍板，这样就可以由一个人负责到底。但日本人让整个团队集体决策。当每个人都说出了自己的想法后，这个团队或许就已经认清了该何去何从。如果仍然不知该如何选择，他们可能选择暂不决定，继续寻求更多信息。这会让美国人感到难以忍受，因为他们觉得努力之后却无任何进展。但日本人这种做法的好处也显而易见，一旦他们决定执行，大家就会步调一致，全力以赴。

俄罗斯人

俄罗斯人不怕一开始就提出令人难以接受的要求。他们希望你表现出对他们的尊重。美国人会觉得这未免有些自以为高人一等。俄罗斯人则不这样看。充分了解你将要与之谈判的人，让他知道你对他的印象有多深。俄罗斯人有十足的官僚主义心态，所以他们不怕说自己无权决定。这会给你萌生强烈的挫败感。俄罗斯人已学会了纠集十几个人就任何一项决策表态，由此保护自己免受苛责。

你还可能遭遇另一种心态，俄罗斯人认为，除非他们被授权做某事，否则这是被禁止的。我们美国人的想法正好相反。我们认为，如果某件事没有被禁止，就是可以做的。他们可以没完没了地说"不"，来测试你的决心。

俄罗斯人不怕说出他们的担忧，即使这会让你不安。你要尽量欣赏他们的这种率真表现，不要让它困扰你。俄罗斯人会像其他人那样发火，应对方式也没什么两样，你要设法让他脱离原有立场，将其注意力拉回到你们的共同利益。他们纯粹以自我为中心，对双赢不感兴趣。

你可能想不到，俄罗斯其实是一个高情境国家。或许你的印象是他们在业务往来中表现生硬和冰冷，因为他们非常直接，不兜圈子。然而，在这种貌似强硬的谈判风格下，隐藏着他们对自己正打交道的人的满意。这是在更深层面上实现的，非美国商业关系中肤浅的友情可比。同样，不要以为你和他们喝了一箱伏特加，彼此也熊抱过，你们就建立了充分信任的关系。

如果俄罗斯人说什么事不方便，那就意味着不可能。我花了一段时间才想明白这一点，我仍然不确定为什么会这样，想必是在翻译中出现的一个误解。例如，在入住莫斯科酒店的时候，我曾想让前台接待员给我们换个大一些的房间。她告诉我："那会不方便。"我以为这种说法意味着假如我继续苦苦要求，她就会让步。根本没那事。她一直在告诉我那是不可能的。我花了将近15分钟，在进行了非常艰苦的谈判后，才成功升级到套房！

中东人

当你在中东谈判时，要对种族差异保持敏感。最重要的是，除非他们来自阿拉伯半岛，其中包括沙特阿拉伯、伊拉克、约旦等国家，否则不要称他们为阿拉伯人。埃及人不喜欢被称为阿拉伯人，伊朗人也不喜欢，因为他们以身为波斯人为傲。在伊拉克，80% 的人口是阿拉伯人，但他们不愿意称自己为阿拉伯国家。最好回避这类讨论。

你恐怕要花很长时间，也许是很多天，与那个人混熟，他才会觉得可以放心与你展开谈判，你要对此有心理准备。当中东人签署合同时，他们认为这是谈判的开始，而不是结束。他们先签合同，然后谈判。大多数在那里做生意的美国人都明白这一点，并称他们为"合同收藏家"。重要的是要理解这一点，不要认为它是不正当的，这只是他们做事的方式。他们眼中的合同还不如我们眼中的意向书有意义。

在他们的世界里，建筑物的一楼是小店主做生意的地方，小店主是比商人更低的阶层。不要请你的中东贸易伙伴在一楼的办公室谈生意，这是对他们的侮辱。你所在的楼层越高，他们就越觉得你有威望。

如果他们约会迟到了，或者根本没来，不要生气。在这个国家，约会算不上坚定的承诺，总的来说，他们根本不像我们那样珍视时间。

除了上面我们谈到的，在与非美国人谈判时，你经常会不知该如何应对他们的热情款待和厚礼。这明显有收买你的嫌疑，你必须处理好。最好的办法不是当场拒绝，这会使他们感到难堪。最好有来有往，从而消除你因感觉亏欠别人而产生的心理压力。这样做你会享受到双倍乐趣。

要点备忘

- 1. 了解各民族特点会有助于你与非美国人顺利谈判。
- 2. 英格兰人不像美国人那样可以自然而然地与陌生人攀谈。他们的阶级意识比较强，因此，切忌问他们住在哪里或者以什么为生。
- 3. 法国是一个人口分布非常集中的国家，因此，巴黎人的生活压力远高于生活在边远地区的人们。法国商人的英语水平可能很高，但他们不爱说英语。
- 4. 德国与美国在谈判方面一样，都是低情境国家。重要的是设法签下合同，而不是培养双方的关系。德国人非常看重头衔。
- 5. 东南亚人更注重人际关系，而不是合同。他们常将合同视为与签字的人之间达成的共识，而不是与对方所代表的公司建立的契约关系。
- 6. 韩国人认为合同表达的是在合同签署当天双方对所涉事务的理解。如果条件有变，他们便认为自己不再受所签合同的约束。
- 7. "关系"，这个由来已久的互惠互利的概念，在中国商业生活中发挥着重要作用。你会收到礼物，送礼的人期待你会有所回报。
- 8. "和"的概念在日本文化中影响深远。我们可以把它理解为和谐。他们想要给每个问题找到一个和谐的解决方案。他们集体决策，不以等级为准。不要试图找出主谈，即决定谈判成败的关键人物。这个人大概率不存在。
- 9. 俄罗斯人不怕提出令人难以接受的初始要求。他们期望你表达对他们的尊重。设法了解你的谈判对手，让他知道你很钦佩他。
- 10. 在中东，不要以阿拉伯人相称，除非对方来自阿拉伯半岛，而埃及和伊朗不属于半岛国家。你要有思想准备，恐怕要花很多天的时间与对方熟识。这之后，他才会开始觉得可以放心地与你谈判。

第**5**部分

细微处读懂对手

在前几部分中，我集中讨论了怎样玩好谈判游戏。现在我想把重点放在理解谈判对手的重要性，以及认识到它是优势谈判的关键所在之上。人各有不同。他们的个性都会在谈判中有所显露。它影响着他们制定的策略，左右着他们选择的招法以及运用它们的方式，同时也决定着他们的整个谈判风格。

记住，你总是在与具体的个人，而不是一个组织打交道，哪怕你的对手是领导着上万会员的工会老板。如果你假设他的行为受到会员需求的支配，我不怪你，但我相信主导他行动的是他的个人需求。国务卿或许会从总统那里得到如何进行国际谈判的明确指示，但其个人需求仍可能主导他的行动。熟悉你的对手，这样你就能在谈判中享有主动权。

我将讲述如何读懂对方的肢体语言并仔细倾听，从他们说话的方式中读出隐藏的含义，与此同时，我们将考察你，看你是否具备成为一名优势谈判者的素质。然后你将学到优势谈判者的性格特征、为人处事的态度及其信仰。

人们似乎认为有些人天生就有成功谈判者的特征。你会听到人们感叹："啊，他是天生的谈判高手。"你该知道那不是真的。我敢向你挑战，你打开这个国家的任何一份报纸，给我找出一条出生宣言，上面写道："今天一名谈判高手在圣巴塞洛缪医院出生。"不，人不可能天生就会谈判。谈判是一种可以习得的技能。在这一部分，我将教你怎样做到轻松面对任何风格的谈判者，这样你就可以很容易地读懂形形色色的谈判者及其获得他们想要的东西的手法，然后我会告诉你如何使你的谈判风格与他们相适应。

第**48**节
肢体语言的潜台词

在本节中，我将介绍优势谈判者如何解读肢体语言。

不幸的是，许多人在解读肢体语言方面走火入魔。这不奇怪，我发现这也是其他许多领域存在的现象。我遇见过对占星术入迷的人，如果他们占星的结果是某日不宜出行，他们真的深信不疑，整天闷在家里，绝不出门。有些人非常相信笔迹分析，他们不会聘用笔迹不符合他们系统的人。我甚至听说有人坚信他们可以从书写方式中识别出涉嫌谋杀的犯罪嫌疑人。你还可能因为进行"罗夏墨迹测试"的结果不理想而失去了一个工作机会。

我们不想过度解读肢体语言。但事实是，我们的大量交流是非语言的。还记得我们在讨论"退缩"时提过的这个问题吗？也就是在听到对方的提议时，身体做出他人可见的动作反应意义重大。人们在谈判过程中对一些事情的反应，有 80% 不是通过言语表达出来的。

有一种方式可以帮你阐明我们不说话能交流多少，那就是在你下次召集员工开会时，在会议室里走一圈，让每个人都用非语言的方式告诉你一些事情。例如，竖起大拇指表示好、拇指朝下表示差劲、耸耸肩表示无所谓。我已经和多达 50 个人验证过了，没发现有什么手势短缺的情况。我估计就算你找来 100 个人一起做，手势仍然够用。我们可以用非语言方式交流很多东西。

我在下面列出了用一只手可以表达的 20 种意思，这可以让大家对非语言交流有个直观的认识。

1. 召唤一个人。

2. 祝福某个人。在基督教世界，伸出 3 根手指（大拇指、食指和中指）祝福表示三位一体。

3. 用拇指拍打自己的另外 4 个手指，告诉某个人，他说话太多。

4. 在餐厅要求结账。

5. 手指交叉，允许自己撒个谎。

6. 你用食指在脑袋边上画圈，告诉某人你觉得他疯了。

7. 用食指指向某人，其余手指握成手枪形状的拳头，表示认出了那人。

8. 与人击掌庆祝。

9. 握拳伸出拇指表示要搭车。

10. 用握紧拳头的指关节敲打自己头部的一侧，做出"老天保佑"的手势驱除霉运。

11. 用大拇指搓食指和中指表示钱。

12. 与人握手致意。

13. 手抚胸口表示效忠。

14. 用手拍小孩或狗的头部表示赞许。

15. 伸出拇指和小指并摆手，告诉某人"放松"。

16. 握拳并伸出拇指朝门的方向摆动，表示"咱们走吧"。

17. 请别人给你打电话时，伸出小指和拇指，并在你耳朵旁边晃动。

18. 表示你是一个和平主义者（或者希望某人胜利），伸出中指和食指呈"V"字形。

19. 如果你想表示自己是《星际迷航》的粉丝，你可以行一个"瓦肯举手礼"——抬起手，掌心向外，中指与食指并拢，无名指与小指并拢，最后将大拇指尽可能张开。

20. 挥手问好或告别。

而且那只是用一只手！请注意，我省略了各种不雅手势和各种体育运动中应用的手势，如亚特兰大勇士队特有的战斧斩动作和得克萨斯大学长角牛队的牛角手势。

然而，如果我们过度解读，我们也很容易误解一些手势。例如，女性比男性更自然地交叉手臂。这种姿势比较让人放松，如果我们把这解释为对人的排斥，就纯属误解了。

我们在与人交谈期间看到他扯自己的耳朵，我们会自然而然地认为他在要求得到更多信息，这也可能是个天大的误会，因为实际上他可能只是感到耳朵发痒。

你在同其他国家的人打交道时，尤其要注意别犯严重的错误。你知道吗，在这个国家，你点头意味着是，摇头意味着不是，而对因纽特人来说恰恰相反。但我们也不要过分延伸。你恐怕难得有机会与因纽特人谈判。

说到这里，我不禁想讲一个有关非语言交流的故事，它可能是有史以来在这方面产生的最大误解。故事发生在 1960 年，当尼尔·阿姆斯特朗登上月球时，有人问他："你感觉怎么样？"他没说话，只用了"非常好"的手势作为回答。

对于数百万正在观看的美国人来说，这很正常，因为"一切都好"的手势是美国式的，简单易懂。但是对于另外 6 亿电视观众来说，这个手势完全被误解了。因为它与世界上广为人知的一种手势非常像，不仅含有敌意，还带有淫秽色彩。你可能会认为这是意大利的一种手势，但它其实是世界性的。

因此，不难想象当时某个日本电视评论员很可能对另一个评论员说："他这是什么意思？他这是什么意思？"

而另一个评论员可能会说："我不知道，但他看起来很可怕！"

我能想到的只有一种世界通用的肢体语言。我去过 113 个国家，其中包括地球上一些非常偏远的地方，我发现对所有种族来说"微笑"的含义都是一样的。

为什么说最好能面对面谈判

知道了读懂肢体语言的重要性之后，你会认识到面对面谈判通常比通过电话、传真、电子邮件或短信等方式交流要好很多。

假设你开车去一个开发商的办公室，准备带他去吃午饭，并讨论一下他即将推出的一个购物中心项目。

你透过办公室的玻璃隔墙看到他在打电话，于是你决定在外面等。他仰靠着椅背，脚放在桌子上，下巴夹着手机。他做了一个伸手上扬的动作，那肯定是自信的表现。突然，他把脚从桌子上挪下来，端坐在椅子上，开始拍打口袋，一通乱找。

他看向他的秘书，捏着拇指和食指，然后摇了摇手。她当即领会了，拿给他一支笔，他立刻在小本上急速地写起来。当他写到一半的时候，他写完了，他在它的底部画了一条长线，并在那里做了一个大的对钩标记。

然后他站起来，绕过桌子，把椅子推到桌子下面，开始靠在椅背上说话。

就在这时，他看到你在外面等着，先冲着你做了一个竖起大拇指的动作，接着又做了一个将拇指和食指稍微分开的手势，表示他只需要几分钟，然后继续听电话。

很快，他脸上露出担忧的表情，当他回应时，他摸了摸自己的鼻子。他不是夸大其词就是在撒谎，这是个好迹象。当他弯下腰，在便签簿上做一些修改时，他脸上又露出了微笑，伸手去拿他的外套，当他结束谈话并挂断电话时，外套已经穿了一半。

我想说的是，即使你一句话都没听见，但你能比电话另一端的人知道得更多。

这就是为什么我建议你避免在电话里谈事。尽量选择与对方面谈，这样你就能读懂他的肢体语言。你不一定非得去面谈，但我的原则是，如果你在犹豫有没有必要去，那就选择去。

面谈有一大好处，对方生气的时候你能立刻看出来，因此可以及时调整你的反应。

通过电话谈判的另一个不好的地方是你不能握手。而且在这个国家，通过握手来达成协议是一种非常强大的谈判工具，所以你永远都不应该放弃可以通过握手就达成协议的机会。

还有一件非常重要且需牢记的事，人们倾向于相信眼见为实，耳听为虚。举个例子，如果我对你说："好吧，我不会为它犯愁。"但是，当我对你说这话时，我的手揣在口袋里，肩膀耷拉着，垂着头，满脸愁容，你觉得我说的话还是我的那副样子更可信？我到底担心不担心？你当然会相信你看到的而不是你听到的。

如果你是一个分析型的人，我们关于肢体语言的讨论对你来说还不够详细，显得很肤浅。但如果你像我一样，我认为你在这一节学到的东西，足够让你开启学习肢体语言的旅程。

我将提供一些你可以直接用于谈判的基本知识。在此基础上，你可以继续自学。

有两处重要场合可供你继续钻研。一是在机场候机的时候，二是在看电视时关掉声音。

在机场等候的确挺熬人的，不过，你可以利用这个机会，观察周边与你一样候机的旅客，你会发现这挺有趣的。

观察那些超出你听力范围的人。你听不到他们说话，但能看到他们。研究他们身体的姿势和肢体语言。试着理解他们在做什么，尤其是那些正专心致志打电话的人。设法弄清楚他们可能在跟谁说话。是配偶、朋友、顾客还是雇员？只要稍加练习，你就可以通过读取他们的肢体语言估摸出个大概。

但是要记住，只有肢体语言发生变化才是一个有效的信号。不要因为某人交叉双臂就认为他怀有敌意。要注意观察他是否听到别人说了一句什么话，然后突然做出了交叉双臂的动作。这时肢体语言才变得很重要。

我见过一位肢体语言专家，他经常被律师聘请去法庭观察证人的肢体语言。以下是他告诉我的关键点："注意肢体语言的变化。不能仅仅因为证人挠鼻子，就断定他在撒谎。他可能本来就有这个毛病，有可能是鼻子发痒引起的。但是，如果在被问到某个特定问题时，他的手突然不由自主地移到鼻子边，凭这个断定他在撒谎是比较可靠的。"

顺便说一句，当你偶尔看深夜节目主持人开始他的节目时，你也可以看到同样的动作。他的典型开场白是："今晚我们为你准备了非常精彩的节目。但有时你会看到他不自觉地把手凑到鼻子边，这表明他真的不认为那个节目有多棒。"

再回到法庭上的证人这个话题。专家还告诉我："仅仅因为他们频繁伸手去摸衣领，就断定他们感到很大的压力不太恰当。原因可能很简单，他们只是穿了一件崭新的衬衫，还没洗过，领子有些硬，让人感觉不舒服。然而，如果他们在被追问时，伸手去摸衣领，这毫无疑问意味着他们感到了压力。"

这时我的朋友就会介入，让他的律师注意这一点，并且在交叉盘问时，律师会再次强调这一点，试图找出证人到底在想什么。

现在我们看看实际的谈判场景，了解一下肢体语言能起什么样的作用。

握手

握手的方式有许多种。一般来说，在这个国家，人们握手时会比较用力，但不能握得太紧。握住后要稳稳地抖动几下。通常我们不用另一只手，尽管见到老相识时，我们可能会用双手握手。具体地说，双手握手的方式就是我们伸出右手握住对方的右手，同时把左手放在对方右手的手背上。很多人认为这种举动太过分了，尤其是初次见面时。它被称为政治家的握手。

另一种形式是你伸出没有握住的手抓住对方的手臂。这就是众所周知的内阁部长的握手。

还有一种方式值得一提，当你和另一个人握手时，他把手放在你的肩膀上。这个信号太明显不过了，他要拉你入伙！

对不同寻常的握手方式要多加留意。很明显，潮湿的手掌是精神紧张的表现，所以要注意那些先在外套上擦擦手，然后与你握手的人。

几年前，在女士作势要握手之前，男士主动向女士伸出手是闻所未闻的举动，但如今，在这个开明的社会里，男士反而应该在商业场合主动向女士伸出手。

在我去全国各地举办"优势谈判"研讨会时，我在这方面仍然十分在意。美国不同地区的习俗显然是不同的。在南方一些地区，我仍然不愿意主动和女士握手。所以一定要注意，你的举止一定要符合当地的习俗。

开会时的座位安排

优势谈判者都明白，你在谈判时的座位安排会影响结果。

如果你单独同另外两个人谈判，比如开发公司的总裁和负责施工的副总裁，千万不要坐在他们中间。因为这样一来，他们可以很方便地互相交换眼神和打信号，而你根本无法捕捉到。当然，比起他们坐在桌子对面，你也不能很轻松地观察他们的肢体语言。你处于一个很尴尬的位置，不得不像在观看网球锦标赛一样来回转头。

你该怎样控制他们坐在哪里？你要确保他们先坐下，然后你就坐到桌子对面，而不是同一侧。

如果参与谈判的人员很多，而且双方人数相等，典型的做法是分坐谈判桌的两边。如果双方谈判人员数量不同，那么人多的一组仍将按上述方式就座，这样可以从气势上压倒人数较少的一方。

然而，如果你在人数较少的团队，你要想办法在分配座位时把对方团队分开，让你的团队成员分坐在他们中间。这样可以消除那种被对方压倒的感觉。

当同一个谈判团队的两个人坐在一起时，他们往往被认为是用一个声音说话。如果他们分开了，他们就好像变成了不同的两种观点——这使得他们增强了实力。如果你身边还有一个人，但他们来了3个人，而你们围坐在一张圆桌旁，你和同伴最好不要坐在一起。

何时切入主题

你与所有的人打过招呼并在桌旁坐定后，接下来要考虑的是：何时结束闲聊，转入谈判的正题？优势谈判者知道，开个玩笑、说个笑话，缓解一下紧张的气氛总是可取的，能让每个人都感到轻松愉快，好准备谈正事。但是你该什么时候开始谈正事呢？

优势谈判者关注外套纽扣现象。男性通常都会扣上外套的纽扣，直到他们觉得和你在一起可以放松。如果你的小组成员都一丝不苟地穿着外套，没有松开任何纽扣，让他们继续闲聊，直到他们松开纽扣，身心开始放松下来。有人曾在婚宴上做过一项调查，调查人员事先并不知道在场的人哪些是家庭成员，哪些是应邀参加的客人。他们单从外套纽扣没有扣上便判定一些人是家庭成员，准确率高达80%。很多客人因为是陌生人，会坚持很久之后才松开外套纽扣。

下面一些迹象表明，他们已经足够放松，可以开始谈正事了：

- 双肩松弛下来。
- 双手处于自然放松的状态，只是偶尔做些手势，强调某个观点。
- 嗓音平和，语调、语气和语速始终保持一致。
- 眼睛正常眨动，没有快速眨眼。
- 双手分开，没有紧握在一起。
- 面带并不明显的微笑。

眨眼频率

当你环视谈判桌边的人们时，试着仔细观察他们的眨眼频率。如果你以前没有这样做过，你可能会惊讶地发现，人们眨眼的频率居然这么高。每分钟最多眨60次的现象并不罕见（尽管有些人要慢得多，每分钟眨动15—20次）。你以后会需要这些信息，因为当一个人的眨眼频率发生显著变化时，你会知道他要么对你说的话非常警觉，要么精神处于高度紧张状态——而且可能没有说实话。

看电视是研究肢体语言的另一种有趣的方式。试着关掉声音，只看新闻评论员。注意观察眨眼的动作，你会发现你竟然大致知道他们在讲什么故事，简直太神奇啦。在英格兰，人们常说"他眨着眼撒谎"。说这话的人未必意识到了他在读取肢体语言，只是注意到对方的眼睛在快速眨动。这是一个非常确定的迹象，表明这个人在夸大其词，在撒谎，或者对他要说的话感到非常不自在。

如果你看电视新闻时关掉声音，只看新闻评论员，你的注意力就会更集中，能惊讶地看到不断变化的眨眼频率。当他们不得不读出让他们感觉不适的新闻时，你会看到他们眨眼的频率上升了四五倍。

注意歪头的动作

歪头与否说明别人是否在关注你。头部端正看着你的人很可能走神了。头部稍微上扬，尤其是手同时触到下巴，这个动作通常是全神贯注的迹象。

我们这些演说家都要研究这个现象。我们可以通过歪头的姿势识别出注意力集中的观众。如果大批观众都笔直地端坐在那里，即使他们面带微笑，貌似很专注，我们也知道其实他们心不在焉。当发生这种情况时，我们会向那部分观众提问，或者我们会改变演讲节奏，以某种方式让那部分观众打起精神来。

当然，如果演讲者注意到人们的身体倾向大门，这是一个再清晰不过的肢体语言了，他们已经对演讲完全失去了兴趣！

用手摸头的时候

时刻注意用手摸头的动作。用拇指和食指轻抚下巴表示他们听得入了迷。手指弯曲，用指关节顶着下巴的动作同样表明听者兴趣浓厚。但是用手掌根托住下巴，头靠在手上，则显然是无聊的表现。

当一个人触摸他的鼻子侧面时，这无异于告诉你，他在夸大其词或对你撒谎，纯粹为了缓解自己的紧张状态，除非他在正常情况下也有这个习惯。

当一个人揪他的耳朵时，他其实是在告诉你："多说一些，我想听。"

一个人挠头顶的动作表明，他对当前发生的事感到尴尬或不舒服，或许你应该退后一步，改变做法。

紧盯着双手

手能告诉我们什么信息？我们知道手指在桌面上敲击表示不耐烦。我们知道，在感受到沉重压力时，人们可能会使劲拧自己的手。也要注意双手指尖相抵、形成塔尖形的动作。这是信心十足的表现。当你内心高度紧张的时候，很难做到这一点。如果你看到有人这样做，你就知道他肯定觉得自己完全占了上风。

当一个男人单手或双手放在胸前时，这是开放和真诚的标志。但当一个女人这样做时，它表示的往往是震惊或一种防护。

挤压鼻梁，尤其是还闭上眼睛，这个动作意味着当前发生的事完全吸引了这个人的注意力。

一只手放在脖子后面，无论是一根手指伸进了衣领还是用手掌揉脖子后面，那都可以确定是心烦意乱的标志。这里需要注意，人们可能真觉得穿多了，脖子那里有些热。

戴眼镜的人会给你什么启示

你能从一个戴眼镜的人身上看出什么？嗯，你知道从镜片上方看你意味着什么。意思是"我不相信你"或者"我不赞成"。在谈判期间，一个人反复清洗眼镜，有可能每小时会洗三四次，这个动作和一个人不停地重新点燃烟斗一样，都是在发出明确信号：他需要更多时间来考虑这个问题。优势谈判者一旦发现这种迹象，就会立刻停止谈话，或者只说些无关紧要的事，容许另一方仔细考虑更重要的问题。

每当有人把东西放进嘴里，不管是眼镜腿，还是钢笔或铅笔，都可以把它理解为对某种东西的渴求。他喜欢他听到的，他想听到更多。

当然，如果有人突然摘下眼镜并扔在桌子上，你会知道他对你很生气，不想接着跟你谈了。但是，你要仔细观察，看它是不是隐含着一个更微妙的信号，要注意识别，看他是否只是要放下眼镜。如果有人摘下眼镜并放在桌子上，这一般意味着他不打算继续听你说了。

空间关系学是对个人空间的研究

肢体语言的另一个有趣的部分是，当你和另一个人交谈时，你应该给他多少空间。在谈判过程中，你应该与对方保持多远距离的研究有一个专用名词：空间关系学（或人际距离学）。

研究人员已经确定，任何小于1.5英尺（约0.46米）的距离便是亲密区域。未经允许，你不应该擅自闯入。从1.5英尺到4英尺（约1.22米）的范围属于私人区域，而4英尺之外是公共区域，即使有陌生人，你也不会感到紧张。

这里存在很多变数。其中之一是和你谈话的人的族裔背景。如果一个人来自人口密度大的地方，比如来自我的出生地英格兰，或者日本，这个人就比美国人更适应拥挤的环境。同时，我们能更容易地自我封闭起来。比起习惯于开阔空间的美国人，我们可以在人群中更舒适地独处。你可以与一个英国人或日本人挨得很近，而他不会因此感到压力。

当然，这个道理同样适用于在大城市，如在洛杉矶、芝加哥或纽约长大的人，也适用于在空阔的农村环境中长大的人。

另一个变量是你与你谈话对象在体型上的差异。如果你和一个比你矮很多的人交谈，你们之间的距离肯定比身高差不多的两人之间大得多。你肯定要比正常情况往后退几步，免得让对方有压迫感。或者在你和这个人说话时，稍微侧一下身体，这样就不会让对方感觉面前立着一堵墙。

掌握一些肢体语言的知识可以让你在谈判中具备重要优势。在特定情况下它还是无价的，那就是和你打交道的人专门研究过肢体语言。如果你知道他在研究你的肢体语言，你在肢体语言方面的知识就派上了大用场，可以借机运用你的肢体语言去影响他的思路。

我有时会在一段时间里模仿别人的肢体语言。如果他们跷起二郎腿或交叉双臂，我也照着做。如果我看到他们发现了这一点，我就知道他们也在研究我的肢体语言！

要点备忘

- 1. 人们对谈判中发生的事情有 80% 的反应是非语言的。
- 2. 留心文化差异。除了微笑是普世的，人的很多姿势在不同文化中有不同的含义。
- 3. 在机场研究其他旅客的肢体语言，看电视时关掉声音，看一下你能识别出多少非语言的信息。
- 4. 研究一下人们怎样与你握手。握手的方式可以透露出很多信息。
- 5. 在开会时，不要坐在对方谈判代表之间，因为那样不利于你读取他们的肢体语言，还会使你很被动，不得不来回转头。
- 6. 如果你的一方不如对方人多，不要坐在一起。你们双方分开坐会增强你的谈判实力。
- 7. 不要在大家解开外套纽扣放松之前就开始谈正事。
- 8. 快速眨眼说明另一方对你或他自己的说法缺乏信心。
- 9. 当人们聚精会神时，他们的头会稍微歪一些。
- 10. 密切关注一个人的手靠近头部的时候。他接下来要做的动作会透露很多信息。
- 11. 要注意保持社交距离。了解你与另一个人之间应靠多近才显得亲近又不至于让他紧张。
- 12. 当你意识到对方正在研究你的肢体语言时，你的肢体语言就变得很重要了。

第 **49** 节
会话中的隐含意义

在学习了之前的谈判策略之后，我现在要再增加一个维度，那就是寻找谈话中隐含的意义。

当美国总统发表演讲时，他总是会朗读，尤其是演讲内容涉及外交事务的时候。这是因为演讲中的每个单词都将被详加分析，其他国家在研究演讲词时肯定连一个字母都不放过，以便确定他到底想说什么。而且通常情况下，演讲中遗漏的内容和被加入的内容一样有意义。

如果你知道一个非常擅长分析对话的人会分析你在谈判中说的每一个字，你就必须非常小心。你不仅要善于分析对方话语中隐藏的含义，还要多加小心，不要泄露你自己的意思。

我曾经参与过一次涉及两家公司合并的谈判。我们的一个不可示人的秘密，是我们的一个大股东遭遇了严重的财务危机，这个股东迫不及待地要不惜一切代价完成合并。当然，我们不想让对方知道。

在谈判进行到某个时刻，另一家公司的总裁说："我很担心你们和 X 先生的关系。我觉得如果我们检查他的信用记录，就会发现他有严重的财务问题。"他的表达方式令我有些困惑。他没有说"我们检查了他的信用记录"，他完全有权这样做。他没有以"如你所知，某某某的信用记录存在问题"开始那段话。他采用的这种"如果我们检查他的信用记录"这个说法提醒了我，他一定是与我方公司内的某个人有联系，那个人向他透露了这个情况。

后来，在和他的一次谈话中，他对我说："罗杰，你是这家公司的外部董事。"这意味着我只是董事会成员，不是为公司工作的。他接着说道："我知道你最近在公司待了一整天，与所有重要员工都谈了话。对于一个外部董事来说，这有些非同寻常。你为什么这么做？"

我这样做的理由很简单，我怀疑公司内部存在一些严重冲突。但调查结果显示，问题并不像我担心的那么糟糕，但我不太知道该如何回答他的问题。然后，我想起了他在谈判中提到股东信用问题时的措辞，以及我因此怀疑我们公司有人在给他提供信息。我当即认识到，他已经看了我根据那天的调查整理出的机密报告。我回答了一系列问题，并借机套出了给他报信的那个人的名字。

这里的教训就是一定要非常仔细地听人们说话时的遣词造句。如果你觉得某件事很奇怪，那就一字不落地写下来，以备今后加以分析。人常常会口是心非。

口是心非

我们来看一些表达方式，它们的意思可能与听起来完全相反。如果有人用"以我本人浅见"开始说话，他很可能心口不一。他不认为自己的意见是浅见。事实上，他很自负。他自视甚高，以至于他能以谦卑自诩。

当你问他对某人有什么看法时，那个人回答说："嗯，他这个人不错，很虔诚。"这很可能意味着去教堂是某人的唯一特性。如果有人对你说："我们可以稍后解决细节问题。"这很可能意味着接下来会有比较艰难的谈判。你们的意见并不像这个人想让你相信的那样一致。比较经典的实例当然是"别担心"。如果你女儿凌晨 3 点打电话给你，说"爸爸，别担心"，你该怎么办？肯定开始担心啊！

漫不经心之语

另有一组表达句式需要引起你的足够注意，因为它们会带出比较重要的内容。这类句式被称为漫不经心的话，比如，"如你所知""捎带地""趁我还记得""我刚想起来"以及"顺便说一下"。"如你所知"可以这样用："如你所知，我们控制着公司内51%的代理投票权。"噢，当然，你有所不知。这是一个要点，而他们只是想留到最后才说。"捎带地""趁我还记得"以及"顺便说一下"都是在说出重大事项前，人们常用的脱口而出的表达方式。

这类句式得以应用的经典范例发生在第二次世界大战结束之际。当时欧洲战争业已结束，对日战争还在继续。杜鲁门总统在波茨坦会见丘吉尔和斯大林时告诉丘吉尔，就在3天前美国成功试验了一颗原子弹，但他没有告诉斯大林。他觉得有义务告诉斯大林，但又不想透露这是一颗原子弹，因为他害怕这会刺激苏联也展开这项研究工作。在当天会议结束时，杜鲁门走到斯大林面前说："哦，顺便说一下，斯大林先生，我们有了一种具有非同寻常的破坏力的新武器。"你可以看出杜鲁门试图用"顺便说一下"来淡化这个声明的重要性。

斯大林的回应同样出彩。他回答说："哦，是的，我知道了。"我们当时认为他在撒谎，他并不知道同盟国拥有了原子弹。将近50年后，冷战结束，苏联解体，我们这才发现他当时确实知情。

"捎带地"和"顺便说一下"之类的话常常是重大声明的前奏，因此当你听到这类语句时，一定要打起精神，屏息聆听！

合理化词语

这类词语包括"坦率地说""老实说"和"实话实说"等。它们常被用来强化一些并不完全真实的陈述的合理性。当有人对你说"老实说，我不认为我们能接受那样的提议"的时候，他说的"老实说"是什么意思？他在此之前一直没说实话吗？或者他只是想加强语气，让你相信他说的话？即便如此，他对你说的仍然不全是实话。

另一个流行的合法化词语是"真正的事实是"。事实就是事实。在事实前面加上"真正的"让它听起来更重大，结果却暴露出一个假象。时任国际电话电报公司（ITT）总裁的哈罗德·杰宁曾就误用"事实"一词而大发雷霆，他给全体员工写了一份措辞严厉的备忘录：

> 昨天，我们召开了一场漫长而艰难的会议，主要用意是寻求事实，据以今后做出简单管理决策。我认为由此得出的重要结论很简单。在英语中，没有哪个词比'fact'（事实）更能强烈地表达无可辩驳，即'最可靠的现实'之意了。然而，在实际运用中，没有哪个词能比它受到了更多的破坏。例如，我们昨天看到了这些表达，'明显的事实''假定的事实''报告的事实'以及类似的变种。在多数情况下，这些都根本不是事实。

另一个在晚间新闻节目中流行起来的合法化用词是"完全正确"。主播布莱恩·威廉斯对安妮·汤普森说："这已经成了大问题，对吧，安妮？"安妮谄媚地回答说："完全正确，布莱恩。"正确就是正确，不正确就是不正确！"完全"一词是画蛇添足，反而降低了她的陈述的力度。

美国文学中最受欢迎的合法化用词之一出现在玛格丽特·米切尔的《飘》中的最后一句话，当时瑞德·巴特勒对斯嘉丽·奥哈拉说："坦率地说，亲爱的，我一点也不在乎。"2005 年，美国电影学院将其评选为史上最经典的电影台词。语言以及会话中隐含意义的研究者会当即抓出"坦率地说"这个词语。这是合法化用词。他试图用这种方式将他根本不相信的东西合法化。事实上，他挺在乎的。当亚历山德拉·里普利创作《飘》的续集《斯嘉丽》时，我们知道只有瑞德对斯嘉丽的爱才能把她从绞刑架上救下来。

托词

托词是用来为失败作铺垫之语的，比如"我会尽力的""我看看我能做什么吧"或者"我尽量把它控制在 300 美元以下"。这种表述远远达不到坚定承诺的程度，对吧？他们不过是想让你准备好接受他们可能失败的事实，所以，除非你愿意接受这个事实，否则当即提出质疑。更糟糕的是当推托用词变成了复数形式。从"我会尽全力"一下子转变成了"我们会尽全力"，从而把自己藏到了人群后面。任何一个名副其实的销售人员会接受"嗯，我想仔细考虑一下"的借口。但是如果"我"变成了"我们"，那就真的要小心了！

如果在整个谈判过程中，一个人一直在说"嗯，我觉得我付不起那么多钱""我不愿意这么做"或者"我不得不让你……"之类的话，却突然之间转而说"嗯，我们必须考虑一下，明天给你一个决定"，你就有大麻烦了。你最好回到谈判桌，使出浑身解数去说服对方，因为这不是轻易能解决的。从"我尽力"切换到"我们尽力"明显是在逃避。

橡皮擦

人们平常会用许多橡皮擦之类的词，其中最受欢迎的两个是"但是"和"然而"。你要知道这类词汇的作用，就是抹去在它们之前所表述的一切。有人可以花 10 分钟的时间，滔滔不绝地说他有多喜欢你的产品，让人感觉这个人肯定会买。结果他说了 10 分钟之后，以"但是"或"然而"结束了长篇大论，等于刚才那 10 分钟都白费了。你这时清醒地认识到，一切都得重新开始。因为"但是"和"然而"之类的橡皮擦词汇擦掉了之前的一切。

圈套

如果橡皮擦前面有"我只是个乡下男孩，但是……"或者"我不是学法律的，然而……"之类的话，这些都是圈套。它们是不折不扣的圈套。

例如，有个人曾在白宫里对林登·约翰逊说："我只是一个乡下男孩。"林登·约翰逊本人就是来自乡下，他听后咆哮着说："听着，先生，在这个城市里，一听到有人对我这么说话，我就很想伸手去摸摸我的钱包还在不在。"如果有人对你说，他们不是学法律的，那可能是实情，但你可以放心，就当前那件事来说，他们完全知道自己在说什么。

预备语句

有一组预备语句对销售人员来说非常重要。当一名销售人员对你说"我不是针对你个人的"，你可以肯定他接下来要说的绝对是针对你个人的。当他说"我不想打扰你"时，他准备做什么？肯定是打扰你！

夸大之词

有一种让人们准备好回答可能很难堪的问题的做法，那就是先夸大它。假设有人正在替你填写一份信贷申请表，想问你去年的收入是多少，他可能会对你说："这很令人难为情，但是……"在他停顿的3秒钟里，你的脑海里翻腾着各种各样的事情，想象着他提的问题让人多难堪。当你发现原来他只是想知道你的收入时，就变得很容易接受了。

有人可能会对你说："我需要你帮我一个大忙。"你立刻想到她会不会要1000美元或者500美元。当她说出仅要50美元时，你一下子觉得这简直是小菜一碟。

试探

在谈判过程中，你会经常遇到试探。这类句子都是以"我还没仔细想过，但是……"或"假设我们……"之类的话开始的。人们之所以会使用这类语句，主要是因为已下决心尝试某种东西，但又不确定你是否会同意，于是开始试探，测试一下你的反应。

这说明两件事。首先，它告诉你这个人会接受别人提出的建议，哪怕他声称自己没仔细想过。实际上，这个人缩小了他的谈判范围。它还告诉你，这个人不确定你会接受它，所以如果你先拒绝会有利于你。

神经语言学取向

谈话中隐含意义的另一个重要部分是意识到人们会被导向他们的一种感觉。我的意思是，我们通过不同的感觉（视觉、听觉、嗅觉、触觉或味觉）来解读我们经历的一切，其中大多数人会趋向于一种感觉。

味觉和嗅觉很少占主导。最常起作用的是视觉、听觉和触觉。你可以通过一个人使用的语言来判断他的取向。

我们假定 3 个人一起去听一场交响乐。这三人分别是油画家、钢琴家和诗人。现在，如果以他们的职业来衡量，你会认为油画家是以视觉为主。他看到的会比他摸到的或者听到的重要得多。钢琴师以听觉为主，他听到的会比他看到的或摸到的更重要。诗人则以触觉为主，他触摸到的比他看到的或听到的更重要。他们每个人都会对发生的事情给出不同的解释。

虽然你在谈判中遇到的人并没有那么明显的取向，但还是会有一些，而且这仍然对你的战略有重要影响。你能从人们的表达方式看出他们的取向。例如，一个听觉取向的人，就像一个钢琴演奏者，会说"对我来说那听起来不错"或"我听到你说的啦"。一个触觉取向的人，比如诗人，会说"我感觉这个很好"或者"我能渐渐接受那个建议"。

如果你在和视觉型的人打交道，你最好用演示活页夹或黑板为他画出来，进行直观演示。对于听觉取向的人来说，是否有直观演示并不重要，事实上，那甚至会让这样的人失去兴趣。这个人甚至有可能讨厌你借助图形解释你刚才说的话。他心里可能在说："你不用给我画一幅画。我听你一说就明白了。"

你一定要如实反映别人的谈话。如果人们处于听觉取向，他们会说："那听起来不错。"不要用"在我看来也不错"来回应。在研究这类现象的人中，那被称为交叉反应。就像对肢体语言的研究一样，有些人在对研究隐含语义时也会走极端，进行过分解读。当然，我在此描述得非常简单。随着你越来越了解这个主题，越来越仔细地研究人们所说的话，并且越来越熟练地解读人们所说的话，你会对它越来越感兴趣，你掌握的知识也会不断增长。

要点备忘

- 1. 如果你记录并转录谈判内容，你就能从各种表达方式中发现许多隐含的意义。

- 2. 有些语句会提醒你注意心口不一的现象。例如，"以我本人浅见""嗯，他这个人不错，很虔诚"和"别担心"都属于我们所说的心口不一的现象。

- 3. "如你所知""捎带地""趁我还记得"以及"顺便说一下"等漫不经心之语后面都会紧跟着重要声明。

- 4. 合理化词语，如"坦率地说""老实说"和"实话实说"常被用来强化一些并不完全真实的陈述的合理性。

- 5. 托词是用来让你为对方逃避责任做好心理准备的。例如"我会尽力的""我看看我能做什么吧"或者"我尽量把它控制在 300 美元以下"，更糟糕的是"我们试试吧"的说法。

- 6. 橡皮擦是可以抹去之前表达过的一切的词，比如"但是"和"然而"。

- 7. 如果橡皮擦前面有"我只是个乡下男孩，但是……"或者"我不是学法律的，然而……"等话，它们都是圈套。

- 8. 预备语句是为你应对难题做准备的。"我不是针对你个人的"和"我不想打扰你"是在为言者作铺垫。

- 9. 夸大其词会让你很容易得到某种东西。有人可能会对你说："我需要你帮我一个大忙。"你马上想到她可能要 1000 美元或者 500 美元。但当她提出要50 美元时，你一下子觉得这简直是小菜一碟。

- 10. 对方的试探实际上在告诉你，他们将接受别人的建议。

- 11. 聆听人们谈话的方式。它将揭示出他们属于视觉、听觉或触觉取向的人。你在回应时要对应他们的取向。

第50节
优势谈判者的性格

要成为一名优势谈判者，你需要具备或发展以下个人特征：探寻更多信息的勇气，胜过其他谈判者的耐心，提出超预期要求的胆识，促成双赢解决方案的正直，以及做一个善于倾听者的愿望。在本节中，我们将逐一了解上述每项特征。

探寻更多信息的勇气

水平欠佳的谈判者总是不愿质疑对方说的任何话，所以他们只会基于对方选择性告知的情况进行谈判。优势谈判者不断更新他们所掌握的对方的信息，以及基于已有情况所作的假设。在收集信息时，你应该采用许多调查记者的做法。

问一些棘手的问题——那些你确信他们不会回答的问题。即使他们不回答，你也可以通过他们听到问题时的反应了解一些情况。问几个人同样的问题，看看他们的反应是否一样。在持续时间较长的谈判中，多次问同样的问题，看看答案是否前后一致。

胜过其他谈判者的耐心

耐心是优秀谈判者的美德。我记得为了推广我早期关于谈判的一本书，我曾在全国各地出席过媒体见面会。

有几次，我出现在电视台，采访记者对我说："你的样子不像谈判专家。"

我知道这句话是什么意思，这样说并没有冒犯我。他们的意思很清楚："我们以为你看起来会很凶狠。我们以为你会显得很刻薄。"也许他们在电影里看到的工会谈判代表是那样的，许多人认为谈判者是强硬、无情的人，他们会用尽各种手段，迫人就范。没有比这更偏离事实的了。优秀谈判者都是非常有耐心的人，他们绝不会屈服于时间压力，做出不符合每个人最佳利益的交易。

提出超预期要求的胆识

前国务卿亨利·基辛格曾经说过："谈判的成效取决于对自己要求的夸大程度。"除了向对方展现一种得不到就走开的姿态，我认为没有什么比理解这个原则并有勇气去践行它更重要的了。

我们都缺乏勇气，有时仅仅是因为我们怕被人嘲笑。还记得我在第 1 节所讲述的"夹叉法"吗？我说过，当你买东西的时候，你应该提出一个超低的报价，把你的目标价圈进去。话说回来，我还告诉过你，当你在卖东西的时候，尽可能抬高初始要价，把你的目标价圈进去。

你应该总是提出看似合理的极限要价。有时候这很难做到。我们只是没有勇气提出那些貌似非常不靠谱的建议，因为我们怕被对方嘲笑。害怕被嘲笑的心理阻碍着我们，使得我们与本应在生活中获得的成就无缘。要成为优势谈判者，你必须克服这种恐惧。你必须能够心安理得地索求你看似合理的极限要价，并且不为此道歉。

促成双赢解决方案的正直

我相信直率是谈判之道。很多时候，你要利用对手一时处境脆弱的机会一招制胜，尤其是在你先于对手得知了一些情况时。你明白假如对方掌握了同样的信息，他们就会不那么急于解决问题。即使对手处境艰难，你仍然致力于促进双赢的解决方案，这种诚信和正直也是一种稀有而珍贵的品质。我的意思不是说因为你心地太善良，便不计代价地向另一方妥协。我的意思是，你在不损害自身利益的条件下，继续寻求向对方作出让步的途径。

做一个善于倾听者的愿望

只有善于倾听的人才能成为双赢谈判高手。只有善于倾听，你才能在谈判中辨识出对方的真实需求。以下一些小窍门可以帮助你在准备和进行谈判时成为一个好的倾听者。

- 将倾听视为一种互动过程，从而提高你的注意力。
- 身体前倾。
- 稍微偏一下头表示你在注意听。
- 提问。
- 提供反馈意见。
- 重述对方所说的。
- 通过玩心理游戏避免感觉枯燥。
- 专心听他在说什么，而不是他说话的方式。你可以从他的一句话里挑出一个最长的词或将他刚才的表述换一种说法。因为你听的速度比说的速度快4倍，你需要同时做些别的事，不然会走神。

从谈话一开始就做笔记，由此增进你对所讲内容的理解。多带些白纸，以日期和主题开头，并简要记下所说内容。用掉几页纸总比再返回寻求细节要划算。你的这一举动向另一个人传递了明确信息，即你很在意他在说什么。它还有一个好处，当人们看到你在记录时，他们讲述的用词会更精确。接下来，不要急于评判另一个人，等他全部说完。如果你没听几句就认定对方虚伪、控制欲强或自私自利，你可能对他产生抗拒心理，不想再听他说。记住，别着急，等他说完之后你再作评判。

要求对方先说结论，这样可以提高你评估别人言谈内容的能力。然后，如果你不完全认同他的结论，就让他阐明理由。保持开放心态，认真倾听他的辩解。注意你可能表现出来的个人偏见，并意识到它对你的反应会有多大影响。如果你心知肚明自己不喜欢律师，当你意识到这导致你不信任和你说话的人时，你可以更清楚地评估这些信息。

也许你最烦夸夸其谈的人。你会不由自主地抵制他们说的话，不管是对还是错，所以你要意识到这一点。保持头脑清醒可以提高你评估对方言论的能力。做笔记时尽量选用中间有道分割线的便笺簿。在左边，列出事实的本来面目；在右边，标注你对所表达的内容的评价。

要点备忘

- 1. 要有勇气提出尖锐的问题。如果你谈判的依据仅仅是对方选择告诉你的，那么你是处于弱势的。

- 2. 耐心是一种重要美德。不要急于达成协议，那样很容易导致你忽视增进双方利益的机会。

- 3. 提出超预期要求需要足够的胆识，但这是至关重要的一点。你的谈判能力与夸大初始要价的胆量成正比。

- 4. 为人要正直，愿意促成一个对另一方来说可取的解决方案。你的第一想法不是"我能让他们给我什么"，而是"在不损害我方利益的情况下，我能给他们什么"。你满足别人的愿望，别人也会满足你的愿望。

- 5. 倾听是一种技能，就像说话一样，但倾听更重要。设法提高你的倾听技能。

第**51**节
优势谈判者的态度

愿意接受不确定性

一个优势谈判者喜欢走进胜负不明的谈判场。正因为不知道自己会凯旋还是会败下阵来，他才对即将展开的谈判充满期待。这种愿意直面未知的心态需要一种特别的人生态度。喜欢与人打交道的人可以从容应对这种状况。喜欢与事物打交道的人则不是这样。出于这个原因，工程师、会计师和建筑师，也就是追求精确性的专业人员，通常觉得谈判是个苦差事。他们不喜欢谈判中的你来我往，他们喜欢一切都体现在白纸黑字上。

以下是个小测验，看看你是否愿意直面不确定的情况：

1. 如果你打算参加一个聚会，你首先想知道最有可能遇到哪个熟人吗？

2. 如果你的配偶带你去一家餐厅与朋友们共进晚餐，你很想知道具体要去哪家餐厅吗？

3. 你喜欢事无巨细地计划你的假期吗？

如果你对这3个问题的回答都是肯定的，那么你基本上属于厌恶不确定性的那类人。要想成为优秀的谈判者，我建议你强迫自己容忍那些你不知道确切结果的情况。

我记得曾经培训过一大群建筑师。为了测试他们对不确定性的接受度，我问了他们一系列可以用一个数字回答的问题。我告诉他们，如果他们不知道答案，他们可以给出一个范围，他们可以随心所欲地扩大范围。我问他们的一个问题是："你能用6个字母和6个数字组合出多少个车牌号？"

对我来说，一个可以接受的答案应该是"1500万到2000万"。一个极其准确的答案应该是"1700万到1800万"。他们对这个问题的回答令我惊异不已。他们问我能不能使用字母"I"和数字"1"。他们还想知道是否可以使用字母"O"和数字"0"。我说:"有什么关系?给我一个范围就好。"他们就是不说,坚持要我告诉他们,能不能采用外观相似的数字和字母。

我注意到公司总裁大笑不止,差点从椅子上掉下来。后来他告诉我:"罗杰,你不明白。建筑师都受过必须做到精确的训练,他们无法忍受模棱两可。他们必须确认那栋建筑是会立起来还是会倒下去,他们对模棱两可的态度是零容忍。"

我告诉他们,可以使用看起来相似的字母和数字。他们这才纷纷掏出计算器,开始疯狂地输入数字,并给出了答案:整整17576000个。除了加利福尼亚和得克萨斯,其余各州都足够用了。

我至今还清晰地记得我发现自己不喜欢不确定性的那一刻。我年轻时喜欢爬山,曾经飞到尼泊尔,然后徒步去珠穆朗玛峰的大本营。途中,我打算在印度首都新德里待几天。我身上没有多少钱,所以我安排了一次去阿格拉泰姬陵的简单旅行。我找到了一个英语说得很好的印度人,我们一起坐公交车去那里。我到了之后才发现,阿格拉原来是一个相当破旧的城市 —— 与我来观看的精美的泰姬陵形成了巨大的反差。

我从公交车的窗户望出去,看到几个背包客正在熙熙攘攘的市场中蜿蜒前行。他们背包里装着的显然就是他们的全部了。我想,在一个陌生的国家,夜晚来临,而你不知道自己要睡在哪里,那真可怕。

我以前从来没有想过这个问题,但我突然意识到,在我已经度过的数千个夜晚,我还从未让自己落入不知在哪里过夜的境地。我自以为是一个喜欢冒险的人,周游世界,还攀登过险象环生的高山,但我从来没有放任自己直到晚上该睡觉时再找一个合适的地方。

我越想越觉得有必要做些什么。我不能再这样下去了,不能因为害怕不确定性,遇事总是提前做好详尽计划。

几个月后,我被安排在澳大利亚演讲。这次我没有像往常一样精心计划我的旅行，而是买了一张环球机票。有了这张票，你不必提前计划你的旅行，你可以在最后一刻打电话给航空公司，并得到去下一个目的地的座位。唯一的限制是你不能原路返回。这次旅行花了我一个月的时间，我没有提前订票，甚至没有预订任何酒店房间。

我从洛杉矶的家出发，先去了塔希提岛，接着去澳大利亚演讲，然后又飞往新加坡、曼谷、法兰克福和巴黎。当我需要乘出租车或租车开时，我没有遇到任何困难，我也能毫不费力地找到过夜的宾馆。

如果你受到必须提前计划好一切的困扰，我向你推荐这个方法。试着不计划任何事情就飞往某个目的地。培养自信心，相信无论发生什么事，自己都能应付。这会让你成为一个更好的谈判者，也会提升你的自信。

你的自信与你处理突发事件的能力直接相关。有些人一大早发现汽车无法启动，精神顿时就会崩溃。另一些人能力超强，总是知难而上，想方设法解决问题，从不退缩。

要有弹性

我非常喜欢"富有弹性的"这个形容词。我一直以为它的意思是能承受伤害，其实不是。它真正的意思是从伤害中恢复的能力。如果你压瘪一个啤酒罐，它会一直瘪着。它没有弹性。如果你挤压一个塑料水瓶，你一松手，它就会恢复到原来的形状，因为它很有弹性。

弹性是谈判者需要的坚强特性。无论你计划得多周密，谈判都不太可能按照你预期的方式进行。其间会突发令你不快的事情。一些困难会迫使一个不那么坚强的人放弃。如果你有弹性，你就具备了从不幸中恢复元气的能力。

我的妻子吉塞拉就非常有弹性。她出生于第二次世界大战中的德国。她和父母、她的双胞胎姐姐海尔格设法逃到了西德，然后他们在她12岁的时候移民到了费城。心理学家们说过，我们每个人的大部分性格是在童年形成的，我当然相信所有这些早期的艰难困苦使她变得很坚强。

有弹性是演讲者妻子的一大特点。我经常不得不告诉吉塞拉，下周我要去佛罗里达举办一周的研讨会。她不会说："你不在的时候我该怎么办？"因为她有自己的朋友和兴趣爱好。

我们在游览阿马尔菲时，她表现出了从不幸中迅速恢复过来的超级能力。阿马尔菲是一座美丽的意大利古城，坐落在从那不勒斯向南延伸到西西里的阿马尔菲海岸线上。高耸的悬崖从地中海笔直竖立，几个世纪以来，意大利人已经掌握了在这些陡峭的悬崖上建造家园的窍门。这是令人难以置信的美丽景象。在罗马时代，皇帝们会在那些悬崖顶上建造他们的避暑别墅。如果你没有去过那里，一定要把它加到你的遗愿清单上，那是你去世前必须要看一眼的景观。

我们当时在阿马尔菲，想去参观拉韦洛，这是阿马尔菲上方悬崖顶上的一个艺术家聚居地。有一年夏天，我们曾在波西塔诺租了一栋别墅，住了一段时间。波西塔诺是一个美丽的小镇，位于北边几千米处，在去往索伦托和庞贝的路上。我们就是在那时爱上了拉韦洛。通往拉韦洛的唯一道路是一条狭窄的双车道公路，奇迹般地贴着悬崖盘旋向上，路上有几十个急转弯是在峭壁上凿出来的。这条路非常难走，但很值得走。如果你能在拉韦洛找到一个露台，买一杯经典基安蒂葡萄酒，细细品味数百年以来令各路游客神魂颠倒的美景，你一定会赞同我的观点：没有比这更惬意的生活了。如果你愿意，你还可以去别处搜索，但你不妨相信我的话：没有比这更惬意的生活了。也许一瓶经典基安蒂葡萄酒下肚后，生活会更惬意。

问题是我们找不到送我们去那里的出租车。我们在出租车站等了 15 分钟，但没有一辆车出现。我看到一块写着"公交车票"的标志牌，就对吉塞拉说："也许我们可以乘公交车去拉韦洛？"

她说："你坐过公交车吗？"

"自从 35 年前我搬到洛杉矶后就再也没坐过，但我小时候，在伦敦一直都坐公交车。我们试试吧。"我在商店买了几张票，他们告诉我，下一趟公交车要在 50 分钟后到达。我向吉塞拉建议，我们干脆去海滩上的餐馆吃午饭，再喝一瓶葡萄酒，反正在那边可以看到公交车站，不会误事。转眼之间，我们看到在公交车站等车的人越来越多，眼看着人数多到一辆车快装不下了。我建议我们赶紧过去排队。吉塞拉说："罗杰，这里太美了。要不这样，你去排队给我占个座。我喝完酒再去。"

公交车到站了，人们蜂拥而上。我不得不连拉带扯，拼尽全力上了车，一屁股坐到了最后排的两个座位上。公交车上挤满了坐着和站着的人。我疯狂地四处搜寻吉塞拉，但始终看不见她。就在公交车开始驶离车站时，我突然瞥见她站在车站的路边。我重重地敲打公交车的后窗，大喊："我在车上！我在车上！"但我无法确定她是否看到了我。

我边上的人疑惑地问我："那是谁？"

"那是我妻子！"

他们简直不敢相信："你竟然把妻子丢在外国的公交车站！你怎么能这样？"

"哦，她是德国人，很有韧性。她会想出办法的。"我告诉他们，但我心里明白，我遇到大麻烦了。就在我遐想着我惨淡的未来时，我能听到车上其他人在议论刚刚发生的事，有时是用英语，有时是用意大利语，有时是用法语，不过意思大概都是"你能相信那个白痴干的蠢事吗"。很快全车人都知道了后排那个白痴把他老婆丢在了阿马尔菲的公交车站，我当时羞愧难当，低头不语。

公交车在盘山路上走着走着，突然被一辆出租车加速超过，那辆出租车随后挡在公交车的前面。我看见吉塞拉下了出租车，从公交车前门上了车，她大喊道："罗杰，你在这辆车上吗？"我说："是的，亲爱的。我在后排！"整个车厢里爆发出一片掌声，随后我们去了拉韦洛。

那就是弹性，从意外中恢复过来的能力。这是谈判者需要具备的一大特性。当事情没有按计划进行时，想办法让它走上正路。

一种竞争精神

优势谈判者在谈判时有强烈的获胜欲望。将谈判视为一种游戏是促进你擅长谈判的重要因素。就像走进竞技场，使出你的全身解数与另一个具备同样技能的人展开较量，那种场景令你热血沸腾。

有件事我始终想不通，销售人员在体育运动中如此有竞争力，但在面对买家时却显得如此懦弱。一位销售人员或许喜欢打壁球，他在向买家介绍产品之前，安排了一场与他一大早去打球的活动。在壁球场上，他会在不违反游戏规则的前提下，拼尽全力去击败买家。然后他们淋浴，去办公室谈这笔买卖，而当买方一提到价格时，销售人员就不由得两腿发软，结果主动权完全掌握在买方手里。

你越是把谈判当成一种游戏，你就会越有竞争力。越有竞争力，就越有勇气，你就会做得越好。

不要厌恶冲突

优势谈判者不会因为讨喜的需要而束手束脚。亚伯拉罕·马斯洛以他的层次需求理论而闻名，他认为我们的需求分为如下层次。

1. 生存。
2. 安全（确保我们继续生存的需要）。
3. 社会（被他人喜欢和接受的需要）。
4. 自尊（被他人尊重的需要）。
5. 自我实现（感到满足的需要）。

优势谈判者大多数时候都超越了第 3 个层次，即被人喜欢的需要。从定义本身来看，谈判就是对冲突或至少是对立观点的管理。过分需要讨喜的人不会成为优秀的谈判者，因为他们太害怕与人冲突。

我在培训医生时，经常听到他们的评论，说谈判者不应表现得太强硬，那是不明智的，因为他们需要和业内人士建立长期的关系。我不认为你与人建立关系的途径是向人让步。我要问你，如果你对你的孩子们有求必应，你会有比现在更好或更差的关系吗？我认为那些医生混淆了喜欢和尊重。当你谈判时，你希望对方尊重你，而不是喜欢你。

这些医生揭示出他们厌恶冲突。医生是世界的治疗者，而不是战士。那对谈判者来说不是一个可取的性格特征。学会享受一场良性冲突，只要它能为双方带来可以接受的结果。

这是否意味着优秀的谈判者都是冷酷无情的人，他们取胜的原因是他们根本不在乎对方是不是输了？不，一点也不。对他们来说，最重要的事情是努力解决手头的问题，直到找到每个人都能接受的解决方案。

要点备忘

- 1. 学会从容应对不确定的情况，毕竟谈判就是对不稳定局面的管理。
- 2. 要有弹性，谈判进程不可能尽如人意，学会从意外中迅速恢复正常。
- 3. 把谈判想象成一场必赢的比赛。要勇于竞争，但在同时要遵守游戏规则。
- 4. 不要为自己是否讨人喜欢而忧虑。你不需要对方喜欢你，你需要的是让对方尊重你。
- 5. 不要厌恶冲突。学会享受良性冲突，只要它能给双方带来可以接受的结果。

第**52**^节

优势谈判者的信念

谈判总是双向的

优势谈判一贯是双向的。在谈判中，另一方也与你一样，总是感到妥协的压力。例如，当你走进一家银行去申请商业贷款时，你可能会感到忐忑不安。你看着眼前这家大银行，心想："这么大的一家银行怎么会愿意贷款给我这个小老头呢？"你忽略了另一边的压力。这家银行每年支出数百万美元的广告费，就为了吸引你来办贷款。银行承受着要把巨额存款以贷款的形式放出去的压力。那家银行的许多员工能否保住工作就取决于他们能否办理足够的贷款业务。

我们总是认为自己在谈判中属于弱势一方，对此，谈判高手都擅于从精神上加以补偿。当一位谈判高手大步走向信贷主管的办公桌时，他心想："我敢打赌，那位信贷主管刚刚被他的老板狠狠地训了一顿，老板告诉他：'如果你今天找不到人借钱，我们这里就不再需要你了。'"

还记得你有一个关键员工来找你要求加薪的案例吗？你坐在那里是怎么想的？你在想："我希望我不会因此失去他。这些年来，他为我做得很好。他非常擅长自己的工作。我真不知道去哪儿能找到跟他一样优秀的员工。"

他坐在那里，可能也在想："我真不想让这事影响到我在公司的发展。这些年来他们对我真的很好，也许我不该逼得那么紧。他待我太好了。"你们坐在那里，心里都认为自己在谈判中处于劣势。优势谈判者知道要在精神上弥补这一点。

为什么会这样？因为每一方都清楚地知道自己承受着何等压力，但不了解对方承受着什么样的压力。因此，每一方的典型表现就是都认为自己手里的牌比较差。

如果一个潜在客户对你说"我知道好几个人不仅收费低，而且做得一样好"时，千万别当真。不要相信他。他来找你谈，一定有他的道理。这个客户承受着某种压力，就像你有压力一样。只要你坚信这一点，并学会在精神上弥补你想象中的弱势，你就能成长为一个实力强大的谈判者。

谈判是依照一套规则进行的

第 2 条将你打造为谈判高手的信念，就是谈判像下棋一样，要遵守一整套规则。当你读到第 1 节中的一些方法时，或许你会想："罗杰，要是你遇见我在做生意时不得不对付的那些人，你就不会这么说啦。他们发起飙来让人觉得太可怕。他们永远不会相信你说的那一套。"

这话说得不错，但我还是想让你从我这里得到一些信心，并在有机会时试试它们的作用。我的学生一再告诉我："我从来没有想过它会起作用，但它确实起作用了。简直太神奇了。"等你第一次吃到甜头，无论用"退缩法""蚕食法"还是钳子策略赢了对方，口袋里揣着多出来的 1000 美元走出谈判室的时候，你也将对我所说的深信不疑。

钳子策略应用实例

我还记得之前培训一家大型储蓄贷款公司员工的一段经历。他们在当地一家酒店安排了一个下午的研讨会，随后是鸡尾酒会和晚宴。在鸡尾酒会上，正当我和储蓄贷款公司的总裁谈话时，酒店餐厅领班怀里抱着两瓶葡萄酒走了过来。他问总裁在进晚餐时是否上葡萄酒。总裁问酒的价格，他回答说这种酒每瓶 22.5 美元。总裁正要说可以，我插了一嘴："你必须做得比这更好。"领班一脸怒气，总裁面露惊异。领班说："我告诉你。如果你愿意为每个人提供葡萄酒，我就可以按每瓶 15 美元给你。"总裁喜形于色，正要表示同意时，我说："我们觉得每瓶 10 美元还差不多。"

领班一听，紧接着就说：“我不想跟你讨价还价——13.5美元绝对是我能给出的最低价。”请记住，总裁那天下午在研讨会上，听我谈到了钳子策略，但他当时未必觉得它能起什么作用，但在亲眼看到这个策略带来的成效后，他恐怕已深信不疑。

请你先从我这里学一些理论知识，然后找机会实际操作一下。有一条最重要，你必须坚信谈判是依照一整套规则进行的一场游戏。如果你熟谙相关的规则，你就能在玩游戏时游刃有余。

“不”只不过是表明一种初始谈判立场

对于优势谈判者来说，“不”这个词并非意味着拒绝。它只是谈判伊始的立场而已。无论是你的老板还是潜在客户，你向他提要求时，他可能会勃然大怒，说：“怎么又是你，又换了一种疯狂的想法。我还得跟你说多少次我们永远都不会那么做？滚出我的办公室，别浪费我的时间。”当发生这种情况时，你要记住，优势谈判者不会把它当作拒绝，他只会认为这是有关谈判立场的开场白。他会想：“太好了，那不就是在表明谈判立场吗？我真不明白他怎么会选择这种方式。”

你的孩子们都懂这个道理，对不对？你可以告诉你的孩子：“我听腻了这个！回你的房间去！我不想在明天早上之前再见到你！如果你再提起这件事，我就让你禁足一个月！”他们听到了断然拒绝吗？没有！他们回到自己的房间，心里想：“真有意思，那难道不是他在表明谈判立场吗？”

要点备忘

- 1. 双方通常都认为自己属于弱势方，因为每一方都知道自己受到的压力，但不了解另一方受到的压力。正因为如此，你手上的牌总是比你想象的要好。
- 2. 谈判是一种具有一系列规则的游戏，就像国际象棋一样。你会惊喜地发现，那些招数都管用！
- 3. 对于谈判者来说，"不"绝不意味着断然拒绝，它只是一种表明谈判立场的开场白。

第**6**部分

培养超越对手的力量

力量、控制、影响，这真的是任何人际交往场合中的核心。在谈判中，最有影响力或最有实力的人将获得最多的让步。如果你任凭他人操纵和恐吓你，没有得到生活中你想要的，那就是你的错。另外，如果你认识到影响人的是什么，以及如何使用和反制一些特定手段，你就可以控制任何局面。

就优势谈判而言，开发超越另一方的个人实力至关重要，因此我要用这一整节探讨这个议题。

在任何谈判中，总有一个人觉得自己要么是恐吓者，要么是被恐吓的。你总是觉得不是你控制了别人，就是别人控制了你。在本节，我将解释这种感觉是从哪里来的，以及如何对待它。

在艾奥瓦州的一次研讨会上，一名男子走近我说："罗杰，我妻子参加了你的优势谈判课程，我这辈子从未见过人的性格能发生这么大的变化。她经营着自己的小生意，一直不太景气。但她学习了你的个人实力和谈判课程之后，她就像变了一个人，简直太神奇了。她就像猛虎下山一样，生意也变得红红火火。"

我一直对一个人影响另一个人的情形着迷，总想弄清楚这究竟是怎么发生的。在过去十年，我一直潜心研究个人力量。我将教你的是一些基本因素，可以让你拥有超越他人的力量。在每个一方控制另一方的场合，那些因素中的一个或多个都在发挥作用。无论是在新兵训练营里骚扰一名列兵的教官，还是设法控制住误入歧途的孩子的父母，都在使用这些基本力量因素中的一种或多种。

权力背负着一项恶名，我说的没错吧？阿克顿勋爵在给克赖顿主教的一封信中说："权力容易腐败，绝对权力绝对腐败。"查尔斯·科尔顿说："权力毒化最善良的心灵，亦如美酒迷醉最精明的头脑。没有一个人足够聪明，也没有一个人足够优秀，可以被赋予无限权力。"然而，我不相信权力本身就是邪恶的。腐败的其实不是权力，而是滥用权力。你不会因为偶尔发洪水、有人被水淹死就说水是恶的。你不会因为偶尔有飓风、房屋被摧毁就说空气不好。不是权力，而是滥用权力导致腐败。海浪中蕴藏着巨大的力量，然而，每天都有数百名冲浪爱好者在追波逐浪。电既有在夜间照亮孩子房间的力量，也有将杀人犯执行电刑处死的力量。权力本身独立于它的使用。教宗拥有号令数百万人的权力，阿道夫·希特勒也是如此。正如萧伯纳所说："权力不会腐蚀人，然而，大权在握的傻瓜会败坏权力。"

权力可以是一种极具建设性的力量。我说的权力，与恣意妄为、冷酷无情的独裁者无关，无论他在政界还是实业界，我指的是影响他人的能力。

我在本节中要讲述的，是人们在与你谈判时可以做的一些事，导致你在谈判桌上败下阵来。当然，这些事也能赋予你凌驾于对方之上的力量。那种能力从何而来？它来自以下 8 种元素中的一种或多种。

第 **53** 节
合法力

任何有头衔的人都拥有合法力。我想你会赞同我的说法，你终归会敬畏拥有副总裁或博士头衔的人。我们是在一瞬间获得合法力的，因为我们在被授予头衔的那一刻便拥有了它。

例如，在首席大法官的主持下，美国总统从宣誓就职的那一刻起，就获得了这个职位附带的全部权力，且有别于此前可能存在的任何个人力量。从那时起，一位总统用这种权力所做的一切都大为不同。想要在总统权威和亲民（只是一个普通人）形象之间取得平衡是一件非常难做到的事。

头衔会影响人，所以如果你有头衔，要放心大胆地使用它。不要羞于把你的头衔写在你的名片和名牌上。如果你名片上的头衔是副总裁，而另一个人的名片上写着销售员，你就已经占了先机。我在经营房地产公司时，我会让在一个区域跑房产的代理人员在他们的名片上写上"区域经理"的头衔。他们告诉我，名片上有"区域经理"的头衔会极大地改变人们接待他们的态度。

如果你的名片上没有一个令人印象深刻的头衔，这可能是你的公司领导层需要检讨的事情。按照负责范围的标准划分，区域经理向上一级经理报告，层层上报，因此区域副总裁似乎是令人印象更深刻的头衔。我偶尔也会遇到不这样划分的公司，会让区域经理头衔的人直接负责美国西部的业务。

合法力还告诉你，如果可能的话，你应该让他们来找你谈，而不是去他们的领地举行谈判，因为那里处处彰显着他们的权力和标志。如果你要带他们去某个地方，你要让他们坐你的车，因为这样你会有更多的控制权。如果你要带他们去吃午饭，应该去你选定的餐厅，而不是去他们最喜欢的地方，那会让他们掌握控制权。

以下是优势谈判者可以做的 5 件小事，以确立头衔的威力。

- 1. 有头衔就一定要用。如果没有，想办法要一个。
- 2. 用你名字的首字母加姓氏，而不是全名加姓氏。这样一来，不认识你的人就只能以"某"先生称呼你，而不是直呼你的全名。
- 3. 尽可能在你的办公室或你的活动区域里谈，而不是去对方那边。你身处自己的大本营，处处彰显的是你的头衔所附带的权力。
- 4. 你与人谈判时，始终要用自己的车，不要让对方开车。房产公司的人总爱那么做，对吧？他们坐上了你的车，你就掌控着他们。
- 5. 让一个助理接听和筛选打给你的电话。我本人不喜欢行政助理替人接听电话，但此举的确可以传达合法力之意。

其他形式的合法力

合法力还有其他体现方式。在市场上的定位就是它的另一种表现形式。如果你能宣称贵公司是最大（或最小）的，或者是最古老（或最新）的，你就在市场上树立了一定的权威。你可以自称是全球化的公司，也可以自称是专业化的公司。你可以告诉别人，你是一个全新的人，所以你正在努力，或者你已经在这一行干了 40 年。你如何定位自己真的无关紧要，任何一种定位都会赋予你一定的合法力。

遵纪守法是合法力的一种形式。有些人遵守法律只是因为害怕受到惩罚，但我们大多数人不只是害怕，还尊重法律，并因为尊重而守法。如果我们无照驾驶，几乎不可能遇到麻烦，但大多数时候，我们会特别注意开车时要带上驾照。有关强制使用安全带的法律在现实生活中很难执行到位，但当加州通过了一项安全带法律时，我就开始佩戴安全带，我这样做的原因不过是我以尊重法律为荣而已。你会在大半夜趁着周边没有人的时候，加大油门闯红灯吗？大概率不会，因为我们都知道每个人遵守交通法规的好处。

传统是合法力的一种形式。倘若你能让对方深信你在这一行做了很久，单凭这一点你便能说服他接受你的做法，而不需要再给出额外理由。

既定程序是另一种形式的合法力。"我们一直都是这样做的"是一种有力的表述。这就是为什么价格标签拥有合法力。因为这种做法在明确告诉你："事情是这样的。我们给每一种商品都标了价。你挑选你想要的东西，把它拿到收银台。我们按价签标明的价格收费。"仅仅因为这个既定程序，在这个国家里很少有人对价格标签提出质疑。

汽车经销商的做法则正好相反。这里的既定程序是"你看一眼标价，然后你报一个价"是既定程序，就连讨厌砍价的人都会按照程序来。优势谈判者都知道，如果你想让对方按照你的意愿行事，就签"标准合同"。"这是我们的标准合同。每个人签的都一样"自然而然地传达了程序的权力，也就是合法力的一种形式。

总之，个人力量的第一个要素是合法力，它属于任何有头衔的人，在市场上确立了自己地位的人，或让人深信世上真的存在既定做事方式的人。

作为一种恐吓因素的合法力

另外，当你和别人谈判时，不要被一个头衔吓到。我们很容易对银行副行长或公司总裁的名头心生敬畏。我可以举例说明。假设你正想买一款特定品牌和型号的汽车。有一天，你在一个高尔夫球场的停车场看到了你一直在找的那款车，在紧贴着驾驶座的一侧车窗，贴着"出售"的标志。你想看看里程数时，车主走了过来。他告诉你这辆车的售价是1万美元。这似乎有点贵，但你向他承诺会考虑一下，然后再给他回复。他在一张纸上潦草地写下他的名字和电话号码，并告诉你，如果你有兴趣，可以打电话到办公室找他。

你暗下决心，只要能把他的要价压到6000—7000美元，你就会拿下它。你打电话告诉他："我想给你那辆车报个价。我们什么时候可以见面谈谈这事？"

"这周我非常忙，"他答道，"不过我的办公室在市中心，如果你能过来见我，我可以抽出几分钟时间。"那天晚些时候，你找到了他所在的写字楼，按照大堂里的公司目录牌的指引，你来到他在 24 层的办公室，有个秘书过来带你进了一间顶层套房，在你穿过的一扇门上，有块巨大的金字牌子，上面写着"总裁"。

在这间无比宽敞的办公室里，墙上挂着各式各样的牌匾和证书，无一不在赞美坐在桌子后面的那个人所取得的伟大成就和杰出业绩，而他就是你在高尔夫球场停车场遇到的那个人。当你进来时，他起身相迎，与你握手，然后又接着谈他刚才的事，示意你坐在桌子对面的椅子上。他正说着在瑞士交易所出售一些股票，听上去像是一笔数百万美元的交易。最后，他挂断电话，微笑着说："好啦，那辆车怎么样？你不会是要我降价吧？"

此时，你还想提出你的 6000 美元报价吗？你可能心里有些发虚，要么不失礼貌地给自己找个台阶下，说你已经决定不买这辆车了；要么说："你能接受按 9000 美元的价格卖给我吗？"在说这话的时候，你真恨不得卖车的是个普通工人。

卖家的身份和你认为一辆车值多少钱之间有什么关联吗？绝对没有。如果这辆车对你来说值 6000 美元或 7000 美元，不管你是从一个牙膏生产线上的工人还是从美国总统手上买的，它的价值应该是一样的。

事实上，如果你对此作进一步的分析，你会认为这家公司的总裁不愿意接受低报价，因为他并不急着用钱，早点还是晚点卖出都没多大关系。那可能是错的。他可能不在乎价格高低，因为他不缺钱或者不想在卖车上耗费太多时间。另外，那个蓝领工人可能正好手头拮据，不愿意少卖每一分钱。所以，不要被一个人的头衔吓唬住，以至于慌了神，在考虑报价时忽略了应该优先考虑的其他因素。

有些头衔毫无意义

不要让头衔吓倒你的一个很好的理由是，有些头衔毫无意义。当我 1962 年初次来到这个国家时，我手里只有 400 美元，因此我必须尽快找到工作。我去了美国银行工作，银行方面都没打算提供系统性的培训，就想让我直接上柜员的岗位，边干边学。这对我来说毫无道理，因为我连美元都还没认全。美国人的钱对非美国人来说非常不好分辨。所有面值的钞票颜色和尺寸都一样。

这让我迷惑不解，但我需要一份工作，我不会质疑他们的判断。于是，我硬着头皮开始在柜台工作。有一位女士来到我这里要兑现一张支票，我说："对不起，那张支票的金额超出了我的权限。你能不能拿着它去找经理批准一下？"

她说："难道你不知道我是谁？我叔叔可是美国银行的副行长。"

当时的美国银行是全世界最大的银行，拥有 500—600 家分行，因此我一听到这个就吓坏了。于是我采用了纽伦堡审判时被告的标准辩词，声称我只是奉上级的命令行事。她怒气冲冲地走了。我转身对我旁边的柜员说："我觉得我惹了大麻烦。我得罪了美国银行副行长的侄女。"

那位柜员大笑着说："你难道不知道美国银行有多少副行长吗？"她抽出一本像电话簿的指南指给我看。那上面列出了成百上千的副行长。所以，头衔有时候也没多大意义。

有些头衔并不重要

我女儿朱莉娅毕业于南加州大学，获得了企业财务的学位，之后进入纽约的迪安·威特股票经纪公司贝弗利山分部工作。有一天，她谈到要成为那里的副总裁。我告诉她："朱莉娅，你必须给你的生活设定现实的目标。那是一家大公司，你可能要花很多年才能当上副总裁。"

她回答说："噢，不是吧。我想到年底我就能当上副总裁。"

我问她："迪安·威特公司里有多少副总裁？"

她答道："我不知道，总得有几千个吧。我们这个办公室里就有 35 个。"

这家公司肯定知道头衔可以影响人。

就像两个人在争论通用汽车有多少副总裁，一个说那里的副总裁多到数不过来，他们甚至有一个专门负责头枕的副总裁。另一个人不信，于是他们决定打电话给通用汽车公司问清楚，拨通电话后他们对接线员说："我们可以和你们负责头枕的副总裁通话吗？"

接线员回答："当然可以，先生。你要找负责乘客侧头枕的还是驾驶员侧头枕的？"

不要受头衔影响，但要明白头衔对人确实有影响。

要点备忘

- 1. 排在 8 种影响力首位的是合法力，它属于有头衔的人。
- 2. 我们发现与副总裁谈判比与销售人员或一个普通买家谈判更难。
- 3. 以说"我们是最古老的，最新的，或最大的"这种方式明确你在市场上的定位，从而获得属于你的合法力。
- 4. 尊重法律是另一种形式。当你说"我们的使命声明排除了这种可能性"时，你在诉诸对法律的尊重。
- 5. 传统是合法力的另一种形式。"我们一直是这样做的"就是一个很好的例子。
- 6. 不要畏惧头衔或与地位相关的任何外在标志，如极度奢华的办公室。
- 7. 记住，有些头衔毫无意义。

第54节
奖赏力

个人力量的第二要素是奖赏力。优势谈判者知道，如果你能让对方相信你会奖励他们，你就拥有了影响他们的权力。可惜的是，许多人在推销自家产品或服务时，几乎不会理直气壮地表明买家将受益匪浅，反而认为自己因买家下订单而得到奖励。

奖赏力体现在多种形式中。钱是显而易见的一种，但还有很多，其中包括赞扬对方、原谅对方、分配头衔的权力、分配工作或假期计划的权力。

如果你的公司已经发展到一定规模，你委派专人负责分配具体工作，这意味着你下放了个人权力。有些公司总裁会委托人事主管全权负责员工晋升和加薪等，这就给了人事主管控制权。

为什么辩护律师会从客户那里赚取高到令人咋舌的费用？这是因为他们说服了客户，只有他们才能确保被告无罪释放。他们使被告相信，由他们代理自己的案子是一种福气。他们让客户想："如果我能让这位律师代表我，那就太好了，因为他是业内最好的。这应该是最理想的选择。"相比之下，有些律师会四处寻找客户并努力说服这些客户雇用自己，这些律师地位较低，与那些怂恿事故受害者提出诉讼的律师属于同一类。

辩护律师如何运作

我曾在研讨会上遇到过一位大牌刑事辩护律师。我找机会问了一个让我长期感到困惑的问题："你会问你的客户他们是否有罪吗？"他告诉我："噢，绝对要问！除非我知道一个人是否真犯了法，否则我不能为一个人辩护。我可能要花费一大笔钱为委托人的不在场证明寻找证据，结果却发现这一切都不是真的。"

"你的客户中有多少人是真有罪的？"

"我为客户辩护超过 25 年了，只遇到过一个客户是无辜的。其余人都说'当然，是我干的。帮我出狱吧'。你要知道，我收费是很高的。几乎可以确定，任何愿意支付巨额费用给我的人都是有罪的，对他们不利的证据是无可争辩的。"

你想对你的顾客拥有控制权？只要让他们相信你是唯一能解决他们问题的人。推销时不要强调价格！以最优惠的价格销售的做法等于说："有很多人可以解决你的问题，但我可以让你花更少的钱。"

如果你在销售一种产品或服务，你必须相信自己是业内最好的。然后你必须知道如何让你的客户相信这一点。告诉他们不可能再找到比你做得更好的。如果你不惜以自己乃至你公司的声誉和专长为代价帮他们解决问题，不是他们的购买行为在奖励你，而是你在奖励他们。

当然，你不能表现得太过分，因为一旦过度就离傲慢不远了，但也不要换位到另一边，认为客户的下单之举是在奖励你。我听说过这样的传闻，一些销售人员真的会乞求买家施舍给他们公司一小块业务。你能相信吗？像不像是一只流浪狗在讨要残羹剩饭呢？当你真的相信你是在奖励买家，而不是相反，你会对要求得到他们的全部业务充满信心。

花点时间写下 3 个理由，说明为什么和你谈判的人会因为与你做生意而得到超值回报。如果你是做销售的，想想为什么选择你而不是你的竞争对手。如果你正在申请一份工作或要求得到晋升，列出你会让那家公司获益的 3 种方式。

我想知道你写的原因之一包括"他们得到了我"。这应该是他们选择你而不是你的竞争对手的首要原因 —— 不是因为你销售的产品或服务的质量，而是因为他们得到了你。要想成功给出奖励的力量，你必须增进产品或服务的价值；他们必须看到从你这里购买的价值。在你的行业中，你可能有一些实力相当的竞争对手，他们能够以极具竞争力的价格提供类似的产品和服务。差异化的根本就在于你，也就是你对你的产品和服务的了解，你对他们的问题和机会的把握，以及你在解决他们的问题和抓住他们的机会方面的创新能力。

我想知道你的工作有多少竞争对手？两个，三个，或者六个？猜猜我作为职业演讲人有多少竞争对手？我加入的"全国演讲人协会"有 3500 名成员。每当我预约演讲时，就有 3499 名演讲者与我争夺现身在观众面前的机会。会议策划者对我说："罗杰，竞争如此激烈，你怎么还能收这么多钱？"我告诉他们："因为我优秀！"对你来说，这听起来可能非常傲慢和自高自大，但你需要对你所做的事情有足够的信心。你需要有足够的信心，相信你比任何人都做得更好。他们应该选择你的首要原因是他们有幸得到了你，而他们得到你的唯一途径就是从众人中选出你。

作为恐吓因素的奖赏力

优势谈判者明白，只要你认定某人能够奖励你，你就给了他恐吓你的权力。如果你认为买家通过给你订单来奖励你，你就给了他恐吓你的权力。这就是为什么你在做一笔大买卖时，会比做一笔小买卖时更害怕。潜在的回报更大，所以你战战兢兢，如履薄冰。当然，那完全是主观感受，不是吗？在你初次做成一笔 1000 美元的生意时，你会体验到一种被奖励的快乐。随着你的资历不断增长，你要实现 10 万美元以上的销售额，才能感到兴奋。

当对方开始对你使用奖赏力时，要直面它，不要因它而心惊胆战。有些人绝对是运用奖赏力的大师。当他们要求你让步时，他们可能貌似漫不经心地提到，下周他们要推出一个大项目，你或许可以参与其中。他们可能还会谈论他们停泊在港口的游艇或他们在山上的滑雪小屋。他们甚至不用明说，如果与他们成为生意伙伴，你就可以使用它们；这只是隐含的奖赏力。不要因此就心烦意乱，要认清它的本质，不要让它在谈判中让你偏离正轨。

一旦你认清了奖赏力并理解了他们试图对你做什么，他们控制你的能力就会消失，作为一名谈判者，你会变得更加自信。

要点备忘

- 1. 你让买家购买你的优质产品或服务之举是在奖励他，而不是他通过买你的东西来奖励你。
- 2. 成功的服务提供者，比如辩护律师，都很擅长打造自己的形象，让别人相信你有他们在身边是件幸运的事。
- 3. 不要强调价格！以最优惠的价格销售就像是在说："有很多人可以解决你的问题，但我愿意以更低的价格来做。"
- 4. 他们选择你而不是你的竞争对手的首要原因是他们得到了你。
- 5. 留心在你身上运用奖赏力的那些人。

第 **55** 节
强制力

奖赏力的反面是强制力。只要你认定某人能够惩罚你，他就拥有了控制你的权力。你知道当州警察要求你靠边停车时，你心里感觉有多糟糕，他站在那里，掌控着给你开不开罚单的权力。处罚的力度未必很大，但你担惊受怕的程度一点都不小。

我恰好知道在加利福尼亚的房地产行业内流传着一个与此有关的笑话。那里有超过 53.2 万名持牌房地产经纪人，这意味着每 50 个人中就有一个不是经纪人就是代理人。如果你觉得你所在的行业存在激烈竞争，那就去加利福尼亚的房地产行业试试。有一个笑话，说的是一个高速公路巡警让一个人靠边停下车，然后说："好吧，伙计。让我看看你的房地产执照。"

那个人说："警官，你的意思是要看我的驾照吗？"

警察说："不是，在加利福尼亚并不是每个人都有驾照。"

我们很难想象对其他人使用强制力，但它总是存在于任何谈判中。如果你要求商店的店员拿回一件物品并退款给你，奖赏力和强制力都会影响这个店员的决定。如果他二话没说就退了款，你会以感谢的方式回报他，这将让双方都感觉愉快。如果他拒绝退款，你可能会生气，这将是一次不愉快的经历。

这里有一些其他形式的强制权力：嘲笑他人或使人难堪；泄露秘密来影响他人名誉；以提起痛苦经历的方式引发他人痛苦的感情；分派艰难或痛苦的任务，浪费他人时间；让你重复一项任务；或者让你留级，限制你未来的发展。

我们可以考察一下优势谈判者怎样将奖赏力和强制力结合在一起，使之形成一种强大的影响力。父母对孩子使用奖赏力和强制力的做法："如果你现在睡觉，我给你读个故事。"同时又说："如果你不吃胡萝卜，你就不能看电视。"销售人员在说服客户购买其产品时会强调对他们有哪些好处，并试图委婉地暗示不投资的危险："进行这种投资将为你创造收益上的奇迹。现在就做，免得你的对手抢占先机。"

经理们使用胡萝卜加大棒的方法来激励他们的员工："在这一点上做得好，它会让你显得很棒。"同时他们又说："乔，注意看我的口型。别搞砸这事。"政治家用它来维护世界和平："保持住民主政体，我们就会给你最惠国待遇。"同时他们又说："敢惹我们，我们有1万枚核弹头，接到命令后能在15秒钟内发射。"

在任何涉及说服他人的场合中，都同时存在奖励和惩罚的要素。假设你的车在做维修保养。维修人员说明天才能做完，而你今晚必须提车。你向他们一一列举你的具体感受。

维修店经理听你抱怨时心里在想什么？如果他同意你的要求，你会报以深深的感谢，会让双方感受到温暖和融洽的气氛。如果他拒绝你，他会担心事情会变得很糟糕。优势谈判者理解这两个要素是如何发挥作用的，并知道如何巧妙地运用它们。

不懂优势谈判的人只用一个，不用另一个。他们只知道威胁对方，但不明白当它与奖赏力相结合时可以更强大。我敢肯定，你见过人们犯这样的错误。当汽车还没修好时，水平欠佳的谈判者会发脾气，并试图迫使对方违背自己的意愿作出让步。"如果我的车在下午5点前还没有修好，我会提起诉讼，让你们赔个精光。到时候我会成为这里的业主。"运用威吓战术是一种有效的说服方式，但它通常显得简单粗暴，结果适得其反。结果，假如对方真的屈服了，他们往往会因沾沾自喜于自己的胜利而错上加错。

我们来看看一位劝说大师是如何用赏罚两方面来影响一个国家的。这是温斯顿·丘吉尔1940年6月4日在下议院演讲结束时说的一段话，当时英国与德国的战争局势危急，眼看着要失败了。

我们决不会灰心，决不会失败。我们将战斗到底。我们将在法国战斗，我们将在海洋上战斗；我们将以日益高涨的信心和与日俱增的力量在空中战斗。我们将不惜任何代价保卫本岛；我们将在海滩上、在敌人登陆之处、在田野、在街头巷尾，以及崇山峻岭间作战。我们在任何时候都不会投降，即使，我丝毫不相信，我们这个岛屿或这个岛屿的大部分被敌人占领，并陷于饥饿之中，那么，我们有英国舰队武装和保护的海外帝国也将继续战斗，直到承蒙上帝眷顾，新世界挺身而出，以其雷霆之力，解放并拯救旧世界！

这最后一句话揭示出温斯顿·丘吉尔作为舆论影响者的天才之处。一个不那么杰出的人会满足于单纯为英格兰人加油，并从广为传唱的爱国歌曲《统治吧，不列塔尼亚[1]》中引用"不列颠人永不为奴"一句，发表一篇墨守成规的励志演讲。丘吉尔要高明得多。他将激励和强制并用，告诫全国民众，他们很可能会输掉这场战斗，并沦为德国的占领区。

优势谈判者知道巧妙运用奖赏力和强制力会产生显著效果。他们暗示，假如他们得不到想要的东西，不愉快的局面就会出现。然而，当另一方看起来似乎要让步时，他们会立刻转换为奖赏力模式，向对方表达感激之情："太好了，我真的很感激。你真是个大好人。"

现在花点时间写下 3 条理由，说明为什么和你谈判的人会因为没有和你达成交易而受到损害。如果你是做销售的，想一想为什么选择竞争对手而不是你会是一位客户的损失。如果你正在申请一份工作或要求晋升，假如公司选择了别人，列出那家公司因此会在哪些方面有所损失。

希望你列出的理由中包含"他们没有得到你"。那应该是他们避免选择另一个人的首要原因 —— 不是因为你销售的产品或服务的质量，而是因为他们不该失去你。要想成功传达出强制力，你必须给你的产品或服务显著增值，从而

---

1 Britannia: Britain（不列颠）拉丁语旧称的表达形式，是古罗马对不列颠岛的称呼；后演变为手持三叉戟头戴钢盔的女战士，为大不列颠或大英帝国的拟人化象征。——译者注

让他们认识到不从你这里购买会是他们自己的损失。与奖赏力一样，区别就在于你对自己产品和服务真正地了解，你对他们的问题和机会真正地了解。你有能力创造性地解决他们的问题，抓住他们的机会。

还记得我们在第1节中谈到的"夹叉法"吗？我当时告诉过你，你应该狮子大开口，提高初始报价，让它夹住你的目标价。有时候你会害怕这么做。你缺乏提出这种高得离谱的价格的勇气，怕因此招致对方的嘲笑。你必须弄清楚你最害怕什么，然后去做。和奖赏力一样，答案在于经验。虽然一个新入行的销售人员会害怕丢掉一笔价值1000美元的生意，但业内老手不会被丢掉价值10万美元的生意吓唬住。

新入行的销售人员总是分不清奖赏力和强制力。当他们刚开始进行电话销售时，他们认为每个买家都可以通过下订单来奖励他们，或者通过拒绝下单来惩罚他们，更糟糕的是嘲笑他们的提议。等做了一段时间后，他们就会意识到销售只是一个数字游戏。倘若他们非常努力地工作，并与很多人交谈，总会有很高比例的人拒绝他们。一旦他们明白这是一个数字游戏，他们认为人们可以奖励或惩罚他们的想法就消失了，对自己所做的事情变得更加自信。

无论何时，只要你认为某人能够胁迫你，他就具备了胁迫你的能力；而我们所知道的最大的强制力之一就是通过嘲笑令人们感到难堪的力量。

山顶上的恐惧

害怕被人嘲笑会阻碍我们在生活中去做本该可以做成的事。很多年前，我在加利福尼亚的猛犸象山和罗恩、马蒂·梅里波尔一起滑雪，那时我初学滑雪，比他们滑得差很多。他们说："罗杰，今天我们要带你到雪檐上去。"

我说："我滑得还不够好，不能去雪檐。"

他们说："来吧，罗杰。你能做到。咱们走吧。"

我们坐缆车去山顶。缆车静静地上升，掠过覆盖着白雪、几乎是直上直下的峭壁，我至今还能感受到当时弥漫在狭小车厢里的紧张气氛。这是一条令人胆战心惊的滑道，在接近山顶时，即使是经验丰富的滑雪高手也不会说一句话。他们默默地坐在那里，沉浸在自己的思绪中，极力排遣对即将来临的下滑的畏惧。

最后，我们缓缓滑入缆车终点站，走到外面刺骨的寒风中。我紧张地穿上滑雪板，和朋友们一起滑行了一段距离，直到我们站在雪檐的顶部。雪檐是被风吹过悬崖后延伸向外的部分。滑雪者在该处雪檐上切出一个 V 形，通向悬崖外。我必须从这个 V 形滑道一跃而下，冲下几乎是垂直的绝壁。只要我稍有失足，便会头朝下一落千丈。

我站在那里，望着眼前这条陡坡道，当即想到了两个选择。首选是徒步回到缆车起点，然后坐缆车下山，但是我要是那样做了，朋友们就会嘲笑我。第二个选择是去死！我选择了第二条路，而不是被嘲讽。这说明人对被嘲笑的恐惧是很强烈的。

最近，我和我的孩子们再次滑下雪檐，现在那里有一块警示牌，上面写着："当你的朋友说滑下去时，别怕说'不'。"

理解并坦然运用强制力。无论你认可与否，它总是存在于谈判过程中，而你有效使用它的能力是你作为成功谈判者的关键因素。

要点备忘

- · 1. 强制力是主观的。
- · 2. 强制力存在于任何交流中。
- · 3. 金钱损失固然事关重大，但别忘了还有其他许多种强制力。
- · 4. 客户不能选择你的对手的首要理由，就是他们一旦那样做就会承担失去你的后果。

第56节
感召力

个人力量的第四要素是感召力。秉承始终如一价值观的任何人都拥有这种力量。一个显而易见的例子是宗教领袖，他说："你可以信任我，因为我有一套价值观，我不会背离它们。"

你喜欢并钦佩客户一以贯之的行为。他们同样喜欢并钦佩你的这一点。如果你甘愿守护你的原则，尤其是如果你不惜冒着经济损失的风险，这将建立起他人对你的信任，他们因此而喜欢。例如，你可能是销售电脑的，你有勇气对你的客户说："当然，你想省钱。我也赞同，问题是你这样做对不对——但事实是不对。我知道除非你得到带 2T 容量硬盘的型号，不然你不会十分满意。对不起，我不会减量减价卖给你任何东西。"

他们因此而喜欢你。当然，这会引起一些质疑，但是如果你已做足了功课，并且你是对的，你将对那个顾客有影响力。如果你退缩了，他们怎么会尊重你？

当你显示出感召力时，其他谈判者会注意到它；他们钦佩和尊重始终如一的价值观，这让你对他们具备了相当大的影响力。当你在谈判时，你表示愿意设法走捷径，或者暗中去找你本不该找的关系，你可能会在短期内提高你的销售业绩。然而，长期来看，你会失去影响买家的能力。

你要当心，别出尔反尔，先设定标准，然后又违反自定标准。别刚对那个买家说你永远不降价，然后就降了价。这比一开始就不设定标准还要糟糕。

感召力是最强有力的影响因素。一旦你成功打造了自己的形象，即你一以贯之地坚守自己的标准，并且永不偏离它们，这将极大地影响他人。这就使它具备了比奖赏和强制两个明显影响因素更强大的影响力。虽然这两者可能会对人们产生立竿见影的效果，但难以持久，它们最终会产生反作用力。

总是通过给孩子奖励来说服孩子的父母很快发现孩子学会了期待这些奖励，如果她得不到奖励，就会反抗。你可以每年付给公司高管2000万美元，在早期阶段，这对他来说是一个巨大的激励因素。他会尽一切努力来保证这个激励措施得以延续。然而，年复一年之后，这种奖励的价值开始递减。

例如，你可以运用强制力，通过威胁解雇一个人来激励他。然而，如果你长期依赖这种做法，它终将产生适得其反的后果。如果你持续这么做，他要么会想办法摆脱这种压力，要么忍气吞声，得过且过。然而，感召力却不同，它会越来越强大。你坚守原则，决不偏离原则的形象保持得越久，别人就越来越信任你。这种信任会让你在谈判中拥有影响他人的巨大能力。

作为威慑因素的感召力

当人们对你运用感召力时，你会心生敬畏，因为我们钦佩这种特性。他们对你说："是的，但我们不会这样做生意。我们的创始人，愿上帝使他的灵魂得到安息，在28年前创业时说过：'我们要为我们的产品制定一个公平的价格，永远不要偏离这个价格。'"当我们听到这些崇高的话语时，我们不愿意和他们对着干，因为我们钦佩那些有原则的人，不想反对他们。

当有人在你身上如此运用感召力时，你有两个选择。

· 1.尽管他们告诉你他们从未做规则以外的事，但确实有例外。先例的力量是了不起的。如果你能确定曾经出现过例外情况，它就完全化解了"感召力"。当你要求佛罗里达的一家假日酒店给予特殊优惠时，如果你能证明西雅图的假日酒店曾经给过你这种优惠，你在与佛罗里达的前台服务员打交道时就掌握了足够的影响力。

· 2.确立这一点，即尽管在过去这可能是一个好的规则，但它不再是明智的选择。据我所知，有一家《财富》50 强公司多年来一直说："我们的创始人在创办这家公司时制定了一项政策，即我们永远不会偏离标价。我们应该有一个公平的价格，每个人都应支付同样的价钱。"该公司的这个政策保持了几十年不变，但最终在竞争对手开始打折的压力下，他们不得不随之降价。仅仅因为这是他们多年的政策，并不意味着今天就应该继续执行。

要点备忘

- 1. 我们希望领导我们的人保有一套持之以恒的价值观。

- 2. 勇于为你的客户选择并坚决执行一个最佳方案。

- 3. 感召力比奖赏力和强制力更有力。后者会随时间的推移而递减，但感召力将持续增强。

- 4. 当人们在你身上运用感召力时，你会心生敬畏，因为我们都敬佩始终如一地做事的人。

- 5. 搜集足够信息，从而在听到人说"我们从未打破过惯例"时，你能予以反驳。

- 6. 如果你无法找到破例的实例，说服他们采取灵活处置的方式，打破惯例。

第57节

领袖力

个人力量的第五要素是领袖力。这大概是最难分析和解释的一个。它究竟是什么意思？当然，我们都听说过魅力型宗教。从这个意义上说，它意味着神授的非凡能力，比如治愈的能力或者预言的能力。在流行用法中，它的意思是：一种特殊的品质，它使得一个人具有激发众人热烈拥戴和奉献精神的能力。

德国社会学家马克斯·韦伯是将该术语引入现代用法，并将其作为一种可习得技巧的第一人。他称之为一种权威。在20世纪以前，我们认为权威要么是法律，要么是传统。马克斯·韦伯则将魅力当作权威的第3种形式。一些人仅凭借他们的个性，就可以影响另一个人。

马克斯·韦伯还介绍了一种理论，即在动荡时期，大众会选出个性型领导人，比如德国的阿道夫·希特勒和阿根廷的胡安·庇隆都是如此。看看近现代美国政坛，你也会看到这种现象。富兰克林·罗斯福第一次当选总统是在大萧条中期。贝拉克·奥巴马是在自大萧条以来最严重的经济衰退中当选的。

奥巴马是一位个性型总统，因为他性情亲民，充满自信。他描绘国家愿景的有力方式激励着他的追随者。

加州大学戴维斯分校的心理学家迪安·西蒙顿确定了总统候选人要想被视为魅力非凡必须具备的要素。他必须具有造势天赋，有意识地改善自己的公众形象，有效地使用修辞，展示出操控艺术，传达清晰、高度可见的个性，具有保持知名度的能力，享受总统职位相关的礼仪，并显示出旺盛精力和不屈不挠的精神。

如果你将这些特征与你认为最有领袖力的现任和前任总统对照着看，你会发现，领袖力并不是与生俱来的神秘个性，而是可以培养的。

见识一位大师：威廉·杰斐逊·克林顿

我相信你曾遇见过某一位极具魅力的名人。当我见到克林顿总统时，我感觉不自在，因为我的政治观点与他的正好相反，我相信他能感觉到这一点。我不想说任何会给他背书的话，所以我说："祝你好运，总统先生。别让他们把你击垮。"猜猜他做了什么。他盯着我的眼睛说："罗杰，如果你和我在一起，我一定会成功的。"我说："我会支持你的，总统先生。"在 15 秒钟内，他就完全靠着他的人格力量赢得了我的支持。

在亚利桑那州图森市，我在和一个刚刚在政治事件中见过比尔·克林顿的人交谈。她告诉我："我们有大约 40 个人被选中去见他，我们聚集在一个酒店的会议室里。他走进来，在房间里走来走去，花了大约 20 分钟的时间跟大家握手。当他离开时，我们每个人都相信他是特意来见自己的。"

那就是领袖力！

领袖力难以描述。当我们看到时，我们知道它的存在，但我们无法解释清楚它。当你难以理解某个事务时，想想与之相反的东西会有所帮助。你觉得地球上最没有魅力的人会有哪些特征？你最不愿意和谁在荒岛上度过余生？我觉得那会是一个完全以自我为中心，一心只为自己着想的人。

如果领袖力的对立面是以自我为中心，那么很明显，魅力是一种表达你关心每一个与你接触的人的能力。你不必成为特蕾莎修女，关心这个星球上的每一个穷人，或者马丁·路德·金，关心每一个遭受种族歧视的人，但你确实可以关心你遇到的每一个人。

戴尔·卡耐基在他的励志经典《如何赢得朋友和影响他人》中给了我们一项重要忠告：把你遇到的每一个人都当成那天你会遇到的最重要的人。这句话说得太好啦！不是你毕生见过的最重要的人，甚至不是你那周会遇到的最重要的人——那就过于夸大了。对待你遇到的每个人，就像他是你那天遇到的最重要的人。你不能面对副总裁时毕恭毕敬，面对秘书时颐指气使。

销售人员大多过分强调魅力的重要性。许多资深销售人员告诉我："人们和我做生意的唯一原因是他们喜欢我。"嗯，现在不是这样了。不要掉进威利·洛曼的陷阱。甚至在60年前，当亚瑟·米勒借《推销员之死》中威利·洛曼之口说出"最重要的是被人喜欢"那句话时，他实际上是在取笑这种说法。毫无疑问，如果买家喜欢你，他更有可能把订单给你，但不要认为这给了你多大控制权。当今的买家在这方面都太老练了。这离控制谈判还有很长的路要走。

作为威慑因素的领袖力

有些人会不动声色地在你身上施加魅力的影响。你会在不知不觉中就开始让步，因为你太喜欢他们了。每当你发现自己被另一个人吸引时，你应该冷静地自问："假如我很讨厌这个人，我还会作出这样的让步吗？"

要点备忘

- 1. 领袖力是一种特殊的品质，它使一个人具有激发众人热烈拥戴和奉献精神的能力。
- 2. 它和通常影响人们的法律（我们都同意要遵守这些法律）和传统（我们一直都是这样做的）这两种传统方式一样强大。
- 3. 个性型领导人在动荡时拥有更多权力。
- 4. 当你树立起时刻关心他人的形象后，你的魅力将日益增强。
- 5. 将你遇见的每个人都视为当天你会遇到的最重要的人。
- 6. 不要因为你喜欢对方就作出让步。让自己冷静下来，自问："如果我非常讨厌这个人，我还会让步吗？"

第 **58** 节
专长力

个人力量的第六要素是专长力。当你确立了专家形象，比一般人掌握了更多在特定领域的知识之后，你就开发出了胜过他们的能力。想想你会因为专长力而敬重的人：给你看病的医生、给你修车的技工以及水管工。我甚至敬重我家的小时工，她告诉我应该买一种用于特殊表面的清洁剂。

我认为，随着我们生活的世界变得越来越复杂，专业能力也变得越来越重要。我认为问题始于 1965 年，当时索尼推出了第一台录像机。在那之前，生活是艰难的，但还可以对付。我们打开烤箱，打开收音机和电视机，操作都很简单。当我们不得不承认我们不知道如何设置录像机的时候，从那时起，有很多事情我们就必须请专家来做。也许在那之前人们的生活就开始变复杂了。我父亲在 20 世纪 50 年代中期买了一辆新车，我还记得当时我站在那辆车前，困惑地问父亲："启动摇把的孔在哪里？"

"这车没有。"他答道。

"这说不通。如果电瓶失灵，该怎么启动它呢？"我熟悉的车不是这样的，而是在一个寒冷的早晨，当我母亲要开车去城里买生活用品时，我必须耗费 15 分钟用手摇把发动车。

"我也不太清楚，"我父亲说，"他们说如果电瓶不起作用的话，我们就有大麻烦啦，必须送去修理。"

"这说不通，"我又说了一遍。然而，我后来也习惯了，又开始摆弄录像机。我初次见到家用电脑时，心想我肯定学不会怎么用它。我到现在还不太会用苹果手机。每当我在用手机时遇到麻烦，我都会把 13 岁的孙女阿斯特丽德叫过来，让她教我怎么用。虽然有些难为情，但我不能不承认，在我有生之年，还会遇到更多令人尴尬的类似情形。随着技术年复一年、月复一月甚至周复一周的跳跃式发展，专家终将称王称霸。我们每个人都应该意识到，如果我们不继续拼命学习，成为某个领域的专家，新技术将如雪崩一般将我们淹没。

如今，专业知识不再是你学习并获得之后便万事大吉了，因为你去年知道的不足以支撑你今年的生活。你必须持续不断地、无休无止地寻求专业知识。在当今时代，想失去专业能力是很容易做到的事，你只要不相信必须不断努力提升自己的技能，躺在已有的知识上睡大觉即可。

有能力影响他人行为的三大因素如下。

- 1. 以权力或财富作酬劳。
- 2. 强制力或暴力。这让我们内心不安，对吧？但事实是，如果你拥有一支大军，你便拥有权力。如果墨西哥的贩毒集团拥有比警察还多的武器，他们就有了权力。我把它称为强制力，这比暴力一词文雅得多，但意思是一样的。
- 3. 专长力或知识。你掌握的知识越多，影响别人的能力也就越强。在印刷业发展起来之前，读写能力被视为专业知识能力。现在它变得更复杂了。我把它称为专长力。

这里有一个关键点：专长力胜过奖赏力和强制力。强制力的应用范围最窄，只有在极少数场合才可以使用。奖赏力是强大的，但其效力会递减。专业知识的力量则会持续增长。

在公司雇用初级员工的背景下考虑这个问题。起初，解雇那个人的威胁会激励他更加努力。让他进入管理层，你给他的 10 万美元的薪酬将激励他——直到他的专业技能发展到竞争对手付给他 50 万美元来经营他们公司的地步。

把这几个概念放入一家公司雇用一个初级员工的背景中就易于理解了。起初，这个员工担心被炒掉，工作十分卖力。你提拔他进入管理层，提供的 10 万美元薪酬激励着他努力工作——他的专业技能持续增长，直到竞争对手愿意支付 50 万美元薪酬请他去当总经理。

作为一种威慑力的专长力

不要让别人用专长力吓唬你。还记得你第一次创业时，你研究了你所做工作的技术方面，但你对此还不自信吗？然后你遇到了一个似乎比你更懂行的人。还记得那有多吓人吗？别让他们这样对你。当他们质疑你的专业知识时，别怕直说："那不是我的专业领域，但我们的专家是业内最优秀的。你可以完全信任他们。"

律师和医生在这方面真的有些夸大了，对吧？他们开发了一套你无法理解的全新语言，向你展示他们拥有你无法企及的专业知识。

医生开处方时没有丝毫理由写得龙飞凤舞，让人无法辨认，但是如果人人都能看明白他们的字，也就没有了神秘感，或者让他们的专长力显得不再那么有力。律师也是这样。他们开发了一套我们难以理解的全新语言，从而使他们可以向人展示其专长力。

要点备忘

- · 1. 我们敬重比我们懂得多的人。
- · 2. 我们必须不懈地努力提高自己的专业水平。不然的话，技术进步与日新月异的世界会将我们吞没。
- · 3. 能够影响他人行为的三大因素是：暴力（强制力）、财富（奖赏力）以及知识（专长力）。
- · 4. 专长力胜过财富和知识。
- · 5. 不要被人的专长吓唬住。

第**59**节
情境力

个人力量的第七要素是情境力。我们都很熟悉这种权力。比如一个在邮局工作的人，一个在其生活的任何方面都人微言轻的人，跻身于这种特殊场合中，他就可以接受或拒绝你的包裹。他拥有支配你的力量，且喜欢使用它。

这在大机构或政府部门中是很普遍的现象，在那些地方，人们在工作中并没有太多自由量裁权。当他们可以自由发挥，也就是拥有支配你的一些权力时，他们会迫不及待地使用它。

他们真爱用情境力！

我曾在加拿大新斯科舍省哈利法克斯举办的一次大型销售人员集会上发言。我记得在到达那里的前一天晚上，这个团体已经举行了一次盛大晚会。这些人在晚会上都玩疯了。其中一个人在凌晨 3 点脱掉衣服上床睡觉，然后又想在他的房间里放些冰块。他迷迷瞪瞪地站在那里，不知道是否该先穿上衣服去拿冰块。他终于想明白了："现在是凌晨 3 点。制冰机就在离我的房门不远的拐角处。谁能看到我？我不妨就这样悄悄走过去。"当然，他没想到刚出门来到走廊，身后的房门就关上了。

他很快就回来了，除了手里拿着的一桶冰，全身一丝不挂地站在门外，想着接下来该怎么做。他最终想明白了，除了一件事他什么都做不了，于是他放下冰桶，穿过哈利法克斯喜来登酒店的大堂，走向站在前台后面的年轻女士。他想再要一把房间的钥匙。她直视着他说："先生，在我给你另一把钥匙之前，我需要看一下你的证件。"这就是"情境力"，谁不喜欢使用它呢？

谈判中的关键问题是，有时你会遇到这样一种情况，人们拥有强大的情境力，无论你是多么优秀的谈判者，你都无能为力，最终会失败。无论如何，假如你不得不作出让步，不管你做什么，最好尽可能不失体面地作出让步。反正你最终都要让步，因此没必要火冒三丈，使得对方不再对你有好感，那毫无疑问是得不偿失的。

我们恐怕有过不少退货的经历。我们去一家百货商店要求退货，店员对我们说："好吧，我们就退这一次。但我们通常是不会这么做的。"店员这么说有什么意义呢？既然你无论如何都要办理退货，你最好尽可能态度和蔼地去办，这样你还能让对方心存好感。

许多年前，我还是房地产经纪人时，我们公司在一个地块上建了4栋房子。在加利福尼亚盖房子时，我们通常会采用浇筑混凝土的方式。正在我们进行浇筑作业时，市里的建筑检查员开车来到现场，他走过来，漫不经心地问："你们在干什么？"

在我们看来这不是显而易见的嘛，但他这人并不是那种有幽默感的人，因此我们只是简单地答道："我们在浇筑混凝土。"

"我还没批准管道系统的施工，等我签完字，你们才能浇筑。"他说。我们可以确定他在尽情享受着此时此刻的每一分钟。接下来的场面也不难想象，我们一帮人手忙脚乱地开始到处翻找那张已经签过字的建筑许可证。气氛越来越紧张，我们不无惊恐地意识到他是对的。有人犯了一个很低级的错误，检查员有足够的情境力迫使我们推倒重来，抽派人手在混凝土尚未凝固之前将其一铲一铲挖出来，以便建筑检查员查验管道并签字认可。此事的重点是：不要让它扰乱你的心情。优势谈判者了解情境力的本质，并坦然进入他们确实拥有一定控制权的领域。

要点备忘

- 1. 有时平常没有权力的人会被赋予能够支配你的情境力。
- 2. 在政府部门和大公司里这种现象很普遍，那里的人在做事时几乎没有自由发挥的余地。他们只会照章办事。当情境赋予他们摆布你的权力时，他们会乐于使用它。
- 3. 认清情境力的本质，不要让它扰乱你的情绪。

第**60**节
信息力

个人力量的最后一个要素是"信息力"。共享信息形成一种纽带。无论何时你与别人分享信息，你都会和那个人更亲近了。这就是为什么在过去，国会议员们在立法约束自己之前，热衷于巡回演讲。如果一个协会可能会受到国会立法的严厉惩罚，它可以聘请一名众议员或参议员在其年度大会上发言。

那个协会有能力付给那个人一大笔酬金，但这里不需要任何利益交换 —— 仅仅是立法者与会员合体这一事实就能使他与这个行业建立密切的联系。药品销售人员很难约到医生见面，他们知道每次难得见上一面时总要带去一些新的信息，比如一项新的研究成果，因为分享信息给医生将加强他们之间的联系。

在这个网络时代，信息作为一种个人力量已经丧失了不少影响力。"信息就是力量"这句古老的格言业已过时。现在，只需打开搜索引擎，随便点击几下鼠标，就能获得海量信息，很难再隐瞒任何事情。

作为一种威慑力的信息力

隐情不报往往会吓唬住别人。大公司在这方面做得相当熟练。他们整理出仅供高管们参考的信息，但不会与员工分享。不是因为它有那么神秘，也不是因为它会造成任何伤害。而是因为这些大公司知道，在高管层面保持一定的机密度能使他们掌控住工人。

在美国，海军的培训手册里有句话特别值得回味，现摘录如下。

信息力取决于你决定提供或不提供信息，或者你掌握着别人没有的信息。在向下属发号施令时使用它。你下达命令时，要设法让你的下属认为命令源自你所在的级别。当被迫服从你不认可的命令时，不要以"舰长说"的方式下达这个命令。以毫无疑问是你在下令的方式来表述和呈现命令。

当你在谈判时，不要告诉对方你在按照上级指示做事。当你提议时，要把它说成是你本人的建议，让他们琢磨你为什么想这样做。

人类天生就有一种强烈的好奇心，想了解清楚一切事务的前因后果。我们无法容忍不解之谜。你把一头牛放在田野里，它会一辈子待在那里，永远不会想知道那座山的另一边是什么。人就不行。美国国家航天航空局计划花费数十亿美元飞往火星，因为我们特别想知道火星上是否存在微生物。

被隐瞒的信息可能会让人感到紧张不安。假设你向一个采购委员会做了一次详尽的陈述，结束后委员会成员对你说："我们需要讨论一下这个问题。你能在外面大堂里等一下吗？等我们商量好了再叫你过来。"你坐在外面的大堂里，心里一直忐忑不安。谁喜欢那种感受呢？我们痛恨别人对我们隐瞒信息。

当我们意识到他们这样做可能只是用来对付我们的谈判策略时，他们就不能再用它来威慑我们了。他们只是假装在里面讨论这件事，而实际上可能是在闲聊，比如说说足球比赛的情况，他们这样做的目的就是挫一下我们的锐气，在重归谈判时，我们不再那么有自信，他们反而变得更强势。一旦我们认清这只是一种策略，他们就不能再用这种方法吓唬我们了。

要点备忘

- 1. 分享信息使你与谈判对手建立一种密切联系。
- 2. 隐情不报令人紧张不安。
- 3. 在这个网络时代，"信息就是力量"的古老格言或许依然有效，但人们获取信息的渠道如此畅通，隐瞒信息不再容易，同时也失去了它的力量。
- 4. 不要告知对方你是奉命行事。要把它描述为你的建议，让他们琢磨你为什么想这样做。
- 5. 当对方要求一些时间讨论谈判涉及的问题时，不要因此感到紧张。这可能只是对方用来恐吓你的一种手段。
- 6. 一旦你了解了谈判策略的种种形态，你就再也不会被吓倒。

第 **61** 节
混合力

至此你全面了解了可以让你影响别人的 8 个要素。概括起来是这样的：

- 1. 合法力（你在社会上的头衔或地位所附带的权力）。
- 2. 奖赏力（奖励他人的能力）。
- 3. 强制力（几乎总是存在于感觉中，而不是现实中）。
- 4. 感召力（投射一套自洽价值观的能力）。
- 5. 领袖力（个性的魅力）。
- 6. 专长力（其他人不具备的一种专业能力）。
- 7. 情境力（由特定场合衍生的权力）。
- 8. 信息力（你比他人掌握更多信息而具备的优势）。

花点时间在每个要素上给自己打分 —— 不是按照你对自己的看法，甚至未必是真实的你，而是按照你认为别人会怎么看待你来打分。与你谈判的人在这八方面是如何看待你的？在每个方面给自己打出从 1 到 10 的分数，1 分表示很弱，10 分表示很强。理论上 80 是最高分。如果你能得到 60 多分，那对一个优势谈判者来说是非常理想的数字。你具有实力，同时又对谈判对手怀有同理心。如果你的分数高于 70 分，我有些担心，你在与人交往时或许过于咄咄逼人。如果分数低于 60，那意味着你存在一些弱点。检查那些让你得分较低的要素，看看你怎样才能让自己接近 10 分。

当你回顾这个列表时，要记住，这 8 个权力元素也是对方用来威慑你，让你认为自己无能为力的手段。下一次谈判时，当你觉得局势失控，对方让你感到无力应对时，设法找出哪个要素在影响你。识别它将帮助你对付它。

现在让我们来看看这 8 种权力的特殊组合。首先从感召力、领袖力和专长力开始。优势谈判者都知道，如果你想主导谈判走向，这三者的结合是至关重要的。你是否认识这样一个人，他好像能轻而易举地说服别人同意他的建议？也许你有机会陪着老板去谈判，你发现他轻松自如地就把事谈好了。他和对方坐在一起，闲聊了 15—20 分钟。你感觉他们并没有谈什么重要的事，但在谈话结束时，另一个人说："我们究竟该怎么做？我们是走顶级路线，还是选择普通的标准模式？你告诉我们。你是专家。"

他令对方折服的力量是这样获得的：他在彰显自身感召力、领袖力和专长力方面做得恰到好处。感召力："我不会做任何违背你最佳利益的事，不管对我有没有好处。"这样就建立了信任，对吧？领袖力：他有着讨人喜欢的性格。专长权力：你的经理以平易近人的方式向对方表明自己更懂行。当你把这三者结合起来之后，你基本上就可以控制谈判走向了。换句话说，你们的谈判已进展到对方几乎准备好接受你的建议的地步。"好吧，"她会说，"你觉得我们该怎么办？"她已经把谈判的主导权拱手让给了你们一方。

个人力量 8 个要素的另一个组合对优势谈判者来说特别重要。这些关键因素加在一起的影响力堪称势不可当。当一个人把其中 4 个要素集于一身时，他爆发出的能量将令人难以置信。它们是：合法力（头衔的力量）、奖赏力（奖励他人的能力）、感召力（一以贯之的价值观，无论发生什么都不会偏离）以及领袖力（令人无法抵挡的魅力和活力）。

当这四者集于一人之身时，其效果是异常惊人的，无论它被用来做好事还是坏事。这就是阿道夫·希特勒能在 20 世纪 30 年代掌控德国的原因。他一直强调元首的头衔——元首！元首！元首！他一直在强调奖励的力量。他反复告诉德国人民："如果我们这样做，如果我们入侵捷克斯洛伐克和波兰，我们就会有很多收获。"独裁的感召力——永远不会偏离这一点。希特勒也具有令人无法抗拒的领袖力。他可以让数以万计的人如痴如醉地听他的演讲。

凡事都有好有坏，好的一面是你们得到了约翰·F.肯尼迪。每一位总统都拥有那个头衔带来的权力。每一位总统都能给予奖励，但不是每位总统都能自始至终地践行一整套价值观。这是吉米·卡特失败的根源，也是比尔·克林顿无法摆脱的包袱，因为他们似乎摇摆不定。最后又成了理查德·尼克松失败的根源。

并不是每一位总统都能投射出领袖力。这是杰拉尔德·福特的短处。他具备了其他3个要素，且极其丰富，但他缺乏予以展现的个性。理查德·尼克松虽然才华横溢，但在他的整个职业生涯中，一直深受不讨人喜欢这一事实的困扰。我想这也是老布什没能连任的原因所在，特别是他紧跟在魅力无穷的罗纳德·里根之后出任总统，更显得黯然无光。

约翰·F.肯尼迪和罗纳德·里根都拥有这四大权力，这使他们成为美国现代史上最受欢迎的总统。看看贝拉克·奥巴马非凡的崛起，以及他在这四大特征上的评分有多高。如果你专注于发展个人力量四要素，你就能拥有那种力量。当你这样做的时候，我向你保证，你会看到你影响他人的能力发生了显著的变化。

要点备忘

- 1. 按照别人在这些方面对你的看法，从1到10给自己打分。如果你的总分是60多分，这对一个谈判者来说是好的。
- 2. 这些力量的不同组合会产生强大的效力。
- 3. 感召力、领袖力和专长力相结合后的力量尤其强大。
- 4. 如果你在合法力、奖赏力、感召力和领袖力方面的得分都是10分，那么你就拥有了无与伦比的影响力。

第 **62** 节
其他形式的力量

个人力量的另一种形式是疯狂的力量。我认为你不会想经常使用它，但你应该知道它。这是疯狂的力量。如果你能让对方确信你疯了，你就能胜过他们。在商业上，疯狂的力量会让一个人举止怪异，言行乖张，你无法预知他会如何对待你。某一天你走进他的办公室，他会过来搂着你的肩膀，显得很亲热。下次你走进他的办公室，他可能会大发雷霆，把你赶出去。

风险分担的力量

可以通过风险分担来增加个人力量。如果你告诉对方有人在分担他们的风险，你就拥有了胜过另一方的力量。这就是联合投资的力量。共同投资的人越多，愿意参与的人也越多。

如果我请你跟我一起扔硬币打赌，你猜错了给我 5000 美元，你猜赢了我给你 20000 美元，你觉得很划算。然而，你可能又觉得扔一下硬币就损失 5000 美元，风险还是有些大，你会拒绝我的提议。考虑一下，如果你能找来 100 个人，每个人都愿意掏 50 美元冒一下险，你会选择赌吗？你很可能会选择赌，因为虽然潜在的收益是一样的，但你认为其他人在分担风险。

同样的原则也适用于投资人联合体。如果我让你在一个联合投资的房地产项目上投资 10 万美元，你不会愿意冒这么大的风险。即使我要求你投资 5000 美元，你也可能认为风险太大。然而，如果我告诉你，我还找来了另外 19 个投资者，每人准备提供 5000 美元，而你将是第 20 个，你接受我的建议的可能性就会比较大。此外，如果我给你两个建议，将 10 万美元投资于 20 个不同的联合体投资项目，或将 10 万美元投资于一个联合体项目，你更可能选择前者，因为你觉得这样做可以降低风险。

我们能从中学到什么呢？简言之，任何时候，只要你能证明还有人将分担你要求对方承担的风险，你就拥有了影响他们最终选择的力量。

混乱的力量

一团混乱中蕴含着力量。这听起来好像不对劲，因为你一直认为，一个人头脑不清楚的时候倾向于说"不"。这是事实，你要确保对方完全了解他自己的决定意味着什么，这一点很重要。然而，一个头脑糊涂的人更容易被引导，这也是事实。

假设你正在与一个人谈判，你告诉他："你有两个可能的选择，它们并不复杂。我来解释给你听，你再看看该选哪个。"你要是采用这种方式的话，你对他几乎没有任何影响力，因为他能轻易分辨出每个选项的益处，并做出自己的选择。

然而，如果你对他说："这事有很多做法，很难说怎么做更好。你面临着 25 种不同的选择，除非你对它们每一个都了如指掌，否则的话，你很难分清哪一个最适合你。幸好我非常熟悉这些选择，我成功地指导了许多人，他们跟你的处境一模一样……"这样一来，他就变得很容易说服。我把他弄得越糊涂，他主动要求我提供指导的可能性就越大，前提是我确保他会相信我。一个人越困惑，越容易被引导，但有个条件，被引导的人信任引导者。

从前述内容即可看出，力量的确存在于混乱中。只是你要保护好自己，别到最后被他人的想法弄混乱了，而你的最佳防护就是遇事保持头脑清醒，不要听凭对方混淆视听。当他开始偏离正题时，你就说："我不明白你提到的那些细节与我的选择有什么关系。咱们还是分清主次，只谈关键问题。这样可以吧？"

亮明选项的力量

如果你在谈判时明确说自己有很多选择，不需要在此时此地达成协议，你就获得了影响力。如果你指出有人争着要你的产品或服务，眼前的买家很可能会提高他们的出价——特别是如果你告诉他们你不急着出手，而且肯定不会以低于你的要价出手。例如，你可以对潜在买家说："但愿我能给你更多的时间考虑，可我现在就要知道你的决定，因为在你之前已经有两家报价了，我不能让他们一直干等着，那不公平。"

如果你在采购，任何卖家只要发现你还有别的很多选择，而且价格更低，都会认真对待，并正视自己的报价。例如，你在分类广告栏里看到卖船或车的广告，你联系卖主时可以说："我今晚7点和8点还要去见另外两个卖家。他们的要价不像你的那么高，但不管怎样，我还是愿意考虑你的报价。我可以在6点过来看看吗？"

在任何谈判中，选项多的一方拥有更大主动权。你能让别人相信你有更多选择，你在谈判中就拥有更大的影响力。

要点备忘

- 1. 假如你能让对方确信你疯了，你便拥有了胜过对方的实力。
- 2. 在商业上，谁的举动难以预料谁便有发言权。
- 3. 如果你能表明其他人愿意分担风险，你就有更大的说服力。
- 4. 头脑不清楚的人倾向于说"不"，但他们也容易被引导。
- 5. 在谈判中，你能说明自己拥有更多选择，你就拥有了重要的影响力。

第 **63** 节
谈判驱动力

除了专业谈判者，其他人很少会想是什么在驱动着对方谈判，因为我们都倾向于假定驱动对方的与驱使我们的是同一种东西，即我们认为对方想要的与我们想要的是一样的，或者说我们想要的也就是对方想要的。

优势谈判者知道，我们想要的可能与他们想要的没有差别。我们需要深入了解对方谈判的动力，也就是他们真正想要实现的目标，只有这样我们才能更好地满足他们的需求，同时又不损害我们的利益。水平一般的谈判者担心对方了解太多自己的情况后，会设下骗局，这种心态导致他们在谈判中遇到一些困难。他们因此既不想深究对方的驱动力，也不愿向对方透露自己的驱动力。总之，他们因害怕而无法做到坦诚相对。

福特汽车公司负责企业关系的执行副总裁，首席劳资谈判代表彼得·佩斯蒂洛指出，你必须评估谈判并确定什么对你来说是最重要的。"这是一种什么样的谈判？"他说，"如果这只是一次性的事件，你可以专注于结果。但如果它涉及持续不断的关系，胜利意味着让双方都感到满意。只拿你需要的东西，不要让任何人难堪。"在本节中，我们将看看驱动另一方与你谈判的不同因素，识别并理解这些驱动因素是取得双赢谈判的诀窍。

竞争驱动

竞争驱动是谈判新手最了解的，也是他们认为谈判具有挑战性的原因。如果你假定对方一心想打败你，并且会为此无所不用其极，你就会害怕遇到比你厉害的谈判高手或者冷酷无情的谈判对手。汽车经销商就有这种驱动力。汽车经销商通过"本市最低价格"的广告吸引顾客，但付给销售人员的工资则取决于他们在销售中实现的利润。客户想要拿到最低价，根本不管经销商是否赔钱，或者销售人员有没有佣金。销售人员则想尽量抬高价格，因为那是他唯一的收入来源。

竞争驱动的谈判者相信，你应该尽可能多地了解对方，但让对方对你一无所知。知情就是力量，因此竞争精神十足的谈判者认为，你掌握的情况越多，透露出去的越少，你就越有竞争力。在收集信息时，他不相信对方谈判人员可能告诉他的任何事情，因为这可能是一个骗局。他通过接近对方的雇员或业务伙伴来秘密收集信息。

这种做法与双赢哲学背道而驰，双赢哲学认为，实现双方都满意的途径是谈判双方要开阔思路，在重大问题之外寻求不损害双方基本需求的让步。竞争性谈判无助于双赢，因为双方在缺乏信任的情况下，不会分享信息。

因为每一方都假设对方在做针对自己的同样的事，因此会谨小慎微，杜绝任何信息从己方泄露出去的可能。出现这种局面的原因是双方假定这场谈判必须分出输赢。他们没有想过其实还有双赢的可能性，因为他们所追求的未必是完全相同的东西，而且，通过增进对彼此的了解，双方可以在对各自来说不重要的问题上让步。

解决驱动

解决驱动是最理想的谈判形势。此时，对方渴望找到解决方案，并愿意讨论实现这一目标的最佳途径。这意味着一方不会威胁另一方，双方都将满怀善意地展开谈判，以寻求双赢的解决方案。希望找到解决方案的谈判者对创造性的解决方案持乐观态度，因为他们觉得一定存在更好的解决方案，只是需要打破常规。就以房屋交易来说，买家和卖家都可以提出一些灵活的解决办法。卖方可以提出帮买方寻求信贷以缓解买方的资金压力，买方则可以容许卖方在找到新住所之前继续在标的房产额外居住一段时间。卖方也可以与买方协商，通过回租售出的房子的方式延长使用期限。租金可以包括全部或部分家具。卖家可以在房子里保留终生产业[1]，这样他们就可以一直住在房子里直到去世。对于需要现金但又不想搬家的老人来说，这是个很棒的主意。经纪人的费用可以取消，或者可以要求经纪人以票据的形式收费，而不是收现金。买家可以先搬进来，但暂缓办理过户手续，以帮助卖方安排所得税事宜。

与受解决驱动的某个人谈判的好处在于，他不会墨守成规。他不受公司政策或传统的限制，一切都可以商量。除了违反法律或违背他们个人原则的做法，他会倾听你愿意提出的任何建议，因为他不认为你是在和他一决高下。

听起来是个完美的解决方案，对不对？双方共同寻求完美而公平的解决方案。然而，这里需要提醒一下。另一方可能会装出一副诚心寻求完美解决方案的样子。一旦你已经摊牌，告诉他们你准备怎么做，他们可能就要回归竞争驱动的谈判轨道。如果一切都显得那么完美倒不像是真的，要小心。

个人驱动

你可能会遇到这样的情况，谈判对手的主要动机并不单纯是为了赢得谈判，或者寻求完美的解决方案。他们的主要动机可能是为了个人利益或野心。比如有一个年轻的谈判人员，他就是想谈判时风光一下，让公司上下都对他刮目相看。他肯定不甘心谈判后空手而返，所以面对他时你的最佳策略或许是确定他面临着期限压力，然后尽量拖延谈判进程。一旦期限已到，而他又真的不愿空手回公司，你或许可以在陪他去机场的路上，坐在豪华轿车里达成一份非常理想的协议。

还有那些工会谈判代表。他们希望在工会成员的心目中树立起自己一心为大家的形象。在这种情况下，一开始就提出极其离谱的要求可能符合你们双方

1　Life estate：财产所有人去世后，其名下不得由后人继承的全部财产。

的最佳利益。他随后可以回到他的成员那里，对他们说："我没能争取到你们想要的一切，但是你们可以了解一下他们最初的谈判立场。我已经为你们尽了全力，迫使他们放弃了原有立场并作出了巨大让步。"如果你提出一个更温和的谈判立场，他可能很难说服工会成员接受双方达成的这个协议，因为他们觉得工会方面并没有在为他们争取福利时全力以赴。

组织驱动

你可能还会遇到另一种情况，即谈判对手诚心寻求最佳解决方案，但他感到进退两难。他本人认为完美的解决方案未必能够被他所代表的组织接受。这在国会中经常发生，参议员或众议员都急于寻求合理的妥协，但又深知他个人倾向的选项会遭到所在州民众或选区民众的严厉批评，尤其是在赞成和反对的票数接近时，你会经常看到这种情况。

在众议院里，得到选民支持的政治家承诺得很快。那些在家乡州或选区会遭到反对的人可能想支持他们所属的政党立场，但又不愿意循规蹈矩。在这种情况下，党的领导层会清点人数，看看他们需要多少票才能超过对手，哪怕多出一票。他们在确保针对一项法案的投票有足够所需的票数之后，从余下的议员中挑选出投赞成票可能招致严重后果的成员，准许他们公开投反对票。那些几乎不会招致抨击的议员则被指引着，就像待宰的羔羊（我一直都觉得是这样），奉命投票支持该法案。

我很难相信一个明智的参议员会反对禁止民众持有攻击性武器的提案，但他们中的许多人会迫于激进选民的压力，反对枪支控制法案。

当你和一个必须取悦组织的人谈判时，他可能不愿意向你解释他的问题，因为这涉嫌暗中串通。你需要积极主动，设身处地，从"组织驱动"的立场出发，想清楚"谁会因为这件事让他犯难"这个问题。为了实施最佳解决方案，他必须绕过他的股东、法律部门，还是政府监管机构？如果你理解他的问题，你可能会做一些事情，让他的组织更容易接受你们一致赞同的解决方案。例如，你可能在公共场合采取比在谈判桌上更激进的立场。这样，你的妥协就给人一种作出了重大让步的感觉。

一家公司的装配工人工会组织罢工，这家公司便聘请我去帮助他们。工会谈判代表认为他们在谈判中达成的协议是合理的，但工人们不答应，他们要让出资方出更多的钱。我们想到了一个办法，安排当地报纸去采访公司总裁。在采访中，他对自己陷入困境表现出深深的歉意。

工会不能说服其成员接受双方谈好的计划，总裁也无法向他的董事会和股东呈交比这个更好的方案。罢工继续，公司好像很快就坚持不下去了，将那里的生产转移到了他们在墨西哥的装配厂。第二天，这些工人的家属打开报纸，看到一条标题："工厂关闭——去南边工作"。

到那天下午，这些家属给工人们施加了足够的压力，迫使他们争相接受他们以前嗤之以鼻的协议。如果一个人必须劝说自己的组织接受一项计划，而你又不得不与这个人打交道，你应该时刻提醒自己，要想办法帮他把说服工作变得轻松一些。

态度驱动

受态度驱动的谈判者相信，如果谈判双方彼此信任、相互喜欢，他们就能顺利解决分歧。那些谈判者绝不会通过电话、电子邮件、短信、传真或中间人来解决问题。他们想直面对方，这样他们就能感觉出那个人是什么样的人，他们相信"如果我们足够了解对方，我们就能找到解决办法"。

受态度驱动的谈判者一心要在对方身上找到所有的优点，看到对方好的一面，因而很容易被表象所迷惑，最终上当受骗。双方谈判代表相互了解、彼此喜欢当然有助于顺利进行谈判，但除非他们相互信任，否则很难找到双赢的解决方案。然而，优势谈判者知道，你必须创造一个对双方都有利的解决方案。只有这样，双方支持并认真履行协议才是互利的。

要点备忘

- 1. 不要一味以己度人。我们想要的，未必是对方想要的，双方极可能有不同的需求。
- 2. 你对谈判对手的驱动力了解得越多，你就越有可能提出一个双赢的解决方案。
- 3. 受竞争驱动的谈判者不愿分享可能有助于对方的信息，也不信任对方提供给他们的信息。
- 4. 解决驱动是指双方互相信任，一起寻求双方都能接受的解决方案。
- 5. 要当心一些受竞争驱动的谈判者装扮成受解决驱动的谈判者。
- 6. 有时满足受个人驱动的谈判者的个人需求比找到最佳方案更重要。
- 7. 受组织驱动的谈判者自己喜欢的方案无法被其代表的组织接受时，尽可能帮助他找到说服该组织的方法。
- 8. 受态度驱动的谈判者过于看重和对手的友情。更好的做法是寻求令双方受益的方案，最终你们是否相互喜欢并不重要。

第64节
双赢谈判

最后说一下双赢谈判。我认为你应该和对方一起探讨你的问题所在，找到一个双方都能赢的解决方案，而不是试图控制对方，欺骗他做他通常不会做的事情。你听到上述说法的反应可能是："罗杰，你显然不太了解我的行业。和我谈判的人都是吃人不吐骨头的。我所在的行业压根就没有双赢这回事。如果我是卖家，我显然会尽可能争取卖出最高价，而买家显然是拼命争取最低价。反过来也是这样。我们怎么可能做到双赢？"

我们来看看这里最重要的问题。我们说的双赢是什么意思？真的意味着双方都赢了吗？还是说双方输得平分秋色，因而显得很公平？如果谈判双方都各自认为自己赢了，另一方输了，那会是双赢吗？在你急着思考这些可能性之前，再多想想。如果你是卖方，在结束谈判之后，心里不由得冒出"我赢了，假如对方是个谈判高手，说不定我会把价格降得更低"的这种想法又算什么呢？

如果对方也这么想，你们都觉得自己赢了，对方输了。这算双赢吗？算。我相信这就是双赢，只要你们一直保持着这种感觉，你们中的任何一位没有第二天早晨醒来，心想："浑蛋，我现在知道他对我做了什么啦。等我再见到他再算账。"

这就是为什么我强调要做一些让对方觉得自己赢了的事情，例如：

- 不要按首次报价成交。

- 提出超出你预期的要求。

- 听到另一方报价后要装作吃了一惊。

- 避免直接对抗。
- 假装是不情愿的买主或不情愿的卖主。
- 运用钳子策略。
- 运用"更高权威法"和"好人 / 坏人法"。
- 从不主动提出对半分差价。
- 先搁置导致僵局的事项。
- 总是要求对等交换。
- 逐渐缩减让步幅度。
- 将另一方引入易于接受的处境当中。

双赢谈判规则之一

你要学的第一件事：不要将谈判的范围缩小到一个议题上。如果你们商定了其他问题，唯一要谈的就只有价格一项，这意味着必须分出输赢。只要你有多个待定问题，你总是可以加以权衡，对方也就不会介意在价格上让步，以换取你在其他方面的回报。

有时买家试图把你的产品当作大宗商品，他们会说："我们成吨地买这种东西。只要它符合我们的技术参数，我们不介意是谁做的，也不介意它来自哪里。"他们正把这视为单一问题的谈判，试图说服你唯一有意义的让步就是降低价格。一旦出现这种情况，你应该尽一切可能把其他事项摆上桌面，如交货期、支付条款、包装和质量保证等，以便你用这些项目作交换，从而跳出这是单一事项谈判的认识。

在一次研讨会上，一名房地产销售员向我走来。他显得很兴奋，因为他即将完成一个大型商业建筑合同的谈判。"我们已经为此努力了一年多，"他说，"我们已经谈得差不多了。事实上，除了价格，问题都已经解决了，我们现在的分歧只差 7.2 万美元。"我听后吸了一口冷气，当即意识到，既然他们已经把谈判集中在了单一事项上，那么最终结果肯定会有一个赢家和一个输家。不管他们多么接近完成谈判，他们很可能会遭遇麻烦。在单一事项的谈判中，你应该掺入其他事项，以备将来作交换，让对方觉得你在让步。

如果你发现自己被困于单一议题的谈判中，你应该尝试引入一些别的事项。这是将蛋糕做大，而不是切蛋糕。幸运的是，在谈判中，至关重要的问题通常不止一个，有时还会有很多。双赢谈判的艺术就像拼图一样，要将不同元素拼凑在一起，以便让两个人都能赢。

总之，规则一是：不要把谈判范围缩小到一个问题。虽然我们可以通过在小问题上找到共同点来解决僵局，但为了让谈判持续进行，你永远不应该把它缩减到一个问题上。

双赢谈判规则之二

人们各有所爱，追求的东西并不一样。我们都会不由自主地假定别人想要的与我们想要的完全一致，正因为如此，我们相信对自己重要的东西对别人也很重要。但事实并非如此。

谈判的初学者可能掉入的最大陷阱是假设价格是谈判中的主导议题。实际上，价格之外的诸多因素可能对另一个人来说同样很重要。你必须让对方对你的产品或服务的质量树立信心。他需要知道你会按时交货，确保你会给予涉及他们的业务充分的监督管理。还有你的付款方式有多灵活？你的公司是否具备成为他们生意伙伴的财务实力？你能得到训练有素、积极进取的员工的支持吗？

上述事项，以及其他六七种因素，都在这笔生意的谈判中发挥着不同的作用。你首先要让对方确信你能满足这些要求，之后，也只有在那之后，价格才会上升为决定性因素。双赢谈判的第二个关键是不要假设他们想要的就是你想要的。如果你这样做了，你就会以为你在谈判中为了让他们如愿以偿所做的一切，都是在帮助他们的同时损害你的利益。

只有当你明白人们在谈判中并不想要同样的东西时，双赢的谈判才能实现。

优势谈判不只是帮你获得你想要的东西，还要兼顾对方是否得到他想要的东西。当你和某人谈判时，你最强有力的想法之一不该是"我能从他们那里得到什么"，而应是"我在不损害自身权益的前提下能给他们一些什么"。因为当你在谈判中满足了别人的要求时，他们也会满足你的要求。

双赢谈判规则之三

别太贪婪。别总想着把桌子上的最后一块钱都拿走。你可能觉得你赢了，但如果对方觉得你打败了他，这对你有帮助吗？桌子上剩下的最后一美元是非常昂贵的一美元。我在图森市举办过一次研讨会，当时有个参会者告诉我，他之所以能买下他现在拥有的公司，是因为他的竞争者犯了个错误。那个买家在谈判时步步紧逼，谈到最后卖方几近崩溃。即便如此，买家仍然不依不饶，还想再咬一口："在你转让所有权之前，你要给那辆皮卡换上新轮胎，对吧？"这成了压垮骆驼的最后一根稻草。卖家忍无可忍，愤怒地回应说不卖给他了，然后转身卖给了来参加我的研讨会的那个人。别总想着吃得一口都不剩，在桌子上留下一些东西，让对方觉得他也赢了。

双赢谈判规则之四

谈判结束后，把一些东西放回桌上。我不是说你要告诉他们，在已谈好的价格基础上，你还要追加折扣给他们。我的意思是你可以做一些锦上添花的事，比如提供给他们一点额外的服务，多关心他们一点。然后你会发现，他们不必通过谈判得到的那一点额外的东西，对他们来说，比他们必须在谈判中力争的所有东西都更重要。

现在我要总结一下上述有关双赢谈判的内容：人们有不同的个性风格，正因为如此，他们的谈判方式也不一样。你必须了解你的个性风格，如果你的个性风格有别于谈判对手，你必须迁就他们的风格。不同的风格意味着在谈判中，每个人都有不同的目标、关系、风格、特点，以及获得他们想要的东西的不同方法。

获胜是一种感觉，通过不断地强化他人正在获胜的感觉，你可以在未曾向对方作出任何让步的情况下，令他相信自己已经成了赢家。不要把谈判缩减至仅仅一个议题。别自以为帮助别人得偿所愿就一定损害你的权益。因为你们所追求的并不一样。水平差的谈判者总想着迫使对方放弃他们的立场。优势谈判者知道，即使双方立场大相径庭，双方的利益也可能是相同的，因此他们努力将注意力从各自的立场转向共同的利益。不要贪心。不要一心惦记着从桌子上拿走最后一块钱，把一些东西放回桌子上，做一些超出对方预期的事。

要牢记优势谈判者的信条：

在谈判时你可以有的最重要的想法不是"我能让他们给我什么"，而应该是"在不损害我的立场的情况下，我能给他们什么"。你帮助别人如愿以偿，别人也会帮你得偿所愿。

要点备忘

- 1. 双赢并不意味着双方同等让步，也不意味着双方同等获益。
- 2. 只要每一方都感觉自己赢了，就算双赢，即便每一方都认为对方输了。
- 3. 优势谈判的意思是从你谈判的方式来看，你可以得到你想要的，但仍然让对方觉得自己赢了。
- 4. 如果你们谈判的议题仅剩下一个，结果必然会有一个赢家和一个输家。保留足够多的议题，让双方都感觉自己赢了。
- 5. 如果谈判议题只剩下一个，设法引入其他问题。这是将蛋糕做大，而不是切蛋糕。
- 6. 不要设想对方与你想要的东西是一样的。如果你这样做了，你就会以为你在谈判中为了让他们如愿以偿所做的一切，都是在帮助他们的同时损害你自己的利益。
- 7. 别总想着把桌子上的最后一块钱都拿走。
- 8. 谈判结束后返还对方一点好处。
- 9. 要牢记优势谈判者的信条：
  在谈判时你可以有的最重要的想法不是"我能让他们给我什么"，而应该是"在不损害我的立场的情况下，我能给他们什么"。你帮助别人如愿以偿，别人也会帮你得偿所愿。

结 论

最后的一些想法

在这本关于谈判的书中，我通篇都在强调双赢的哲学——谈判的目的不是主宰对方，而是也要让对方有所收获。永远记住，人们将给你你想要的东西，但不是在你支配他们的时候，也不是在你制服他们的时候，而是在你能够给对方他们想要的东西的时候。

我一直在设法强调我的理念，即在任何谈判中，目标都不是击败你的对手，而是创造性地达成协议，让每个谈判者都觉得自己是赢家。我主张在进行每一次谈判时，无论谈判的对象是什么，双方都能赢。而且，我一直在说双方都应该赢。

谈判标准

我已经谈到了一些衡量谈判好坏的标准，这些标准可以用来判断一次谈判的价值。古英格兰银器工匠会遵循严格的标准在自己的纯银制品上打上印记，我们这里所说的谈判标准并不比这更宽松。这些标准不仅可以帮助你判断输赢，还可以帮助你评判你的表现怎么样。

- 每个人必须感觉是赢家。你应该考虑的第 1 个标准是，参与谈判的每个人是否都觉得自己是赢家。如果对方在谈判结束后认为自己表现得很差，并低声抱怨说"我真不敢相信，他劝我放弃了一切"，那么你可能没有圆满完成这次谈判。相反，当一场好谈判结束后，双方都能感觉到他们取得了一项重大成就，各自满意地离开谈判桌。

- 双方都关心对方的目标。第 2 个标准是感觉双方都关心对方的目标。如果你觉得对方在倾听你，即便是另有所图的，至少他们也在考虑你的需求。如果对方与你有同感，那么，作为一名谈判者，你很可能成功地创造了一种沟通的氛围，达成双赢的解决方案也就变成了水到渠成的事。

- 对双方都公平。第 3 个需确认的标准是相信（双方都应如此）对方在进行谈判时秉承着公平原则。例如，一支橄榄球队输了球固然不高兴，但要是知道对方全程遵守规则，他们并不会心生怨愤。没有人介意苦战，只要它是一场公平之战。假如一个政治候选人相信他的对手在竞选活动中的所作所为公平合理，并无任何舞弊行为，那么他就算是输了，也不会耿耿于怀。但是，倘若对方有犯规之嫌，违反既定规则，或做一些偷鸡摸狗的事，就不一样了。当这种情形出现时，谈判者会有被人出卖的感觉。在结束谈判时，两个谈判团队的态度应该是这样的："嗯，他们很强硬，他们锱铢必较。但他们确实听进去了我的观点。我相信谈判的方式是公平的。"

- 谈判过程令人愉快。第 4 个标准是在经历这次谈判后，双方谈判者都应该觉得，自己会乐于将来某一天再次与对方打交道。我们可以假设，这是两位棋手在经历了公平和友好的过招之后，离开赛场时的感觉。每个人都期望与对方再次对局，不是为了打败对方或进行报复，只是为了享受这个令人愉快又具有挑战性的博弈过程。

- 双方都渴望遵守协议。第 5 个判断标准是每一方都相信对方会信守承诺，严格履行合同的每项条款。双方都应有充分的理由相信对方会维护协议的条件。

如果任何一方觉得，只要有机会，对方就会背弃自己的承诺，那么这场谈判就不是基于双赢原则完成的。因此，我对"双赢谈判者"的定义是，这个人可以从谈判中得到他想要的东西，但在谈判期间仍能努力使自己的行为达到上述 5 个标准的要求。失败的谈判者是那些没有达到这些标准的人，不管他自己在谈判中实现了多少目标。

谈判中的需求

重要的是要明白，每个人都仅仅出于自利而行动，这是每个人为人处事的动力源泉。国际谈判者称之为"谈判中的需求"。人们只会为了满足自己的需求而行动。在这样做的时候，他们不一定为了能够达成可行的协议而设法满足他人的需要。获胜的谈判者尊重对手的需求和价值观，并在力争自身利益的同时，采取积极措施去满足他人的需求。

花些时间琢磨一下我们讨论过的想法。如果你努力把它们应用到日常生活中，你会在与他人打交道的任何情形下获得惊人的控制力。使用这些技巧来帮助你达到你自己渴望获得的成就。请记住，你需要或想要的一切目前都由他人拥有或控制。

现在你拥有了与这些人更有效地打交道所需的技能。这需要你以合情合理的方式使用它们，从而达成一个对各方当事人都有利的共识，或者说一个双赢的解决方案。

现在你已具备领取优势谈判者毕业证的资质。你所学到的技能将会给你掌控任何商业场景的能力，这样你就可以顺利地为你和你的公司争取到最好的交易。更重要的是，这些技能同时赋予你管理生活中各种冲突的能力。从现在开始，你永远不应该再因为愤怒或沮丧的情绪爆发而失去对局势的掌控。

从现在开始，你将掌控自己的生活。从现在开始，你可能会显得恼怒或生气，但这只是做个样子，是作为一种特殊的谈判技巧而表现出来的——你永远不会失控。即使只是一件小事，比如让你儿子打扫他的房间或者让你女儿按时上床睡觉，一切也都在你的掌控之中。

自今日起，你将明白，你在任何时候看到的冲突场面，都源于一个或多个参与者不懂得优势谈判。优势谈判者都知道，无论是夫妻吵架、老板解雇员工、工人罢工还是犯罪行为或一次恶劣的国际事件，其根源均在于当事人不知道该怎么做才能既不会引发冲突又能满足他们的愿望。我期待着有那么一天，人们都能借助高超的谈判技巧如愿以偿，从而避免所有因此而起的冲突。我希望你也心怀这一愿景，现在就承诺通过运用良好的谈判技能，消除你的生活中的冲突。随后，你树立的榜样将帮助我们走向一个新的光明的未来，到那时，暴力、犯罪和战争都将作为时代错误变成历史遗迹。